正說 大宋十八帝

宋太祖趙匡胤　宋太宗趙匡義

宋真宗趙恆　宋仁宗趙禎　宋英

趙曙宗家神宗趙頊　宋哲宗趙煦　宋欽宗

宋徽宗趙佶

宋高宗趙構　宋孝宗趙昚

宋光宗趙惇　宋寧宗趙擴

宋理宗趙昀　宋度宗趙

目錄

第五章　銳意改革　英宗趙曙、神宗趙頊

第六章　無力回天　哲宗趙煦

第十四章 破國亡家 恭帝趙㬎、端宗趙昰、末帝趙昺 281

前言

宋朝（九六〇—一二七九年）是中國歷史上一個特殊的朝代。作為中國歷史上第四個在分裂的土地上建立的大一統王朝，宋朝無論是在文化、藝術、經濟還是軍事實力上，都遠遠超越了之前的秦、漢、唐三個大一統王朝。趙氏家族兩宋十八朝都遵循同一個治國策略——昌文偃武，走的是一條通過發展經濟實現富裕的道路。

眾所周知，文武皆為「國之大器」，二者相輔相成，不可分割，富國不等於強兵，由於軍事上的孱弱或軟弱，因而宋朝自始至終受制於周邊的少數民族政權，尤其是受到來自北方的遼、金、蒙古的威脅，使得整個趙宋基業雖屹立三百年，卻又飄搖不定、搖搖欲墜，給後世留下了「積貧積弱」的印象。

宋朝「守內虛外」「強幹弱枝」的國策，發端於趙氏家族基業的締造者——宋太祖趙匡胤。趙匡胤黃袍加身建立了宋朝，由此對手握重兵的大將保持著警惕，唯恐有朝一日他人會黃袍加身推翻自己的江山。由於存在這種顧慮，趙氏歷代君主重文輕武、以文制武的現象十分突出，所以宋代的文化昌盛達到了中國封建時代的頂峰時期，在教科文方面處於當時世界的領先水準。

與中國歷史上其他封建統治家族相比，趙氏家族有一個非常顯著的特點，就是子嗣不昌。除了宋末二帝外，宋朝共有十六位君主，其中六人無親生兒子繼承皇位，若加上太宗的兄終弟及，皇儲更顯缺少。這在中國帝王時代，恐怕是獨一無二的。

在父死無子繼的特殊情況下，趙氏政權的皇位傳承相對順利，並未出現大的危機，這著實讓人驚訝，可見趙氏家族「昌文偃武」的國策還是有成效的。雖然在這表象的背後夾雜著極其複雜的內外因素，也有各種政治勢力暗中角力，但至少皇帝的「家」從表面上看是穩定而安靜的。

宋王朝消極地接受中晚唐、五代的教訓，著重推行文官政治，按照皇帝集權、臣僚分權、中央集權、地方分權的原則，有效地維護了政治穩定，消弭了各種內訌，促進了經濟和文化的發展。

幾千年的中國歷史，大多數朝代的更迭都伴隨著血腥、屠戮，唯有宋朝是中國歷史上一個少有的例外。趙匡胤取代後周並未採取血腥手段，更沒有擔心前朝子孫復辟而大加屠戮，反而勒石為盟，要求後嗣新君遵守誓言善待周室。大宋三代儒學復興，社會上瀰漫著尊師重教的風氣，大宋皇帝在強調大權獨攬的同時，又兼顧對臣僚的體貌寬柔，故其爭鬥少有誅殺，較為開明廉潔。

終宋一朝，沒有嚴重的宦官亂政和地方割據，兵變、民亂的次數在中國歷史上也相對較少。由於過分看重「以儒立國」，使得整個時代尚武精神淪落，結果大大削弱了國家的軍事實力，使得大宋王朝在面對外來強敵時既無招架之功，更無還手之力，最終走上了任外虜欺凌的不歸路。

《正說大宋十八帝》一書，為讀者描述了趙氏家族歷代君主是如何處理家族以及社會各個階層的矛盾，以實現長久統治的故事。書中全面刻畫了宋王朝皇帝的性格、命運，從中勾勒出了宋代三百二十年風雲變幻的喜劇悲歌。

第一章　亂世英傑　太祖趙匡胤

趙匡胤（九二七——九七六年），宋朝開國皇帝，西元九六〇——九七六年在位，廟號「太祖」。他出身官宦之家，父親趙宏殷，母親杜氏。宋朝的建立基本上結束了從唐中葉就已開始的二百多年的分裂局面。

作為大宋朝的締造者，為了趙氏家族的百年基業、長久統治，趙匡胤深諳要想成就一番事業就必須要掌握軍權的道理。於是，他在統一全國後，以文治國，軍政分開，削弱藩鎮勢力。

趙匡胤的雄才大略、文武全能，不僅醫治了國家數十年的戰爭創傷，也為趙氏家族三百多年的帝業奠定了堅實的基礎。同時，他開始的昌文偃武、偏重防內的政權統治模式，對趙家歷代君主都產生了深遠的影響。終宋一朝，雖然沒有發生武將奪權的情況，但文官專權卻一次次將趙氏家族推向風口浪尖，造成趙家統治長期的積弱不振，最終走向滅亡。

01 出身將門，善抓機遇的趙匡胤

亂世出英雄，古代封建社會的朝代更替，皆為新興家族與舊家族的此消彼長。李唐家族統治的沒落、唐末的藩鎮割據，為不甘人後的趙氏家族提供了舞臺。

西元九二七年，趙匡胤出生於洛陽夾馬營的一個軍人家庭。曾祖趙朓，唐朝時任幽都令；祖父趙敬，歷任營、薊、涿三州刺史；父親趙弘殷，為後周檢校司徒、岳州防御史。趙家在當地是讓人尊敬的名門望族。相傳趙匡胤出生時，「赤光繞室，異香經宿不散，體有金色，三日不變」。由於出身將門，趙匡胤受家庭的薰陶自幼便學習騎射和練武，表現出極強的恆心和毅力，並練出一身好武藝。

趙匡胤出生時，威赫數百年的大唐帝國已經在世界上消失整整二十年了。社會平衡被打破，接踵而來的是長久不息的動亂，在趙匡胤出生後的十幾年間朝代兩度更迭，天子也換了五六位。

西元九四五年，十九歲的趙匡胤結婚成家，娶妻賀氏。二十一歲那年毅然決定離家外出闖蕩一番，於是告別父母妻子開始浪跡天涯，尋找那份屬於自己的事業。

趙匡胤離家後，一路南下。他去投奔父親昔日的同僚復州防禦使王彥超，但世態炎涼，不但沒有從這個有權有勢的前輩那裡討得一官半職，反而受到了不少白眼和冷遇。王彥超給了趙匡胤幾貫錢就把他打發走了，父親其他的好友也給了他同樣的待遇。

兩年頗為艱辛的流浪生活磨鍊了趙匡胤的意志，使他的眼界也更為開闊，他漫遊了華北、中原、西北的不少地方，但都未能如願。一日，趙匡胤到了漢水邊的重鎮襄陽，住在一所寺院裡。寺院裡有一位飽經滄桑、閱世知人頗深的老僧。他見趙匡胤方面大耳，雖滿臉風塵卻難掩富貴之相，一身破舊裝束卻透出英偉之氣，又見趙匡胤談吐不凡，胸中自有一番天地，便勸趙匡胤北上。老僧告訴趙匡胤，南方地區的各個政權相對較穩定，而北方卻是戰亂頻繁，亂世出英雄。趙匡胤接受了老僧的建議，帶著老僧的厚贈，北上尋找發展機遇。

乾佑元年（九四八年），二十三歲的趙匡胤終於等來了機會。在北上途中，趙匡胤遇到了當時正擔任後漢樞密使的郭威。郭威此時正在河中（今山西永濟）平叛，於是身強力壯、精通武藝的趙匡胤就投奔到了郭威的旗下，從此開始了他的戎馬生涯。

趙匡胤武藝嫻熟，又精通兵法，很受郭威的賞識。乾佑三年（九五〇年），郭威發動兵變推翻了後漢政權，建立了後周，時為周太祖。趙匡胤在擁立郭威做皇帝的過程中出了不少力，被提拔為禁軍東西班行首，官拜滑州副指揮，負責宮廷禁衛。趙匡胤在郭威這場兵變中受到了啟發：要想成就一番事業，就必須要掌握軍權。於是趙匡胤兢兢業業地在後周禁軍中幹得很出色。

周太祖的養子、開封府尹柴榮時常出入皇宮，見趙匡胤頗有才能便將他調到自己帳下，讓他擔任開封府的騎兵指揮官。周太祖無子，柴榮被選為皇位繼承人。趙匡胤來到未來皇帝的門下，並且與柴榮結下了深厚的友誼，由此走上了通往權力頂峰的道路。

顯德元年（九五四年），周太祖郭威病逝，柴榮即位稱帝，為周世宗。周世宗的即位，為趙匡胤施展才華和抱負創造了極為有利的條件，一方面因為趙匡胤是周世宗稱帝前的親信將領，自然會受到重用；另一方面，也是更重要的一點，周世宗是一個順應歷史趨勢的英明君主，他後來所積極從事的統一中國的事業，為趙匡胤等有才華的文武大臣提供了用武之地。

周世宗即位後，趙匡胤隨之被調到中央禁軍任職。同年二月，北漢劉崇聯合契丹大舉進攻後周，周世宗調兵遣將、御駕親征，趙匡胤隨同出征，雙方部隊在山西高平相遇展開激戰。戰鬥開始不久，北漢軍隊就佔了上風，後周大將樊愛能、何徽等人畏敵如虎，一見陣勢不好竟臨陣逃脫，一時間後周軍隊陣腳大亂，情形十分危急。而周世宗身邊只有趙匡胤和另一個將軍張永德所率領的親兵四千人。危急之時，趙匡胤鎮定自若，周世宗聽取他的建議將身邊的禁軍兵分兩路夾擊遼軍，分別由趙匡胤和張永德領兵。趙匡胤帶領騎兵衝入敵陣，士氣大振。後周的增援部隊及時趕到投入戰鬥，北漢軍隊經受不住這突如其來的衝擊而敗退，後周軍隊取得了勝利。

班師回京後，趙匡胤因高平之戰的出色表現，得到了周世宗的進一步賞識。他不但被破格提拔為殿前都虞侯，還被周世宗委以禁軍高級將領的重任。在趙匡胤主持下，後周禁軍完成了汰除老弱、挑選精壯和組建殿前司諸軍三項工作，後周軍隊的面貌大大地改觀，增強了戰鬥力。

也正是在整頓軍隊過程中，趙匡胤開始在禁軍中形成自己的勢力。他利用機會陸續將自己的心腹羅彥瓌、李重進、潘美、米信、張瓊和王彥升等人，安排到禁軍中擔任各級將領，進而從上而下控制了禁軍。此外，他又結交禁軍其他高級將領，與石守信、王審琦、楊光義、李繼勳、王政忠、劉慶義、劉守忠、劉延讓、韓重贇結為「義社十兄弟」，由此逐漸形成了一個以趙匡胤為核心的勢力圈子。

周世宗是位很有作為的皇帝，素懷統一天下的大志。從顯德三年（九五六年）到顯德五年（九五八年），周世宗先後對南唐發起過三次進攻，逼迫南唐將江北十五州的土地割讓給後周。在為統一天下進行的戰爭中，趙匡胤戰功赫赫，官位一步步上升，被提升為忠武軍節度使兼殿前都指揮使。他逐漸成為周世宗的左膀右臂，掌握了軍政大權。

自南唐戰役以後，趙匡胤在處事待物上與以前也大不相同了。以前他只注重在軍隊中交結武將，而現在對文人也比較重視了。趙普、王仁瞻、楚昭輔、李處耘等人都在這前後被他羅致在麾下成為其心腹幕僚。除此之外，他也開始留意經史，一改從前那種不喜詩書的草莽作風。

唐末藩鎮割據者所依恃的驕兵悍將經常廢立主將，造成了唐末五代的軍閥割據、政權頻繁更易的局面，這種風氣自下而上，大權在握的趙匡胤也有做皇帝的機會。但趙匡胤要做皇帝眼前還有大障礙，當時覬覦皇位的至少還有兩人，即周太祖的女婿張永德和外甥李重進。周太祖郭威去世前，任命張永德為殿前都指揮使，讓李重進擔任馬步軍都虞侯。高平之戰後，趙匡胤奉世宗之命整頓禁軍，殿前司的實力和地位晉升了一步。張永德和李重進雖然都握有兵權，但李重進的地位比張永德高，張永德心中很不服氣，兩人之間的矛盾很大。周世宗為此設立了殿前司都點檢一職由張永德擔任，讓他在地位上與李重進平起平坐。張永德與趙匡胤交情深厚，趙匡胤的第一位夫人賀氏去世後，續娶將軍王饒的女兒，張永德贈給趙匡胤大量錢財，讓他辦了個風光的婚禮。

顯德六年（九五九年），周世宗無意中在北征契丹的途中得到一塊木牌，上面寫著「點檢做天子」，顯然是有人事先安排好要陷害張永德的，但周世宗還是起了疑心。北征途中，周世宗不幸染病只得回京。他命宰相范質、王朴參知樞密院事，魏仁浦兼樞密使，三相並掌軍政大權，以輔佐年僅七歲的幼主。武臣方面，他又想到了那塊神秘的木牌，認為張永德手握重兵，又與李重進爭權奪利，便格外擔心張永德發動兵變。於是周世宗解除張永德都點檢之職，換上了自認為很可靠的趙匡胤。

張永德失勢後，對趙匡胤的皇帝之路產生障礙的還有李重進和宰相王朴。李重進缺乏政治家的遠見，雖手握兵權卻沒有形成自己牢固的政治勢力。宰相王朴辦事果斷、性格剛毅，文武大臣都很敬畏他。顯德六年（九五九年）三月，王朴突發腦溢血而死。趙匡胤平生最怕王朴，幾天前還被王朴訓斥得「唯唯而退」，他現在終於可以鬆一口氣了。

同年六月，周世宗去世，他七歲的兒子柴宗訓即位，史稱周恭帝。此時後周的軍事大權掌握在趙匡胤手中，他便設計且輕而易舉地將李重進名升實貶到揚州做節度使，控制了整個京城的局勢。時局變化之快，機遇得來之易，連趙匡胤自己也沒有料到。

當時在京城的禁軍兩司將領幾乎都是趙匡胤的結義兄弟或好友。五代皇帝多由軍將擁立已成慣例，趙匡胤和他的弟弟趙匡義、幕僚趙普等人看到周恭帝年幼無能，就秘密策劃準備奪取皇位。不久，趙匡胤在帳下謀士們的精心策劃下，最終通過陳橋兵變實現了從流浪漢到皇帝的夢想。

趙匡胤在群雄並起的混戰中，憑藉個人的心機與謀略，以及卓越的軍事家才幹，用武力消滅了一個個爭雄一方的霸主，結束了從唐中葉就已開始的二百多年的分裂局面。趙匡胤執政後，「重文輕武」的思想對趙家歷代君主都產生了深遠的影響，從而造成宋朝長期的積弱不振，使趙氏家族的命運成了中國歷史上獨一無二的鮮明標誌。趙氏家族的命運，見證了一個朝代興衰榮辱的歷程。

02 上演陳橋兵變，建立趙宋政權

「結義兄弟」，對平民百姓來說是感情的見證，但對於貴族則是家族利益的集合體。陳橋兵變，既是趙匡胤主觀求取的結果，又是綁在戰車上的一干兄弟及其家族的共同利益訴求。由郭威開國的後周，只因柴榮家族根淺葉疏無力支撐起整個天下，這也是歷史發展的必然。

顯德六年（九五九年）六月，周世宗去世，由他年僅七歲的兒子柴宗訓即位。當時，後周的局面是「主少國疑」，人心浮動、謠言四起，「時人咸謂天下無主」，後周政權處於風雨飄搖之中。

在周世宗去世後的半年裡，在禁軍高級將領的安排上，發生了對趙匡胤絕對有利的變動。在殿前司系統，原來一直空缺的殿前副都點檢一職，由慕容延釗出任，趙匡胤對慕容「素所兄事」，兩人私交甚好，關係非同一般；原來空缺的殿前都虞侯一職，則由王審琦擔任，此人既為趙匡胤的「布衣故交」，又是「義社十兄弟」之一，與當時已經擔任殿前都指揮使的石守信一樣，都是趙匡胤勢力圈子中的核心人物。而在侍衛司這一系統的高級將領中，趙匡胤與侍衛馬步軍都指揮使韓令坤有「兄弟」之誼，「情好親密」，他當時正領兵駐守在淮南揚州。京城中擁護後周政權的實際上只剩下副都指揮使韓通，勢孤力單的韓通自然無法同趙匡胤相抗衡了。

在趙匡胤和帳下謀士們的精心策劃下，一場兵變就要上演了。顯德七年（九六〇年）春節，太后和幼主升乾元殿接受百官朝賀，人們正沉浸在歡慶祥和的佳節氣氛中，位於邊境線上的鎮、定二州卻傳來了遼和北漢聯兵入侵的戰報。小皇帝柴宗訓徵得宰相范質的同意後，令檢校太尉趙匡胤率領禁軍前往迎敵，這正中了趙匡胤的心意。

顯德七年正月初二，趙匡胤按計劃率軍從開封出發，當天駐紮在距開封四十里的陳橋驛。軍中通曉天文的軍校苗訓指著天上對趙匡胤的親信守門人楚昭輔說，他看到了兩個太陽在相互搏鬥，「黑光摩蕩者久之」，並說：一日克一日，是天命所歸。這類說法，無非是改朝換代之際，統治者為了籠絡人心而慣用的伎倆而已，然而這番煞有其事的說法卻得到了大部分軍士的認同。當晚五鼓時分，軍士們聚集在軍營門口，紛紛議論著應將趙點檢立為天子，有人出面闢謠，但軍士們仍然堅持自己的看法。

次日黎明，趙匡胤還未醒來，一夜未眠的將士們握刀持劍，早已環立帳前，呼聲四起。有些將士全副披掛，準備逕直入帳擁立趙匡胤。守在帳外的趙匡義連忙進帳喚醒趙匡胤，擁他出帳。帳外將士披堅執銳列隊而候，一見趙匡胤出來，便大聲高喊道：「諸軍無主，願策太尉為天子。」趙匡胤還來不及回答，一件黃袍已披在他身上。眾將士一齊跪拜在地，山呼「萬歲」。

趙匡胤假裝推辭，眾將士不依，扶他上馬南行。趙匡胤佯裝無奈，說將士們貪圖富貴強立他為天子，因此必須聽他指揮，眾將士都下馬聽命，於是趙匡胤頒布了入京以後的約束，率大軍返回開封。城門早在石守信的控制之下，大軍順利入城。趙匡胤在眾人配合下，迅速控制了整個局勢。正在早朝的後周大臣們得知兵變消息，個個大驚失色、手足無措，只有侍衛馬步軍副都指揮使韓通立即從朝中回家，企圖組織抵抗，但剛進家門便為趙匡胤的部將王彥升所殺。

當宰相范質等人被軍士挾持來到都點檢衙門時，趙匡胤哭著說他受先皇厚恩，今日為將士們所逼到了這般地步，實在慚愧。范質正想答話，軍校羅彥瓌持劍上前厲聲喝道：「我輩無主，今日須得天子。」范質等人面面相覷，深知已無回天之力，只得一齊跪拜在地，高呼「萬歲」。

趙匡胤見眾官已被收服，立即趕往皇宮迫周恭帝遜位。文武百官就列後，早有原後周翰林學士陶穀從袖中拿出事先擬就的禪位詔。趙匡胤換上龍袍，接受群臣朝賀，正式登基為帝，而遷恭帝及符后於西宮，更其帝號為「鄭王」，而尊符后為周太后，趙匡胤就這樣完成了禪讓大禮。由於其所領歸德軍在宋州，於是定國號為「宋」，改元建隆，仍定都汴京，趙匡胤成了趙宋王朝的第一位皇帝。趙匡胤親自立下規矩：後周皇室後代會受到趙氏歷代皇帝的照顧。

歷朝歷代的政變事件屢見不鮮。「陳橋兵變，黃袍加身」是趙匡胤發起的成功政變，他兵不血刃登上帝位，統一了大半個中國，從此開始了趙氏王朝三百多年的統治。

03 皇權集中：杯酒釋兵權

「皇權」是封建時期各大家族的最高追求，但得天下難，治天下更難。尤其在唐末宋初，割據一方手握權力的大家族比比皆是，「杯酒釋兵權」使趙氏家族坐穩了權力的第一把交椅。

建隆元年（九六〇年），趙匡胤通過發動陳橋兵變，在其弟趙匡義及心腹的裡應外合下，從後周幼主手中成功地奪取了政權，建立了大宋王朝。面對新政權，後周舊臣中識時務者紛紛俯首稱臣，但也有不甘任人擺布者，尤其是昔日與趙匡胤一樣手握兵權的將領們。周世宗去世後，懷有帝王野心的人何止一個趙匡胤？只是趙匡胤捷足先登使他們失去了一次實現野心的機會罷了，但他們並沒有因此打消念頭。有的在等待觀望，希冀東山再起；有的則「日夜繕甲治兵」，準備與新王朝來一番角逐。

面對這種局勢，趙匡胤和趙普等人認為應採取以穩定京城、籠絡後周舊臣為主的方針，以靜制動，穩定天下。依據這一方針，趙匡胤對後周舊臣實行了官位依舊、全部錄用的政策，甚至連宰相也仍由舊相范質繼任，並派人昭告天下。為了保證對後周舊臣籠絡和收買的成功，趙匡胤還毫不留情地打擊那些恃勢欺凌舊臣的新貴們。京城巡檢王彥升是當年兵變入城時的先鋒，自恃擁立有功，橫行不法，最終被貶為唐州刺史，並因其殺死了韓通而終身不授符節和斧鉞。趙匡胤的這些做法，對穩定後周舊臣的情緒，緩解他們對新王朝的疑懼，使他們放心地為新王朝服務，起到了很好的作用。

朝廷穩定後，趙匡胤要著手解決的是兩個握重兵在外的將領。一個是駐守潞州的原後周昭義軍節度使李筠，一個是駐守揚州的淮南節度使李重進。趙匡胤便遣使加兩人為中書令的榮銜，試圖穩住他們。

李筠先是下令將使者拒之門外，既而勉強接待了使者，但卻在招待使者的酒宴上掛起周太祖的畫像放聲大哭。其後，他與北漢國主劉鈞結盟，劉鈞許諾幫助李筠起兵攻宋，於是李筠於建隆元年（九六〇年）四月正式起兵。

李筠狂妄無謀，他沒有採納幕僚們的建議竟率軍直搗汴京，趙匡胤派大將石守信、高懷德等人率軍平叛。石守信在兩軍的初次交鋒中大敗李筠，令李筠元氣大傷。六月，趙匡胤又率軍親征，李筠連遭敗績，退入澤州城。趙匡胤親自指揮各軍攻城，澤州城破，李筠走投無路，投火自焚，其子李守節以潞州降宋，李筠之亂被平定。

李筠反宋的消息傳到揚州後，南方的李重進也準備起兵回應。李重進是周太祖的外甥，周世宗去世時以馬步軍都指揮的身分駐守揚州，實際上是與趙匡胤分掌內外禁兵的。李重進打算與李筠南北夾攻宋軍，便立即派幕僚翟守珣星夜前往李筠處聯絡。但翟守珣卻偷偷來到汴京，將李重進的詳細計畫告知了趙匡胤。由於當時要應付李筠之事，為避免分散兵力南北作戰，趙匡胤厚賜翟守珣，並讓他回去設法拖延李重進起兵的時間。翟守珣回去後施展巧舌，詆毀李筠不足與謀大事，勸李重進不要輕舉妄動。志大才疏的李重進果然中計，沒有及時起兵，錯失了良機。

經過短暫的休整，同年十月，趙匡胤又親率大軍征服了李重進，宋初的「二李之亂」就這樣被平息了。至此，宋王朝與後周舊臣之間的矛盾基本上得到了解決。二李叛亂的平定，不僅懾服了後周舊臣，更重要的是警示了武將，提醒他們必須服從新政權。

五代後期，發動兵變篡奪皇位的已不再是在外擁有兵權的藩鎮節度使，而是在中央典領禁兵的宿將，趙匡胤自己就是以殿前都點檢身分發動兵變取代後周的。「二李」的相繼叛亂，使他更加確信擁有重兵的武將和藩鎮是國運長久最大的威脅。然而，國家處於建立初期，天下四分五裂，進行統一戰爭和鞏固邊防都需要武將統兵征戰。為了確保統治的穩固，趙匡胤決心採取對自己更為有利的措施，將典領禁軍的宿將做一番調整。

陳橋兵變後，韓令坤和慕容延釗分別出任侍衛親軍司和殿前司的最高將領，不過趙匡胤有意派他們領兵在外，使他們難有作為。石守信和高懷德成為侍衛親軍司和殿前司的最高長官，石守信是趙匡胤的義社兄弟，高懷德則是趙匡胤的妹夫。他還把另一個義社兄弟王審琦提為殿前都指揮使，讓自家兄弟趙匡義頂替了王審琦出缺的殿前都虞侯。這樣，除了馬軍都指揮使張光翰和步軍都指揮使趙彥徽外，禁軍兩司都控制在趙匡胤親信的手中。

到了建隆元年歲末，趙匡胤又以義社兄弟韓重贇和心腹將領羅彥瓌取代了張光翰、趙彥徽兩人。對後周時在禁軍中聲望不在自己之下的韓令坤和慕容延釗，趙匡胤還是放心不下。建隆二年閏三月，趙匡胤決心不再任命自己出任過的殿前都點檢，將韓、慕容分別罷為山南西道節度使和成德節度使，同時以石守信替代了韓令坤，從而使禁軍高級將領成為趙匡胤清一色的嫡系親信。

趙匡胤認為由親朋故友執政禁軍就不再會發生推翻宋朝的兵變，但他還是不能完全確定自己的計畫能否萬無一失，於是便找來趙普商量此事。他對趙普說：「天下自唐末以來，帝王數十年間凡易八姓，戰亂紛爭經久不息，蒼生塗地，這是為何？有沒有平息天下之兵，建設國家的長久之計？」趙普精通治道，說：「沒有其他原因，是因為方鎮太重，君弱臣強罷了。只要削奪其權，制其錢穀，收其精兵，則天下自然就安定了。」趙普又勸太祖將握有兵權的石守信等人改授他職，趙匡胤說道：「卿言過重，這些弟兄跟隨我多年，他們絕對不會背叛我，你何必那麼擔憂呢？」趙普又說：「我倒不是擔心他們會背叛你，只恐怕萬一他們手下的人不能控馭，到那時也由不得他們了。」趙匡胤聽後，聯想到自己親身經歷的那次兵將擁立的場面，頓覺不寒而慄，於是他精心設計了一場巧奪兵權的酒宴。

建隆二年（九六一年）七月，一天晚朝結束，趙匡胤設宴招待石守信、王審琦等高級將領。酒酣之時，趙匡胤卻悶悶不樂。石守信等人忙問原因，趙匡胤令左右侍從退去，對這些手握兵權的親信說：「如果沒有你們的出力相助，我也就沒有今天，你們的功德我銘記於心。可就是做了皇帝以後，還不如做個節度使快樂，我每天都不能高枕無憂。」石守信等人納悶，忙問為何。趙匡胤答道：「這不難明白，皇帝的位子，誰不願意呢？」石守信等人聽到趙匡胤話中有話，忙叩頭道：「陛下何出此言？如今天下既定，誰還敢有異心！」趙匡胤說：「我知道你們都對我忠心耿耿並無異心，我擔心的是如果你們的部下貪圖富貴，有朝一日也將黃袍披在你們身上，到那時你們不想做皇帝也不行了。」聽罷此言，石守信等人方才明白過來，原來趙匡胤擔心他們有奪位之心，以後有可能效仿造反，便磕頭請趙匡胤指點明路。趙匡胤見時機成熟，語重心長地說：「人生如白駒之過隙，所謂好富貴者，不過是多積金帛，厚自娛樂，使子孫無貧乏罷了。你們何不釋去兵權，到地方上去購買良田美宅，為子孫立永久之業；多置歌兒舞女，飲酒作樂，安享天年。這樣一來，我們君臣間互不猜嫌，大家相安無事，這豈不很好！」石守信等人跟隨太祖多年，深知他說這番話是經過深思熟慮的，便一起叩頭謝恩。

第二天，石守信等禁軍將領紛紛上書，稱自己有病在身，請求解除兵權。趙匡胤一一照准，解除了他們的禁軍職務，同時賞賜他們大量金帛，並授予他們有名無實的節度使官銜。只有石守信兼職如故，但兵權已不在其手中。到了建隆三年，石守信的虛名也被剝奪。而禁軍將領職位的空缺則按照趙普的計策全部由文官接任。這就是歷史上著名的「杯酒釋兵權」。

削奪禁軍將領兵權後，趙匡胤曾想讓天雄軍衙內都指揮使符彥卿統領禁軍。符彥卿是周世宗及皇弟趙匡義的岳父，趙匡胤對他頗加優遇，但趙普以符彥卿名位已盛，不可再委兵柄為由相諫。趙匡胤不聽勸阻，認為自己待符彥卿甚厚，符彥卿不會辜負自己。趙普卻反問他：「陛

04 臥榻情節：未完成的統一心願

開疆闢土，是大部分有為君主的願望；合久必分、分久必合，九州一統，是家天下時期的最高利益指向。如何實現華夏的統一，如何消滅割據一方的其他家族勢力，是趙氏家族建立宋王朝之後思考的頭等大事。

趙匡胤代周自立，並鞏固了自己的統治，這就將統一全國的任務提到了議事日程上來。唐末五代以來，藩鎮林立，南北分裂，割據政權較多，北方還有遼朝虎視眈眈，要統一天下並不容易。制定怎樣的統一策略，成了趙匡胤心中的頭等大事。

從當時的客觀形勢看，剛剛立國不久的宋王朝周圍存在著幾個由少數民族建立的國家和許多由漢族建立的割據政權。在北方有契丹族建立的遼國，在西北有党項族的強大勢力，夾在二者之間的則是割據山西一帶的北漢。北漢受到契丹的支持，與以前的後周和現在的宋王朝一直處於公開敵對的狀態。在江淮以南，則存在著南唐、吳越、後蜀、荊南、湖南、南漢等八個割據政權。雖然這些割據政權處於物產豐富、經濟相對發達的地區，但由於其各自疆域狹小，又互不聯合，因而大都國力不武、軟弱怯懦，不得不向以前的後周和剛剛建立的宋王朝表示名義上的臣服或通好。

在這種形勢下，擺在趙匡胤面前的有兩條路。一是乘南方諸國名義上已表示臣服的時機，繼續周世宗的政策進行北伐，收復為遼所佔領的燕雲十六州領土，割斷遼與北漢的聯繫，進而消滅北漢這一公開的敵對勢力，然後統一南方諸國。二是南征，在完全征服了南方八個割據勢力以後，再來亡北漢，攻取燕雲十六州，將契丹趕回長城以北。趙匡胤又找來趙普商議統一策略，經過君臣之間的反覆論證，趙匡胤集思廣益，終於在建隆三年（九六三年）確立了「先南後北」的統一方針。

策略制定後，趙匡胤便立即付諸實施。趙匡胤對北方的契丹和北漢基本上採取守勢，力圖保持北方邊境的暫時安定；而南方的荊湖地區南通南漢、東距南唐、西迫巴蜀，戰略地位極為重要，是趙匡胤首選的攻擊目標。當時，荊湖地區有兩股割據勢力：一個是以江陵為中心的高繼沖南平政權；另一個是控制湖南以朗州為中心的周保權集團。

乾德元年（九六三年），趙匡胤任命慕容延釗為湖南道行營都部署，樞密副使李處耘為都監，率安、復等十州之州兵出征荊湖，討伐張文表。臨行前，趙匡胤對慕容延釗和李處耘說：「出征湖南，必然要借道於南平，南平國勢卑弱，可順便將其攻滅。」

慕容延釗等依計而行，二月出兵湖南，途中攻破江陵。荊南節度使高繼沖聽說宋軍儼然而至倉皇出迎，在江陵北十五里處與之相遇。李處耘一邊讓高繼沖就地等候慕容延釗，一邊率親軍搶先入城。高繼沖見宋軍已分據要衝知大勢已去，不得不將其控制的三州十七縣的版籍奉表呈納給趙匡胤。

三月，慕容延釗繼續率宋朝大軍進攻潭州，張文表被斬於市。武平節度使周保權知道來者不善，便準備臣服宋朝保住富貴，但遭到部將張崇富的竭力抵制。慕容延釗兵分兩路，水陸並進，分別攻取了岳州和澧州。張崇富退守朗州。慕容延釗繼續率軍入城，擒殺了張崇富，俘虜了周保權。沒費多大周折，湖南十四州、一監、六十六縣也納入了宋朝的版圖，宋朝順利地滅掉了荊湖地區兩個割據政權。

平定荊湖是趙匡胤統一戰爭的第一次戰役，初戰告捷意義重大。首先，此次戰役驗證了先易後難統一方略的可行性，鼓舞了宋軍的士氣，堅定了趙匡胤統一天下的信心；其次，宋朝控扼荊湖，不僅在經濟上奪得了這一中部糧倉，還在軍事上掌握了西上、東進、南下的主動權，切斷了後蜀和南唐的聯繫，使後蜀、南唐和南漢隨時處於宋朝可直接打擊的範圍之內。尤其是後蜀，宋朝可以從東面的水路和北面的陸路對其實施攻擊，讓這一雄踞川中的南方大國已處於坐以待斃的境地了。

後蜀主孟昶奢侈荒淫，政治極為腐敗。宋朝吞併荊湖，孟昶知自身難保，準備向宋朝通使奉貢，但遭到大臣王昭遠的堅決反對。王昭遠建議孟昶與北漢結盟，約期讓北漢發兵南下，孟昶在三峽一帶駐兵迎戰，使宋腹背受敵。乾德二年（九六四年），孟昶遣孫遇、趙彥韜等人攜蠟書秘密前往北漢，欲聯北漢共同舉兵攻宋。

途經開封時，趙彥韜偷偷將蠟書獻給了趙匡胤。趙匡胤正苦於沒有伐蜀藉口，見此便認為師出有名了，於是下令攻蜀。

乾德二年十一月，趙匡胤命王全斌、崔彥進和王仁贍率六萬大軍分道攻蜀。臨行前趙匡胤授予諸將陣圖，並特別交代寧江節度使劉光義，蜀軍防衛甚嚴在夔州設了鎖江浮橋，要取勝必須先奪浮橋。

後蜀以王昭遠領兵抵抗，然而王昭遠只會紙上談兵，並不會領兵作戰。他誇下海口，說奪取中原易如反掌，但經過幾次交戰，卻是屢戰屢敗，從利州直退到劍門。劍門是成都的重要屏障，其得失直接關係到成都的安危。孟昶得知王昭遠戰敗，忙讓兒子玄喆率兵增援，但玄喆不僅不懂兵事，沿途竟遊山玩水、尋歡作樂，半道聽說劍門失守便不戰自潰，逃往東川。此時，王昭遠已做了宋軍的俘虜。

與此同時，後蜀的三峽防線也被劉光義和曹彬的西路軍攻下，劉、曹二人率領的東路軍溯江而上，進抵夔州。劉光義按照太祖的指示先奪浮橋，攻下夔州，打開了由長江入蜀的大門。兩路宋軍長驅直入，沿途所向披靡，於乾德三年（九六五年）元月會師成都。孟昶見大勢已去，便命獻表請降。

後蜀物產豐富、府庫充盈，號稱「天府之國」。平定後蜀後，宋太祖特命參知政事呂餘慶為成都知府，協同王全斌等人大肆搜刮。一時間，船載路運日夜不息，大量財富被集中到東京開封。這固然加強了宋王朝的國力和財力，但同時卻激化了後蜀地區的社會矛盾，後蜀在此後相當長的一段時間裡一直動亂不已，民變、兵變相繼發生，牽扯了北宋王朝很大的一部分兵力。

南漢以廣州為中心，割據嶺南兩廣地區達六十年之久。開寶三年（九七〇年）九月，趙匡胤決定攻取南漢以繼續實施「先南後北」的統一方略。同年十一月，趙匡胤命潘美率軍大舉進攻南漢，宋軍很快就攻陷了賀州，隨之連克昭、杜、連、韶四州。南漢主劉鋹負隅頑抗，但朝廷上下卻不能團結一致。最後，南漢主任用宦官掌握兵權，以這樣的軍事配備對抗宋軍無異於以卵擊石，很快地南漢軍隊就大敗於蓮花峰下。次年二月，宋軍攻克廣州，南漢滅亡。

南漢滅亡之後，南方剩下的最後三個割據政權個個自危，震恐異常。南方割據勢力最強大的南唐後主李煜苟且偷安，主動要求取消國號，改稱「江南國主」，但趙匡胤並未因此而改變消滅南唐的決心。

開寶七年（九七四年），趙匡胤要南唐後主李煜親自到開封朝拜，李煜懼怕被宋扣留而未成行。趙匡胤便抓住這一把柄，九月，令曹彬為統帥、潘美為都監，率水、步、騎兵在采石磯一線強行渡江，進圍金陵；同時令吳越國主錢俶統帥吳越軍五萬，由宋將丁德裕監軍，從東面攻取常州（今江蘇常州），然後會師金陵。

十一月中旬，宋軍依照江南人樊若水的圖示，在采石磯用預先造好的戰艦架設浮橋獲得成功，其主力部隊利用浮橋順利地跨過了長江天險，大敗南唐水陸兵十餘萬於秦淮，直逼金陵城下。十一月二十七日，在李煜仍不投降的情況下，宋軍發起總攻，金陵城破，李煜做了俘虜。

進攻南唐是宋太祖統一南方的最後一仗，是當時最大的一次江河作戰。這次戰爭中的「浮橋渡江」「圍城打援」，不僅是趙匡胤戰略部署中的得意之舉，也是古代戰爭史上的創舉。

趙匡胤運籌帷幄，針對不同的割據政權採取了相應的統一措施，取得了一系列的勝利，充分展示了他出色的政治才能和軍事指揮才能。在滅了南唐後，趙匡胤又對南方僅剩的吳越和漳泉兩個割據政權施加壓力，迫使它們稱臣歸附。

再來看宋朝與北漢的角逐。開寶元年（九六八年），北漢主劉鈞病死，他的幾個養子和宰相郭無為爭權奪利，內部矛盾重重。趙匡胤認為有機可乘，便於同年八月揮師北上，並一舉突破北漢的幾道防線，進逼太原城下。北漢雖經歷幾次執政者奪權的風波，但太原城的守將卻殊死抵抗絲毫不動搖。九月，遼軍前來增援北漢，宋太祖只得撤軍。北漢乘機反攻，宋朝方面自八月進軍以來所佔領的州縣不但全部丟失，還被北漢軍隊打下了晉、絳二州，大掠而去。

次年（九六九年）二月，趙匡胤決定親率大軍征討北漢以雪前恥。戰事剛開始時，北宋方面很順利。三月，趙匡胤率大軍突破了北漢的數道防線進抵太原城下，將其團團圍住，但此後戰事即進入膠著狀態，宋軍發起的幾次強攻都被北漢名將劉繼業擊退。強攻不行，趙匡胤又採取了長期圍困的政策，但三個多月過去了仍沒能將太原攻克。這年的閏五月，宋兵正式從太原撤兵。北漢軍隊又一次乘勢追擊，宋軍丟失了大批糧草，損失比上一次還要嚴重。

北宋自建隆三年（九六三年）九月首次對外用兵起，至乾德三年（九六五年）正月，不到三年的時間就平定了南平高氏、湖南周氏、後蜀孟氏三個割據政權，統一了六十三州一監的大片領土。但自平蜀後，幾乎完全是由於趙匡胤個人的舉措失當導致了一系列意外的變故，先是蜀中動盪不已，緊接著又是兩次北征太原損失慘重，趙匡胤「先南後北」的統一大業因此而停滯。

開寶九年（九七六年）十月十九日，趙匡胤突然去世，其弟趙匡義按照趙匡胤的既定方針，繼續對吳越和漳泉施加壓力，終於不動干戈地迫使吳越的錢俶和福建的陳洪進納表獻土，使兩浙和福建歸入了宋朝的版圖，南方完全統一。在此基礎上，趙匡義一鼓作氣於西元九七九年（興國四年）初親率大軍北征，滅亡了北漢。至此，安史之亂以來中原地區兩百多年的分裂割據局面基本上結束。這時，離宋太祖逝世剛剛三年。

趙匡胤最想擊敗的是遼朝，最想收復的是燕雲十六州，然而這兩大心願都未能達成，留下了終生遺憾，收復燕雲十六州也成了整個兩宋時期趙氏統治者長久的夢想。但北漢的降服，使它成為宋朝北方的一道屏障，對於抵禦遼國的入侵起到了緩衝作用。

05 重文輕武的趙氏集權統治

綜觀封建社會的家天下歷史，為維持家族統治設立的「祖宗家法」總是一脈相承。這些「祖宗家法」在建國初期對家天下統治確實起到了積極作用，但時代在進步，死守「祖宗家法」的弊端卻越來越明顯，最終導致了家族統治的沒落。

宋太祖趙匡胤在南北用兵、統一全國的同時，還採取了一系列措施來鞏固和加強了專制主義中央集權，進而創立了一整套為其後代奉若圭臬的「祖宗家法」。

趙匡胤深知唐末以來政權頻繁變更的最重要原因就是文武關係畸形，武臣獨攬朝政導致政局混亂，他不希望這樣的局面在自己的朝代延續。他也深知只要地方權力過大，節度使擁兵一方而不受中央調遣，自然就不會有真正意義上的天下統一和社會安定。要解決好權力的分配問題，實際上就是要解決好中央與地方的關係問題，於是他找來趙普商議國家長治久安之策。宰相趙普計謀很多，他參與策劃了「黃袍加身」「杯酒釋兵權」，直接把趙匡胤送上了皇位。後來趙匡胤平定南方，趙普更是立了不少大功，因此趙匡胤事無巨細都跟趙普商量。趙普認為唐末以來兵戈不息，蒼生塗炭，其癥結就在於方鎮太重、君弱臣強。

在趙普的輔佐下，趙匡胤制定出「削奪其權，制其錢穀，收其精兵」三大原則，有計劃、有步驟地對地方權力進行收奪，以徹底改變五代以來所形成的地方權力過重的局面。

「削奪其權」，即削弱地方勢力。乾德元年（九六三年）平定荊湖以後，趙匡胤做出了廢除荊湖地區「支郡」的規定。他宣布新征服地區仍保留節度使，但節度使駐地以外的州郡「直屬京師」，這樣「支郡」就被取消了。隨著南方諸國逐漸被平定，罷除「支郡」的範圍也越來越大，全國範圍內的支郡制度已在宋太宗時全部廢除。同時，宋太祖逐漸向這些地方派遣文臣出任「知州」，以取代原來掌管州務的防禦使等武將。宋太祖在很短的時間裡就選派出上百名文臣，分治原為各大藩所轄的支郡，形成了宋代的「以文臣知州事」的制度。

同年，趙匡胤又訂立了兩項限制州郡長官權力的措施。一是「三歲一易」，「知州」「知縣」在一地任職以三年為限，不得久任。乾德三年（九六五年），北海軍知軍楊廷美任職已滿三年，由於其為政清廉，頗得百姓愛戴，當地民眾數百人赴京守在宮門口請願，要求留楊廷美繼續在北海任職。趙匡胤先是下詔勸他們散去但無效，於是採取斷然措施，「笞其為首者」，使「三歲一易」的措施得以施行。另一項措施，是在州郡設立通判。通判名義上與知州共同判理政務，其地位略低於知州，但事實上由於其負有監督州郡長官的特殊使命，知州往往還要恤其三分，所以宋朝州郡長官與通判不和的問題一直存在。

「制其錢穀」，即收奪地方財權。乾德二年（九六四年），趙匡胤發布一道十分重要的詔令，要求各州除留有必要的經費外，其餘財賦中屬於貨幣的部分應全部輦送到京城，不得無故佔留。次年三月，又一次重申了這道詔令。隨著錢幣集中，宋朝中央對地方其餘財物的控制也逐步加緊了。自此以後，「粟帛咸聚王畿」，地方藩鎮失去了對抗中央王朝的經濟後盾。

地方喪失了財權，自然也就無法「屯兵自重」了。在這種情況下，趙匡胤與趙普所討論的「收其精兵」的措施實施起來就更順利了。趙匡胤為收地方精兵而創立的兵分禁、廂的制度，為其後代一直沿襲下來，成為兩宋兵制中的一大特色。

「削奪其權，制其錢穀，收其精兵」，收到了長遠的效果，在中國歷史上出現了「天下之權悉歸朝廷」「四方萬里之遙，奉遵京師」新型的中央與地方關係。趙匡胤所確立的這種中央與地方的關係，作為「祖宗之法」的主要內容，一直為趙宋歷代君臣所恪守。

在調整和確立了中央與地方關係的同時，趙匡胤對君臣關係也進行了調整。他認為地方權力雖已集中到朝廷，但還沒有完全解決中唐五代以來「君弱臣強」的問題，因而應該進一步削弱文武百官的權力，最後將權力完全集中到自己一人手中，「總攬威柄」「獨制天下」。

宰相是封建社會的「百官之領袖」，處於「一人之下，萬人之上」的地位。趙匡胤即位後，宰相奏事仍沿舊制，但趙匡胤已開始採取措施降低宰相的地位了。

與削弱相權同步進行的，是在百官中推行「官職分離，互相牽制」的任官政策。宋代官制中，「官」是品級，只有據此享受俸祿的作用；「職」是殿閣、館閣學士一類的榮譽稱號，亦沒有實際權力；只有由皇帝或中書省「差遣」的臨時職務才是實職，即執行實際權力的職務。

趙匡胤推行的這種職權分離、名實不符的任官體制，使任何官員都無法集中權力、榮譽、威望於一身，權大者並不一定職高，望重者並不一定位顯，這樣就很難形成對皇權的威脅了。

皇帝臨時「差遣」的實職，也是依照「分權而相互牽制」的原則進行安排的。以兵權為例，樞密院與三衙分握發兵權和管兵權互相牽制，將帥儘管平時統轄部隊，但戰時率兵出征由皇帝臨時派遣，事定之後則兵歸三衙。

為了擴大統治基礎，趙匡胤制定了一系列重文輕武的政策。他下令修復孔廟、開闢儒館，延用耆學名儒，以勸勵教化。針對五代時期文教不興、學校荒廢的情形，他下詔撥款增修國子監學舍，當國子監開學講書之日還派人送去美酒、蔬果以示祝賀。隨著文教的振興和開科取士的增多，大批文人進入了統治集團。趙匡胤認為亂世用武、治世用文，對這些文臣再也不能像五代時期那樣只是當作點綴擺設，而應切實發揮他們的作用。其次，趙匡胤改革和推進了隋唐以來的科舉考試制度。宋初極力放寬科舉考試的範圍，無論家庭貧富、郡望高低，只要具有一定文化的人都可以前往應舉，同時嚴格考試制度以防權貴豪門請託舞弊。

趙匡胤的重文政策，使統治集團內部畸形的文武關係得到了調整。一方面是調整了中央與地方、君主與臣下的關係，使地方的行政、財政、軍事等各方面的權力不斷向中央集中，最後又集中到皇帝一人手中，形成了至高無上的君主集權制；另一方面開科取士，重文用武、廣羅人才，又極力擴大了這一專制統治的基礎。但是這一政策也帶來了一些弊端，導致官僚機構膨脹，加大了中央財政的支出，到宋朝中期就出現了積重難返的局面。

06 兄友弟悌，身死成謎

封建皇權的至高無上，使得眾多覬覦皇位的家族成員之間明爭暗鬥、自相殘殺。家族內部爭權奪位的血雨腥風瀰漫了整個封建時代，趙氏家族也未能倖免。

隨著宋初局勢的穩定和統一事業的逐漸完成，趙宋皇族被外姓旁人顛覆的危險越來越小，但趙匡胤與趙光義（即趙匡義，因避趙匡胤名諱改為趙光義）之間原來那種為家族的命運和利益同心同德、共濟險難的精神卻慢慢地消失了。一旦他們有了互不相干的命運和各自的算計，原來掩蓋在「兄友弟悌」倫理美德下的人性中的另一面就顯露了出來。

建隆二年六月，皇太后杜氏因病去世。臨終前夕對趙匡胤說：「你能做天子，那是因為周世宗死後繼位的國君年幼的緣故，如果當時是一位成年人繼位的話，你能當上天子嗎？我想將來你傳位時，就應當傳位於你弟弟光義，立年長者為國君，是社稷之福呀！」趙匡胤哭著答應道：「一定按您的吩咐辦。」於是由趙普當場記下太后遺囑，藏於金匱之中。這就是所謂的「金匱之盟」。

同年七月，趙匡胤把時任泰寧軍節度使、大內都部署的皇弟趙光義任命為開封府尹、同平章事。這是一個非同小可的任命，五代時期凡皇位的繼承人都要封王任開封府尹，趙光義此時雖未封王，但他任開封府尹已隱然有繼位人的地位了。這不但是貫徹太后臨終遺囑的一個重要步驟，趙匡胤更希望通過此舉向臣僚們表明，未來的皇位交接不會再出現那種「主少國疑」的局面了。

自建隆二年擔任開封府尹起，趙光義主政京師達十餘年，其官署號稱南衙。趙光義把一大批文武人才網羅進自己的幕府，據考證他的幕府擁有宋琪、石熙載、柴禹錫、程德玄等幕僚六十餘人，十餘年來趙光義韜光養晦，一直在暗中培植自己的勢力。

趙普從乾德二年（九六四年）起獨相十年，權位在趙光義之上，他見多識廣，對趙光義的動向與用心當然會有察覺，因而原先關係尚稱密切的兩人，形成了旗鼓相當的兩大政治勢力，時不時地明爭暗鬥一番。

趙匡胤晚年對趙普的獨斷專行也深為不滿，但要處置勳望卓著的趙普尤須謹慎。得到趙匡胤賞識的翰林學士盧多遜因與趙普不和，多次在趙匡胤面前攻擊趙普。趙普因敢作敢為樹敵過多，又因貪財好貨，營邸店、奪民利，落人把柄不少。開寶六年（九七三年），太祖一方面擴大參知政事薛居正和呂餘慶的參政權力，以分割趙普相權；一方面親命重選中書堂後官，以削去趙普心腹。

開寶六年八月，趙普辭去宰相一職。時隔一月，趙光義進封晉王，位居宰相之上。五代時期，親王尹京隱然已有繼位人的地位，後周世宗繼位前就是晉王兼開封府尹。這兩件事前後相接，表明趙光義久久不能確立繼承人的地位，與趙普是有關的。

趙光義雖說有「金匱之盟」，已隱然被視為皇位繼承人，但這時太祖的兒子德昭二十四歲，德芳也已十六歲，不聞失德，也完全可以勝任皇帝，而且趙匡胤晚年與趙光義也是頗有矛盾的。趙匡胤一度考慮遷都洛陽，原因之一就是試圖擺脫趙光義在開封府業已形成的盤根錯節的勢力範圍。何況在歷史上皇帝臨終易儲也不是沒有先例，因而趙光義能否繼承皇位還存在著不小的變數。

雖說趙光義當時已是勢力暗增，但趙匡胤也沒有閒著。開寶九年二月，吳越國王錢俶來朝，很少參與政治活動的皇子德昭卻突然被趙匡胤委派至宋州迎賓。錢俶來朝是當時朝中矚目的大事，趙匡胤藉機巧妙地把本來沒沒無聞的皇子推到了臣民們的面前。回到開封後，趙匡胤一反常態地加強了同另一皇弟趙廷美的關係。三月，宋太祖巡視洛陽，特令趙廷美隨行。其中，僅七月一個月的時間就三次「幸光美第」。趙廷美是「金匱之盟」中排在趙光義之後、趙德昭之前的繼位人之一，趙匡胤對他如此親近，恐怕也不是毫無用意的。

開寶六年十月二十日，趙匡胤在病中猝然去世，終年五十歲。趙匡胤臨死前，趙光義將大內中人全部趕出，大家在外面聽到殿內有異樣響動。不一會兒，趙光義出來說：「聖上駕崩了。」然後匆匆離去。第二天，趙光義順順利利地繼承了皇位。趙匡胤之死蹊蹺離奇，他本來身體健康，從他生病到死亡只有短短兩三天時間，可知他是猝死的。關於趙匡胤之死，史家眾說不一，也有人認為是被趙光義謀殺的。

總之，趙匡胤之死留下了千古之謎。宋太祖死後，謚號「啟運立極英武睿文神德聖功至明大孝皇帝」，廟號「太祖」。

第二章　崇尚文治　太宗趙光義

趙光義（九三九——九九七年），西元九七六——九九七年在位，本名趙匡義，後因避其兄太祖諱改名光義，即位後改名炅。太祖趙匡胤胞弟，母為昭憲皇后杜氏。

趙光義有雄才大略，為打下趙氏江山立下巨大功勞。登基後，繼續推行統一全國的政策，結束了五代十國的分裂割據局面，同時也結束了中國長達二百五十年的改朝換代的大混戰。他完善了系統而完整的統治體制，促進了經濟發展、社會繁榮，使趙氏家族維持了長達三個世紀的統治，為宋朝的穩定做出了重要的貢獻。但是由於趙光義的急功近利，幾次北伐攻遼都受挫，轉而執行守內虛外的政策，使宋朝形成了「積貧積弱」的局面，也給當時社會的發展帶來了不利的影響。

01 燭影斧聲中代侄繼位

中國古代封建統治家族以「長子接班」這種家天下的繼承模式，來防止家族其他人對最高權力的爭奪。嫡長子繼承制，有利於減少政治繼承中的衝突，維護君主專制制度的穩定有序和家族的統治延續。但皇權的至高無上和特殊的生活享受，卻使不少野心家為這一制度添置了刀光劍影的背景。

西元九三九年十月七日，趙匡義出生於浚儀官舍。他自幼卓爾不群，生性好學，工文業、多藝能，深得長兄趙匡胤的喜愛。

當趙匡胤在後周功業顯赫、地位日高時，比他小十二歲的趙匡義還是一個名不見經傳的小人物。趙匡義長期跟隨趙匡胤南征北戰，十八歲時協助趙匡胤攻下了瓦橋關和瀛洲、莫州。二十二歲時，他在「陳橋兵變」為其兄代周自立起了重要的作用。當時，趙匡義以趙匡胤胞弟的身分出面溝通內外、結交軍士、撫定眾心。由於趙匡義充當了前臺主角，才使得趙匡胤在代周自立的過程中扮演了一個較為超脫的角色。趙匡胤當上皇帝後，趙匡義為了避諱改名為趙光義，另一個弟弟趙匡美改名為趙廷美。

宋太祖趙匡胤對趙光義十分器重，他剛登上皇帝寶座就任命趙光義為殿前都虞侯、領睦州防禦使。建隆元年（九六〇年）五月，趙匡胤親征澤、潞，討伐李筠，讓趙光義留守汴京，臨時擔任大內都點檢。同年十月，趙匡胤南征據揚州反抗的李重進，任命趙光義為大內都部署，仍留守京師。建隆二年（九六一年）七月，趙光義被任命為開封府尹、同平章事。

對於趙光義來說，擔任開封府尹具有十分重要的實際意義，作為國家都城的最高行政長官，開封府尹對國家軍政要務起著上承下達的作用。從建隆元年（九六〇年）到開寶九年（九七六年），趙光義當了十六年的開封府尹，鍛鍊了實際處理政務的才能。趙光義利用開封府尹的地位，在開封府中廣延豪俊，聚集了一批幕僚、軍校，通過廣置黨羽、內外交通而威望日高、羽翼漸豐，為他日後爭奪帝位及治國安邦打下了牢固的基礎。

開寶九年（九七六年）十月二十日，宋太祖趙匡胤突然駕崩。據宋仁宗嘉祐年間文人文瑩的《續湘山野錄》記載，十九日夜，趙匡胤命人召時任開封府尹的晉王趙光義入宮，趙光義入宮後，趙匡胤摒退左右侍衛，與趙光義酌酒對飲，商議國家大事。在燭影搖曳中，屋外宮人見趙光義時而避席，時而擺手後退，像是在躲避，又像是在謝絕什麼，又見趙匡胤手持玉斧戳地，還大聲喊道：「好做！好做！」兩人飲酒至深夜，趙光義才從宮中出來。凌晨左右，趙匡胤就駕崩了。據清人畢沅《續資治通鑑》記載，趙匡胤晏駕歸西後，皇后派宦官王繼恩速召趙匡胤長子趙德昭入宮，王繼恩認為「太祖傳國晉王之志素定」，就迎請了趙光義。

第二天，趙光義因「金匱之盟」在燭影斧聲中即位。這種兄終弟及的皇位繼承方式與傳統的父子相傳相比，可謂是名不正、言不順，因此趙光義即位後首先要做的就是採取措施來安撫人心以鞏固地位。

趙光義任命其弟趙廷美為開封府尹兼中書令、封齊王，後改封秦王，表明自己沿用趙匡胤時皇弟尹京的舊制；趙匡胤之子德昭為節度使，封武功郡王，與趙廷美一起位在宰相之上；趙匡胤次子德芳也封為節度使。趙匡胤和趙廷美的子女，與趙光義自己的子女一樣均稱為皇子皇女，趙匡胤的三個女兒還被封為國公主。趙匡胤的舊部薛居正、沈倫、盧多遜、曹彬和楚昭輔等人都加官晉爵，而太祖在世時曾加以處罰或想要處罰的一些人也都予以赦免。

除此之外，趙光義更注重培養和提拔自己的親信。其幕府成員如程羽、賈琰、陳從信、張平等人都陸續進入朝廷擔任要職，慢慢替換了太祖朝的大臣。此外，趙光義還罷黜了一批元老宿將，還將趙普、向拱、高懷德、馮繼業和張美等人調到京師附近做官以便於控制。

趙光義改變太祖朝政局最重要的措施，是增加科舉取士的人數。他在位時期，第一次開科取士就比太祖時代最多的一次猛增了兩倍多。封建時代的科舉制度使不少有才華之人都有機會入仕，士子們一旦被錄取便能青雲直上出任各種職務，因此這些「天子門生」對太宗心存感激，心甘情願地為新皇帝效力。這樣一來，即使當時朝野內外對太宗的繼位有諸多非議，太宗也能夠把權力牢牢地掌握在自己手中，將整個朝廷逐漸變成服從自己的機構，而「斧聲燭影」和「金匱之盟」則成為後人永遠猜不透、解不開的謎團。

02 守內虛外的統治策略

「兄終弟及」得來的權力有違「以子繼父」的傳統，趙光義想要靠政績來證明自己足以擔當起領導國家的重任。然而，他「守內虛外」的指導思想卻使後來趙氏家族的統治陷入了困境之中。

「金匱之盟」是否真有其事暫且不論，趙光義以皇弟身分繼承皇位，在正統的封建世襲制中並非名正言順，在「燭影斧聲」中繼位的趙光義內心總不踏實。他意識到要想鞏固帝位、帖服人心，就必須樹立自己的威望。

趙光義急於完成統一大業，這樣才能證明自己是太祖當之無愧的繼承者，以提高個人的威望；也可以轉移朝野的視線，不再對他繼位的合法性說三道四。當時，南方還剩下割據福建漳泉的陳洪進和吳越國的錢俶，都是只待收拾的囊中之物；而北漢因有契丹的撐腰仍然割據河東，這表明趙光義要想統一中原，還有一場硬仗要打。

太平興國四年（九七九年），宋太宗趙光義見政權初步穩固，便做出了攻打北漢的決定，希望通過攻滅北漢來實現趙匡胤不能完成的功業，以提高自己的地位和威望。正月，他任命潘美為北路都招討使，分四路攻打太原城；任命郭進為石嶺關都部署，以阻擊契丹援兵。

同年二月，趙光義御駕親征，所遣兵馬在十萬以上。三月，郭進在石嶺關（今山西太原北）南截擊來援的遼軍，遼軍死傷嚴重，耶律斜軫的後續部隊趕到才遏住宋軍的攻勢得以退兵。潘美則指揮宋朝大軍圍困太原城，晝夜攻打，矢石如雨。

四月，趙光義抵達太原城下，督諸將攻城越急，太原城幾乎城無完堞，城頭箭集如蝟。城破在即，太宗傳詔北漢主速降。劉繼元見大勢已去只得出降。至此，所謂五代十國的割據局面徹底結束了。

五代時期的後晉石敬瑭把燕雲十六州獻給了契丹族建立的遼朝，宋朝建立後迫切地希望從遼朝手中收回幽燕這一戰略要地。太祖時，大臣們曾想給他加尊號稱「一統太平」，太祖卻說：「幽燕未收，豈可稱一統太平！」可見太祖心中的「統一」是一定要收復燕雲十六州的。太祖還為此設置了封樁庫來儲存錢帛，想用積累的財富贖買燕雲十六州，或用這些錢財招兵買馬以武力收復失地，可惜他在有生之年未能實現這一願望。

趙光義即位後一直想一舉收復燕雲十六州，以期給自己的統治畫上最完美、最精彩的一筆，於是乘著消滅北漢的餘威率大軍征討遼朝。

此役開始雖有小勝，但宋朝軍隊卻在高梁河一戰大敗而回，趙光義也差點被遼軍俘虜。

高梁河之戰是趙光義轉向「守內虛外」政策的關鍵環節之一。此次戰敗，使宋初以來經過生聚教訓而日益精強的宋軍元氣大傷，而軍中發生擁戴德昭之事，使得趙光義深為懼怕和擔憂。趙光義在戰後不聽取大臣們的意見去整飭軍紀、精加訓練，而是全力關注內政，尤其是加強對皇族和軍隊的控制，此後宋軍對遼作戰逐漸陷入被動。

高梁河之戰後，為了報復南京（遼朝的南京即今北京）圍城之役，遼軍於當年九月與次年十月兩次攻宋，雙方互有勝敗，因此曾一度休戰。

雍熙三年（九八六年）正月，出於對內外形勢的判斷，趙光義決定再次發動大規模的伐遼戰爭，史稱「雍熙北征」。

先說對內。高梁河戰敗時，軍中一時見趙光義不知去向，竟有人打算擁立太祖之子趙德昭，這令趙光義深感皇位未穩，於是轉而關注內政。到雍熙初年，不僅太祖之子都已死去，連居於準皇儲地位的皇弟趙廷美也已貶死，趙光義最後一塊心病已經除掉，因而可以放心攘外了。而自南京圍城之役以來，七年的戰略物資積聚也足以對付一場大戰。

再說對外。趙光義誤信邊將的報告，認為「契丹主少，母后專政，寵幸用事」，遼朝政局不穩是天賜伐遼的良機。趙光義正想挽回高梁河慘敗的面子，便同意出兵伐遼。此次趙光義坐守京師遙控指揮，令曹彬、李重進、潘美和楊業等兵分三路北伐，準備合圍燕京。

但在此戰中，由於宋軍指揮不當，各路人馬缺少合作而紛紛敗退。楊業父子血戰陳家谷，不屈身死，邊境大震。

楊業本在北漢主劉崇麾下效力，頗受劉崇賞識，還被賜名劉繼業。後來北漢降宋，楊業亦歸附，太宗便命楊業恢復其本名，並予以重用。

雍熙北伐之所以慘敗，趙光義有推卸不掉的責任。趙光義的武功征伐是遠遠不及趙匡胤的，太祖出身行伍，有著豐富的戰爭經驗，而趙光義在繼位前雖然立過戰功，但並未經歷過重大的戰役。趙光義又自以為是、剛愎自用，再加上秉承太祖削奪武將兵權的做法，每次出征前都制定了陣圖（**預先規定好戰鬥隊形和防禦部署的作戰方案**）讓將領們依計行事，卻完全不顧前線戰場上需要將領發揮主動性和靈活性的實際需求，嚴重束縛了將領們的手腳。此外，趙光義將北伐將士兵分三路，又無法統一指揮使之互相配合，使得三路兵馬極易被遼軍分割擊潰。

雍熙北伐的慘敗，對於趙光義乃至整個朝廷的影響非常巨大，一時間朝廷上下瀰漫著一股「恐遼」情緒。之後，四川又發生了王小波、李順起義，宋與西邊党項族政權的戰爭也多有敗績。這些情形使得太宗焦頭爛額，不得不重新考慮他的內外政策，施政策略上由此發生了很大變化，漸漸地從積極應對外敵演變成為消極抵抗和守內虛外，這種政策的制定與實施給兩宋時期帶來了極為嚴重的後果。

端拱元年（九八八年）秋八月，北部邊境警報接連。但趙光義已經完全失去了當初北伐時躊躇滿志的信心和決心。雍熙北伐後，朝中大臣對於與遼的關係開始提出主和與主戰兩種不同的政見。主和派要求太宗屈己求和，宰相李防等相率上疏，引證漢唐故事說明對外講和的重要性。太宗在感情上接受不了屈辱求和的主張，他對趙普等人說：「恢復舊疆，不是別人的主張是朕的一貫志向。伐遼失敗只是由於將帥軍事指揮上的失誤所致。」右正言、戶部郎中張洎等主戰派則相繼上御戎策，建議加強邊地武將的兵權，任賢修政、省官畜民、選勵將士，以圖再次北上伐遼收復失地。太宗雖對張洎等人的主張加以讚賞，但卻不打算實行。

端拱二年（九八九年），趙光義聲稱「欲理外，先理內，內既理，外自安」，確立了其後宋朝一以貫之的守內虛外政策，因此宋朝對遼由攻轉守，並準備和解。而遼朝的蕭太后對宋朝多次北伐卻耿耿於懷，向宋擺開了進攻的陣勢進行威脅，並幫助西夏王朝奠基者李繼遷繼續削弱宋朝的力量。宋太宗為了防守，只命宋軍在邊境疏河道、建立軍寨作為屏障。若遼軍入侵，除非不得已不許出兵，只許沿城布陣，卻不許離寨進攻。結果束縛了將士們的手腳，守邊將領只好得過且過，「始受命則唯以攻堅陷陣為壯圖，及遇敵則唯以閉壘塞門為上計」，真正能對遼軍作戰的將領屈指可數，從此宋朝軍隊的作戰能力越來越弱。趙光義也終於把一腔熱血變成了安於現狀的心安理得。

03 吸取教訓，以文治國

唐末至宋初的朝代更迭，成於武將之手，也敗於武將之手，致使每個家族的統治都不能長久。借鑒前車，「以文治國」也就成為了趙氏家族自始至終的統治策略，由此產生了繁榮昌盛的宋代文化。但由於趙氏政權過於偏「文」，以致武將不能護國，趙氏政權始終無法強於周邊的其他政權。

趙光義是自五代以來第一位非武人坐天下的皇帝。他繼位之初也曾重武，但在多次攻遼失敗後失去了往日的銳氣，轉而重文。兩宋之人多言「祖宗之法」，這「祖宗之法」即是指宋太祖、宋太宗所確定的方針、政策，其中太祖法度主要在於軍事、政治方面，而太宗除了對太祖已有法度做了進一步完善外，又著重在文化、經濟等方面建立了一整套法度規範。

科舉制度雖始於隋唐，但真正完善則是在北宋。門閥制度到了宋初已不復存在，科舉向文人知識分子廣泛開放，「家不尚譜牒，身不重鄉貫」，只要文章、詩賦合格都可錄取。太宗趙光義擴大了取士的規模，錄取的進士數額都遠遠超過了唐代及宋太祖時。太宗還促進科舉制度日趨嚴密、完整，有效地防止了考官利用試卷作弊。

趙光義十分重視文化事業的發展。五代以來，昭文館、史館、集賢院稱為「三館」，但由於不受重視，直到太祖時三館的物質條件仍然很差。太宗不僅親自為三館選定新址，還親自規劃，定名為「崇文院」。新館舍精美壯觀，可與皇宮的建築媲美。到太宗晚年，崇文院及秘閣的藏書已十分豐富，趙光義頗為自負地對大臣們說：「朕即位之後，多方收拾，抄寫購求，今方乃數萬卷。千古治亂之道，並在其中矣。」

在廣泛搜求圖書的同時，趙光義還先後組織一批文人編纂了幾部大型類書。太平興國二年三月，剛剛即位幾個月的趙光義就命翰林學士李昉、扈蒙等十多人編纂《太平廣記》與《太平御覽》等書。這兩部巨著與同時期的《文苑英華》，在中國文化發展史上有著極重要的價值。

趙光義執政較為勤謹，為了鞏固宋王朝的統治基礎親自挑選人才，通過召見臨問以觀其才，優秀者予以提拔重用。趙光義每天一早就到長春殿受朝，聽完百官的政務彙報後，接著又到崇政殿去處理政事。有時為了處理政務，連午飯都耽誤了。趙光義不喜遊獵。端拱元年（九八八年）九月，他對侍臣說：「朕每念古人禽荒之戒，自今除有司順時行禮之外，更不於近甸遊獵。」命人將五坊中所飼養的鷹犬全數放生，並下詔令天下不要再來進獻。淳化三年（九九二年）十月，佘御卿（**佘太君的二哥**）送來白花鷹，太宗讓人把它放了，還下詔不許複獻。

趙光義對宗教的態度基本上是寬容的。由於佛教在吳越、南唐、後蜀等南方割據小國中非常流行，為了爭取南方各階層的支持，北宋對佛教採取保護政策。趙光義認為佛教「有裨政治」，因而有意提倡，太宗朝在五臺山、峨眉山、天台山等處修建寺廟，並在首都開封設譯經院釋譯佛經。北宋從太祖開寶年間開始在益州雕印大藏經，到太宗時雕版完成，印行了中國第一部佛經總集。宋朝建國時，各地僧徒不過六萬多人，至太宗時增加到二十四萬人。不過趙光義本人的態度則是重道教，輕佛教。

趙光義執政總的方針是寬鬆敦厚。為了有效地維護社會的安定，他在刑獄方面也親自處理了一些案件。他下令在禁中設立審刑院，各地上奏案件先由審刑院交付大理寺，由刑部斷覆，再交審刑院詳議裁決。審刑院直屬皇帝不歸宰相統領，他還規定辦案的三種時限：大案四十天，中案三十天，小案十天；不需追捕而容易處理的不能超過三天。並規定囚犯如應訊問，則應當聚集官屬一同參與，不能委託胥吏拷掠。

趙光義以唐五代以來宦官專權的情況為鑒，對宦官駕馭較嚴，不許他們干政。宦官王繼恩曾作為劍南兩川招安使，領兵平定王小波、李順的起義，中書省建議讓王繼恩任宣徽使，趙光義不許。宰相力言王繼恩立有大功，非宣徽使不足以賞酬，趙光義為此動怒深責宰相，讓別議官名，最後創了個宣政使的名目授予王繼恩。

趙光義任用的幾位宰相也比較正直。寇準生性剛直，有一次奏事惹得趙光義不高興，站起身要走，寇準拉住趙光義的衣袖讓他再坐下，等到事情議決以後才甘休。趙光義感歎地說：「這人才是真宰相哩！」

04 貶抑祖系，確立宗嗣

皇權，代表著封建社會的最高權力。歷朝歷代圍繞著皇權之爭，父子之間、兄弟之間上演了一齣齣你死我活的歷史慘劇。

趙光義當上皇帝之後，用了很大一部分精力在防範變亂以確保皇位。一方面，防範武將專權；另一方面，則是防他的自家人。

在高梁河之戰中，太祖之子武功郡王趙德昭從征幽州。當宋軍潰敗之際，趙光義與主力部隊失散，軍將們懷疑皇帝遇難就商量著立德昭為皇帝，後來知道趙光義還活著，這事就作罷了。事情雖未成，卻觸犯了趙光義的忌諱。以往作戰回師後都要按功勞大小頒發獎賞，這次趙光義還京多日也不見行賞。軍中議論紛紛，諸將不免多懷怨望，德昭恐怕軍心浮動就入見趙光義，請給軍將敘功行賞。太宗大怒，吼道：「等你自己當了皇帝，再賞賜也不晚！」德昭非常惶恐，低頭垂淚，默然出宮，回到家中便自殺身亡了。太宗似有悔意，撫屍痛哭，追封德昭為魏王。德昭自殺兩年後，他年僅二十三歲的弟弟趙德芳也不明不白地死了。

太宗初即位時，趙廷美的兒子也和他兩個哥哥的兒子一樣稱皇子，女兒稱公主。太平興國四年（九七九年）趙光義晉封趙廷美為齊王，後封秦王。趙廷美也和趙光義當年一樣當了開封府尹並兼中書令，位在宰相上。

太祖的兒子德昭和德芳一死，秦王趙廷美的準皇儲地位就成為太宗的最大心病。太平興國六年九月，太宗早年的幕僚柴禹錫告發趙廷美「將有陰謀」。「將有」云云，即「莫須有」，也表明太宗將對趙廷美下手。但時距德芳之死僅隔半年，太宗唯恐再興大獄會壓不住陣腳，於是他召見了趙普，想藉助這位有著舉足輕重的影響力的開國元勳。

趙普在太祖晚年被罷相出朝，以同平章事任河陽三城節度使，只有使相的名義。太宗即位，對趙普宿恨未消，派與趙普有隙的高保寅出任其所屬支郡懷州的知州。高保寅一上任就說趙普抑制他，要求罷節鎮領其支郡。趙普見自己提出的「削奪其權」的方針被用來對付自己，便在太平興國二年請求入京參加太祖入陵葬儀，太宗順勢罷其使相之職。其後，趙普雖以太子少保的榮銜留在京師奉朝請，但備受太宗的冷落和宰相盧多遜的逼壓，嘗夠了失去權勢以後的世態炎涼。他深知再如此下去，恐怕連身家性命都岌岌可危。就在這個節骨眼兒上，趙普受到了太宗的召見。趙普當即表示「願備樞軸，以察奸變」。趙普以他從政多年的經驗，以及他對趙氏家族的了解，深知要使自己的命運出現轉機，在政治上必須將他的老對頭盧多遜整倒，還要為新皇帝趙光義獻上一份厚禮，並且這份厚禮要足以使趙光義動心。

於是他重提「金匱之盟」，一下子就得到趙光義的歡心。趙光義還就今後皇位繼承試探趙普，趙普就回答了一句：「太祖已誤，陛下豈容再誤邪！」太宗連連頷首。於是趙普重登相位，且位兼侍中，這是宋初德高望重的宰相的加銜。至此，太宗與趙普這對昔日的冤家捐棄前嫌，為了各自不同的目標走到了一起。

趙普以「金匱之盟」重新換取了相位。在他任相的次日，秦王趙廷美就感到有壓力了，要求列班在趙普之下，雖然以趙廷美準皇儲的地位是可以位居首相之上的。次年三月，太宗為晉王時的舊僚柴禹錫、楊守一等進宮向太宗密奏，說廷美驕恣不法、謀以自立。身為皇弟的趙廷美顯然是太宗皇帝的心頭大忌，難保不會成為又一個「宋太宗」。這話正觸動太宗的疑忌，於是召趙普密商。趙普與廷美本無宿怨，一來為報復盧多遜，二來為得太宗歡心，便稱察盧多遜私下與秦王趙廷美相勾結。

太宗假意不忍心張揚其事，就罷去廷美開封府尹，將他調到洛陽任西京留守。與此同時，與廷美往來密切的文武臣僚都因「交通秦王」而遭貶官流放。盧多遜被削奪一切官爵，連同家屬流貶崖州，趙普終於出了口惡氣。牽涉本案的相關屬吏和證人都被斬首來個死無對證，趙廷美則被勒令歸私第，他的兒女也不再稱為皇子皇女，他在朝中的勢力被徹底掃盡。

五月，繼趙廷美出任開封府尹的李符迎合趙普的意思，上奏說趙廷美銜恨怨望，「乞徙遠郡，以防他變」。正中太宗下懷，把趙廷美降為涪陵縣公，房州安置，這是流放後周退位小皇帝的地方。趙廷美氣鬱成疾、日漸消瘦，不到一年就病逝於房州，年僅三十八歲。

太宗的長子元佐，為元德皇后所出，自幼聰慧，長得也像太宗，太宗一直很喜歡他。其叔父趙廷美觸犯了太宗，元佐力為營救，再三請免其罪，屢受太宗的呵斥。後來聽說趙廷美的死訊，元佐悲憤不已釀成狂疾。雍熙二年（九八五年）九月九日重陽節，太宗興致很好，召請了諸王宴射苑中，由於元佐病還沒痊癒就沒讓他參加。元佐知道後大為惱怒，索性在院內放起火來，一時間煙霧滾滾、火光沖天。太宗聽說楚王宮中失火，猜想可能是元佐所縱，命押赴中書，並派御史按問，元佐俱實以對。太宗怒不可遏，下令削去元佐的封號，廢為庶人，並安置他前往均州。宰相宋琪率百官伏闕拜表，請太宗寬恕元佐病狂仍留京師，但太宗餘怒未消沒有應許。宋琪等大臣再三奏請，太宗才下詔允許元佐繼續留在京師。

至道元年（九九五年），立元侃為太子，改名恆。詔命頒下，太子行告廟禮，在還宮路上京師士民爭相觀看，齊聲歡呼「少年天子」。太宗得知後很不高興，召寇準入見，對他說：「人心都歸太子，欲置我何地也？」寇準拜賀道：「這正是社稷之福啊！」太宗這才轉憂為喜。入宮，后嬪六宮都來慶賀，太宗頗覺興奮，破例召寇準一起飲酒，直喝得大醉方罷。

至此，自太宗繼位以來的皇位繼承問題最終得到解決，元侃即後來的真宗。

至道三年（九九七年）三月，宋太宗趙光義駕崩，終年五十九歲。

趙光義的即位，是趙氏家族的一個轉捩點，也使整個朝代的局勢發生了微妙的變化。趙光義時代廣攬人才，科舉制度得到了充分發展，是宋朝重文傾向的重要表現，此後趙宋歷代君主都繼承了趙光義「昌文偃武」的思想。趙光義兩次攻遼失敗，遂對遼採取守勢，宋王朝對外的軟弱已初露端倪。趙光義的去世，標誌著宋朝開創局面的結束、守成時代的到來。

第三章　好大喜功　真宗趙恆

趙恆（九六八——一〇二二年），西元九九七——一〇二二年在位，原名德昌，後改名元侃；至道元年（九九五年），被立為皇太子，改名恆。太宗趙光義第三子，母為元德皇后李氏。

真宗即位之初勤於政事。在他統治時期，既有名將李沆與寇準相佐，也有「鶴相」丁謂與「五鬼」亂政，但宋朝的政治制度卻日趨完備，社會經濟也有所發展。然而與久經沙場的太祖、太宗不同，從小生活在深宮中的趙恆性格較為懦弱，缺乏開拓創新的決心和勇氣，在他看來守成是最好的選擇。西元一〇〇四年，宋遼簽訂令宋朝備感屈辱的澶淵之盟後，真宗無心朝政，而是致力於封祀之事，粉飾太平、廣建宮觀、勞民傷財，使得趙宋王朝的「內憂外患」日趨嚴重。

01 勤修內政再現太平盛世

一個家族能否發展及延續，關鍵在於領導者的謀略和才能。趙恆即位初期勤修內政，使宋朝出現了後世所稱的「咸平之治」的小康局面。這在趙氏家族的統治時期是很少有的盛世景象。

太平興國八年（九八三年），宋朝的政治出現了一點波折：北方的遼國、西邊的西夏國時常騷擾宋朝邊境，而國內又發生了王小波、李順起義。太宗年事已高，處理事情有些力不從心了，因此大臣上書要求立太子，太宗均以種種理由搪塞。淳化二年（九九一年），宋沆、馮拯等五人聯名上書再次請求立太子，惹得太宗大發脾氣將這五人一一貶職，從此再沒有大臣敢提此事了。

其實，宋太宗並不是反對立太子，只是在人選上一直拿不定主意。太宗一共有九個兒子。大兒子元佐非常聰明，但是由於趙廷美被貶一事受了刺激而精神失常。二兒子元僖姿貌雄毅，深受太宗喜愛，被封為廣平郡王，後來又被改封為陳王。在哥哥元佐染病被禁之後，他受到太宗的器重，被任命為開封府尹，進封許王，加官中書令。照這個趨勢發展，元僖有可能被立為太子。不幸的是，淳化三年（九九二年），元僖突然得病死去，年僅二十七歲。元僖的死，使太宗意識到應該加快立太子的節奏，不能再拖延下去了。

淳化五年（九九四年）九月，太宗立三子元侃為開封府尹，並晉升為壽王，次年（至道元年）正式立為太子。

趙恆的表現確實不錯，被封為開封府尹之後兢兢業業地秉公辦事，幾年來京城平安無事。他奉命視察京畿的民田，認為農民負擔過重，於是實行減負措施，收攏了不少民心。趙恆被冊封為皇太子之後，京城內外的平民百姓非常高興，在他拜廟的時候夾道歡迎，稱讚他是「真社稷之主」。太宗任命李至、李沆二人為東宮長官，對太子趙恆加以輔佐。

至道三年（九九七年），趙恆即位，時年三十歲。

宋真宗趙恆即位時曾下詔，說：「先朝庶政，盡有成規，務在遵行，不敢失墜。宜拔茂異之才，開諫諍之路。」表明了他銳意改革、勵志圖強的決心。

西元九九八年正月，宋真宗改元咸平，正式啟動改革之路。他著手整頓吏政，解決機構臃腫、貪污腐敗、官吏冗濫、選舉作弊等突出問題。他規定外任官職田制度，不同的官職給以不同數量的田地作為俸給補貼，提倡廉政，然後裁撤重疊、臃腫的官僚機構以提高辦事效率。又嚴格官吏的舉薦、任用、遷轉、考核制度，規定被舉薦者三任而有政績，才能作為善舉而議獎賞。被舉者若犯貪贓罪等，舉薦者亦連坐。趙恆還命宰臣謄錄內外官員歷任功過，編冊進呈，以備委任官員時參考。趙恆還親自考核京官，開創了宋代京官磨勘（唐宋官員考績升遷的制度）引對的先例。

為了廣泛選擇、培養優秀人才，趙恆把改革科舉制和發展學校教育擺在了重要位置。曾在《勸學文》中以「書中自有黃金屋，書中自有顏如玉」這樣極端的利祿觀作為勸學手段，使眾多的讀書人趨於科場。在學校教育方面，自宋初以來官學甚少，以書院為主要教學形式的私學逐漸興盛起來，對此類書院也給予了支持。

趙恆在實行政治改革的同時，也積極尋求經濟富強之道。他在即位當年的五月下詔，說：「國家大事，足食為先。」以國家未有九年之蓄為憂，令兩府大臣講求豐盈之術。他還對侍臣說：「經國之道，必以養民務穡為先。」詔三司每逢歲稔之年，要增廣市糴以實倉廩。重申轉運使的主要職責之一，就是勸課農桑。

咸平二年（九九九年），趙恆命度支郎中裴莊等官員分赴江南、兩浙等地，發官廩賑恤受災饑民，蠲除田賦。詔令有司減罷各種無名力役，暫緩土木營建，以休養民力；又令陝西沿邊地區廣興屯田，把士卒戍邊和耕種結合起來；還詔令全國，凡民戶有能力開荒，准許無田稅農戶請佃荒田墾種，五年後定納賦稅。為了使民戶有能力進行生產，又推廣「預買絹」法，即在每年春季民力乏絕時，官府借貸給農戶安排生產、生活，等到秋收再以絹輸官償債。

趙恆本人也以勤政為要。他制訂的工作日程表是：每天清早在前殿接見請對官員，聽聞奏事；早飯後處理各司奏事，批閱奏章；下午看書學習，安排各項例常活動；晚上則多召儒臣進講，詢訪為政得失、探討經史等。他還以刑獄直接關係到國治民安為由，編集《新定編敕》八五六條，鏤版頒行，與律令格式、刑統並行。

趙恆還下詔對皇親國戚以及宦官進行嚴格約束。他的姑母秦國長公主為其子王世隆求官正刺史，趙恆婉辭拒絕，說：「正刺史係朝廷公議，不可。」他的妹妹魯國長公主為翰林醫官趙自化求升秩也被他拒絕。駙馬都尉石保吉家中發生家僕偷盜一事，石保吉面請趙恆乞加重罪，又欲在自己家中設刑問罪，趙恆以國家自有常法，不允，命交有司處決。

趙恆在即位之初的幾年中，廣開言路、銳意興革、勤政治國，他所採取的措施促進了當時社會經濟的發展，出現了為後世所稱道的「咸平之治」的小康局面。

02 澶淵之盟：以屈辱換和平

當統治家族利益受到外權入侵時，是投降，還是抵抗，一切都掌握在統治者手中，決策的正確與否關係著統治家族的生死存亡。「澶淵之盟」無疑是個恥辱，它不是不戰而敗，而是戰勝而敗。趙恆的懦弱，為下一個「澶淵之盟」埋下了伏筆。

宋遼戰爭長達二十五年，其目的在於爭奪燕雲十六州。對於遼國來說，燕雲十六州是一個先進的農業區，手工業和文化活動也比遼國本部地區發達。遼朝統治者對該地區非常重視，他們把燕雲十六州中的幽州升為南京，改皇都為上京，把原先的南京（遼陽）改為東京，以大國的姿態屹立於宋朝的北方。而對於宋朝來說，燕雲十六州是北方的一個屏障，是重要的戰略緩衝地帶，燕雲十六州的得失關係著江山的安危。宋朝從太祖時期就開始了與遼爭奪燕雲十六州的戰爭，趙光義繼位後繼續對遼作戰。九七九年高梁河一戰，宋軍大敗，於是趙光義採取守勢，維持了幾年相對安寧的局面。

西元九八二年，遼國帝位更迭，幼主年紀尚幼，其母蕭太后當政，寵臣韓德讓掌握了朝廷大權。宋太宗認為遼朝「主幼國疑」有可乘之機，便於西元九八六年再次發動了大規模的進攻，分東、西、中三路出兵，但由於東路軍受阻，宋軍敗退。兩次伐遼失敗，迫使宋太宗重新考慮其內外政策的調整。到宋太宗晚年，守內虛外政策的指導思想已經形成，宋朝對遼由攻轉守，放棄了以武力收復燕雲十六州的打算，只是在北部邊境設置重兵嚴防與遼朝相對峙。在宋朝採取守勢後，遼朝對宋卻展開了攻勢。就在宋軍第二次伐遼失利的冬天，蕭太后利用宋軍潰散、士氣低落的時機率大軍南下，攻陷了深州、祁州、易州，遼兵大肆縱火殺掠，然後滿載金帛等戰利品北還。此後，遼國利用騎兵的優勢，不時騷擾宋朝的邊區。

西元九九七年，趙恆即位。他在加強國內統治的同時，也注意改善同鄰邦的關係，希望能夠保持太平的局面，但是卻未能如願。當時宋朝的外部威脅，主要是北鄰遼國建立的契丹政權和西鄰西夏建立的党項政權。咸平二年（九九九年），遼軍再次南下，宋軍駐守定州，閉門自守不敢出戰。次年正月，遼兵打到瀛洲大敗宋軍，擒宋將康保裔。

西元一〇〇四年，遼軍又一次大舉南侵，朝中大臣在如何對付遼朝進攻的問題上產生了明顯分歧。副宰相王若欽主張放棄東京逃跑，遷都南京。宰相寇準力排眾議，認為國難當頭只有團結一心共同抵抗才能扭轉戰局，若棄城南逃，遼軍乘虛長驅直入，宋朝也就危在旦夕了。在寇準的堅持下，真宗趙恆只好硬著頭皮御駕親征，率軍北上澶州。趙恆在澶州北城門樓接見眾將帥，城下諸軍見皇上親征備受鼓舞。這時，先後集結到澶州周圍的宋軍達幾十萬人，將士們只等朝廷發布號令便可驅逐強敵、復仇雪恨。河北前線各地的軍民聞聽趙恆親征，也紛紛發動攻勢、出擊敵人。

這時深入宋境的契丹軍數戰受挫，給養困難、士氣低落。遼軍的南侵，原本以掠奪財物和進行政治訛詐為目的。蕭太后眼看英勇的宋軍團團圍住了澶州，一時無法對付，就派人前往宋營提出罷戰議和。

這正合趙恆夙願，他只盼遼軍能夠盡快北撤，於是他當即回書表示願雙方息戰安民，派殿直曹利用為使議和。契丹派使臣韓杞面見趙恆，提出以索還後周世宗收復的關南故地為罷戰條件。趙恆深怕割地議和為後人唾罵，囑咐曹利用只要不割地，可不惜重金與之言和。曹利用問到底可允許給契丹多少，趙恆不假思索地說道：「若必不得已，雖百萬亦可。」後在寇準的堅持下，雙方以宋每年給契丹白銀十萬兩、絹二十萬匹達成協議，罷戰言好。這就是史上所謂的「澶淵之盟」。

党項政權見契丹與宋罷戰言和，也遣使入宋奉表稱臣。景德三年（一〇〇六年）十月，授李德明為定難節軍節度使，封西平王。又先後開放設置保安軍（今陝西志丹縣）、延州（今陝西延安市）等榷場（**遼宋時期在接界點各自設置的互市市場**），與之開展貿易。此後，李德明每逢歲旦聖節都遣使前往宋朝，貢獻不絕。趙恆對李德明也不斷封官加爵，厚予賞賜。

「澶淵之盟」對於遼國來說是外交的勝利，它不僅使遼兵得以安然從險境中脫身，還獲得了難以通過武力獲得的賠款和物品。對於宋朝來說則是一個屈辱妥協的和約，它是宋朝推行守內虛外政策的副產品，每年對遼的貢賦在財政上受到極大的影響。「澶淵之盟」的訂立，結束了宋遼之間連續數十年的戰爭，此後的宋遼邊境長期處於相對和平穩定的狀態。雙方不僅邊境地區得以發展生產，而且還可以通過「榷場」進行經濟交流和商業活動，因而對南北經濟文化的發展是十分有利的。趙恆以巨大的代價，換取了與契丹、党項的和好關係，使宋朝的西部和北部邊防暫時平安無事。

03 粉飾太平，抑直任佞

從古至今，有哪個領導者願意在史書上留下不光彩的一頁呢？可是由於宋真宗好大喜功，「抑直任佞」的策略使趙氏家族的統治逐漸衰微下去了。

與遼國簽訂了「澶淵之盟」後，趙恆大大地鬆了一口氣，他的進取精神也日漸泯滅，每年向遼國納貢以求苟安，施政思想也日益保守，並且迷戀上了佛道。

西元一〇〇五年，趙恆把善於阿諛奉承的主和派王欽若召回京城，給以資政殿大學士的寵遇。王欽若伺機進讒趙恆，說寇準主張皇上親征是拿皇上作為「孤注」，而「孤注一擲」是皇帝的奇恥大辱。趙恆本來就不喜歡寇準的耿直，聽了王欽若的話後便以寇準「過求虛譽，無大臣禮」為藉口，罷免了寇準的宰相職位，貶其為陝州知府。提升參知政事王旦為相，王欽若則知樞密院事。

王欽若是個十分懂得迎合主子的小人，他看準了趙恆討厭戰爭而又好大喜功的心理，就向真宗提出了「封禪泰山」的建議。他向真宗建議道：「天瑞安可必得，前代蓋有以人力為之者，陛下謂《河圖》《洛書》果有此乎？聖人以神道設教耳。」宋真宗聽信了他的話，立刻下旨昭示天下，不久全國各地都爭先恐後地將祥瑞之物進獻給皇帝。著名的「天書」就是在這種背景下出現的。

景德五年（一〇〇八年），正月初三，宰相王旦率群臣入宮早朝。當諸臣奏事完畢時，皇城司來人報說，在宮城左承天門南角發現像書卷一樣的黃帛兩丈多，黃帛上面隱約有字。趙恆認為這是「神人所謂天降之書」，於是君臣親臨現場，焚香望拜，取回「天書」，由知樞密院陳堯叟啟讀。「天書」大意是說，趙恆能以至孝至德詔承先業治理天下，今後更應清靜簡儉、善始善終、永保宋祚。讀畢，趙恆再拜，接過「天書」藏於金匱。而後改元為大中祥符，改「左承天門」為「左承天祥符門」，並且派遣使者祭告天地、宗廟、社稷、京藝寺廟以及各地宮觀。各位臣子也紛紛上表稱賀。

其後，「天書」不斷出現，趙恆忙忙碌碌地東封西祀，做出了令世人嗤笑的「泰山封禪」之事。他又於大中祥符四年，再次封禪泰山。大中祥符七年還駕臨亳州，沿途所費估計不下數十萬錢帛，給人民帶來了更加沉重的賦稅負擔，宋朝積貧積弱的形勢更加嚴重了。趙恆將忠臣的進諫當作耳旁風，徹底放棄他自己即位之初的進取心。

趙恆崇奉祥瑞，沉湎於封祀，朝內一班大臣也屈奉迎合，希求加官晉爵以固權位。首倡祥瑞封祀之說的王欽若竭盡精思，挾符瑞以邀恩寵。趙恆本來打算任用王欽若為宰相，但卻遭到王旦的堅決反對，便打消了此念頭。直到天禧元年（一〇一七年）王旦死後，王欽若才爬上宰相的寶座。

自大中祥符元年起，趙恆自導自演的神道設教的鬧劇，真可謂一年一個樣，他已經完全沉浸其間了。大中祥符九年（一〇一六年），真宗頒詔來年改元天禧以示敬天，祈求吉祥。他以紹繼祖業、謹守聖訓為理由，大力標榜禮樂並舉、儒術化成，思想上尊奉孔孟、提倡佛道，經濟上宣導經史學術，政治上持盈守成，其統治措施日益保守。

這一時期，京城和地方上建造了一大批官辦宮觀，朝廷就任命相應官員去負責管理。與此同時，真宗又設立了一種與宮觀相關的榮譽性的虛銜，可以多領一份俸祿而不必赴任視事，這種官往往以提舉某某宮觀而命名。宮觀官在真宗以後，成為一個特殊的官僚隊伍，一方面說明了宋朝政府與道教的密切關係，另一方面也加劇了冗官和冗費的嚴重程度。

在大中祥符五年「聖祖」降臨以後，真宗命王欽若、曹谷和張君房整理新道藏。四年後，新道藏基本修成，命名為《寶文統錄》；天禧三年（一〇一九年），經增補共計四千五百六十五卷，抄錄了七藏，真宗重新命名為《大宋天宮寶藏》，此書在道教史上佔有重要的地位。

然而此時的朝廷政局卻已混亂不堪，於是被罷相十三年的寇準再次被真宗詔回朝廷任宰相。趙恆以丁謂為參知政事，丁謂善於揣摩人意，靠著對趙恆的逢迎青雲直上。寇準一向厭惡丁謂，丁謂也對寇準銜恨在心。丁謂、曹利用等也因此串聯一起，合謀伺機排擠寇準。

天禧二年（一〇一八年）三月，又有人奏報「天書」降於乾佑山中，赴京城恭獻。趙恆仍崇信不疑，備列儀仗，親到瓊林苑奉接「天書」入宮，並大赦天下，普度道釋童行，廣建道場祭天祀地。

這年八月，趙恆立皇子趙禎為皇太子。從此，他援引每三、五單日監軒聽政的舊制，對諸臣所奏軍國大政敷衍應付，其餘的時間就躲在皇宮深處，沉溺於煉丹的迷信活動。真宗患中風後，宋朝政局更加混亂，皇后劉氏漸漸專權於政，她的哥哥仗勢橫行鄉里、欺壓百姓，引起了很大的民憤。寇準鐵面無私，毅然判處了劉皇后的哥哥死刑，為老百姓除了大害。劉皇后因此視寇準為眼中釘、肉中刺，她與身邊的近臣丁謂一起內外勾結，在真宗面前讒言挑撥。

此時的趙恆老病昏聵，不僅健忘，而且言語錯亂。丁謂趁機專權，並與劉皇后合謀再次罷免了寇準相位，寇準被貶為相州刺史。相州離京城不很遠，劉皇后害怕寇準會東山再起，在真宗去世後，她便將寇準一貶再貶，從河南相州的刺史貶為湖南道州的司馬，再貶到廣東雷州的司戶參軍，流放到遠離朝廷的荒野之地。雷州生活艱難，氣候惡劣，年老的寇準身體很快垮下來，到雷州的第二年秋天便在憂鬱中病逝，享年六十三歲。

趙恆的親信宦官周懷政曾欲殺掉丁謂，復相寇準，奉趙恆為太上皇，傳位太子，廢劉皇后，但被人告發，周懷政被殺。丁謂藉此大興冤獄、排除異己，凡不阿附之人即被指斥為「寇黨」，輕者貶官，重者流放。

天禧四年（一〇二〇年）十一月，趙恆的病情更加嚴重，不得不命皇太子監國，劉皇后與太子同蒞國政。

西元一〇二二年一月，改元乾興。趙恆在東華門看燈，回去後即臥床不起，三月二十三日在延慶殿去世，終年五十五歲，葬於定陵，所獲天書也都隨葬入陵，結束了長達十五年的天書鬧劇。

這場天書鬧劇對真宗朝政治和財政產生了重大影響。大中祥符以後，趙恆一再熱衷「祥瑞」粉飾太平，對朝政興革卻無所用心，聽任王欽若和丁謂等「五鬼」把朝政搞得烏煙瘴氣。趙恆晚年更是神魂顛倒，甚至滿口胡話，在宗教迷信的作用下進入了迷狂狀態，朝政大事多由皇后劉氏決斷。

真宗趙恆前期，以勤政治國、廣開言路、銳意革興的措施使宋代朝廷政治清明，經過近四十年的經濟恢復，天下富庶、財政良好，出現了「咸平之治」的小康局面；自從他屈辱地與遼國訂立了「澶淵之盟」後，他的進取精神就日漸泯滅，宋朝的國勢也逐漸衰微下去了。由於他裝神弄鬼的折騰，幾乎把太祖太宗的積蓄揮霍殆盡，給趙氏後人留下了一個空殼子。

第四章 偃武修文　仁宗趙禎

趙禎（一〇一〇——一〇六三年），西元一〇二二——一〇六三年在位，初名受益，真宗第六子，母為李宸妃。因章獻皇后劉氏無子，過為養子。謚號「神文聖武明孝皇帝」，廟號「仁宗」。在位四十二年，是兩宋諸帝中治國時間最長的皇帝。

仁宗趙禎作為一個守成之君，能守祖宗法度，性情文弱溫厚，其武功謀略不及太祖、太宗，仁宗朝在與西夏王朝的長期對峙中屢戰屢敗，軍事上處於弱勢地位。他在位期間知人善任，內有婦孺皆知、剛正不阿的包拯相輔，外有名將狄青鎮守邊疆，社會經濟和科學文化都有所發展。仁宗任用范仲淹、韓琦等名臣，恭儉仁恕、慎行愛民。但仁宗朝土地兼併逐漸惡化，國家財政空虛，北宋積貧積弱局面由此加深。

01 少小繼位，太后秉政

權力的傳承，是封建家族統治得以延續的紐帶，當然家族內部也會因為各自的利益而明爭暗鬥。比如後宮之爭，劉皇后為了讓自己的地位更加鞏固，不惜讓李氏骨肉分離，其殘酷可見一斑。

趙受益降生以後，舉宮歡慶。真宗先後有五個兒子，但都陸續夭折，中年得子，真宗自然喜出望外，從小就十分疼愛他。等他年紀稍大一點，真宗就細心為他挑選老師，關注他的學業，培養他成為自己的接班人。天禧二年（一〇一八年）中秋節，真宗正式下詔冊立八歲的趙受益為皇太子，改名為趙禎。九月，又舉行了隆重的皇太子冊封禮，趙禎被正式確立為帝位繼承人，年僅九歲。

乾興元年（一〇二二年）二月，真宗病情急劇惡化，彌留之際放心不下年幼的太子，丁謂等人向真宗保證將全力輔佐太子，真宗這才稍稍安心。三月，真宗死於延慶殿，享年五十五歲。趙禎奉遺詔即皇帝位，年僅十三歲。遺詔還規定：尊劉皇后為皇太后，在仁宗成年之前代為處理軍國大事。

宋真宗原配妻子是名將潘美的第八個女兒，在真宗即位前已去世，後追封為皇后；真宗即位後所立的第二位妻子郭皇后，在景德四年（一〇〇七年）病故。其後，中宮多年虛位，後立劉德妃為后。真宗去世之後，劉皇后垂簾聽政，把持朝政長達十二年。作為宋代八位攝政皇后的第一人，劉皇后對北宋政局產生了重要影響，一生頗具傳奇色彩。

劉德妃名叫劉娥，益州華陽（今四川成都）人，她出身微賤，是個孤女，不得已小小年紀就嫁給當地的銀匠龔美。龔美走街串巷為人打造銀器，她就搖撥浪鼓招徠顧客。雍熙初年，兩人一起來到了京城。真宗趙恆（當時還是襄王）的幕僚張耆覺得劉娥聰慧貌美，想起真宗曾說起想納一個四川女子做侍妾，於是安排兩人見面。真宗趙恆見到劉娥後非常滿意，便把她買了下來，劉娥一入王府就大受寵愛，這年她僅十五歲。太宗知道此事後，即令趙恆將劉娥逐出王府，但趙恆割捨不得，便讓她寄居在張耆家，直到十幾年後太宗去世趙恆才將她接回宮中。劉娥在後宮的地位升遷很快，大中祥符五年（一〇一二年）升為德妃，當時郭皇后已經去世，劉氏在後宮的地位最高，離皇后寶座只有一步之遙。

劉娥生性警悟、通曉書史，朝廷政事能記始末。真宗詢問宮闈之事都能引據故實妥善應答，政治才幹頗受真宗倚重。在郭皇后去世之後，真宗有意立劉氏為后，但他深知劉氏的出身是最大的障礙。

真宗拿不定主意，就找參知政事趙安仁商量。因劉氏出身卑微，趙安仁反對立她為后，真宗聽了很不高興。第二天，真宗又找王欽若商量，並把趙安仁的意見告訴了他。王欽若對真宗說：「陛下不如問問趙安仁，他認為應該立誰為皇后。」改天，真宗問趙安仁該立何人為皇后，趙安仁建議：「德妃沈氏是前朝宰相沈義倫的後人，可以做皇后。」真宗次日跟王欽若說明了趙安仁的意見，王欽若說：「我早知道他會這樣說，趙安仁過去曾經做過沈義倫的門客。」真宗由此覺得趙安仁徇私就罷免了他的官，下決心立劉氏為后。當真宗決定立她為后時，宰相王旦忽然請病假，劉氏擔心王旦持反對意見，就勸說真宗推遲此事。後來，王旦上書表示同意立劉氏為后，這件事情才最終確定下來。

劉氏於大中祥符五年被冊立為皇后。劉氏由銀匠之妻成為一國之后，絕非單單因為美貌，劉氏此時已經四十多歲，早已經過了花樣年華，吸引真宗的是她的智慧和能力。精明能幹的劉氏把後宮處理得井井有條，同時在朝政方面也能幫助真宗。真宗十分信任這個陪伴他多年的枕邊人，甚至有一點依賴她。當真宗的身體狀況日趨惡化時，劉氏便順理成章地幫丈夫處理朝廷日常政務，裁定軍國大事。另外，劉氏的前夫龔美也留在真宗身邊為其效力。真宗即位後，龔美改姓劉，與劉氏以兄妹相稱。由於劉氏的關係，劉美升遷很快，逐漸掌握了京城軍權，成為劉氏最為得力的助手之一。真宗朝晚期，劉氏權力越來越大，成為實際上的統治者，她的一舉一動對當時的政局都產生了決定性的影響，尤其是寇準、丁謂兩派之間的鬥爭。

劉氏雖受真宗寵愛，卻沒有生下一兒半女。湊巧的是，真宗看上了劉氏宮裡的一個侍女李氏，受到真宗寵幸的李氏於大中祥符三年（一〇一〇年）產下一子。劉氏當時還沒有被封為皇后，已年近四旬的她認識到自己不會再有孩子，便接受了李氏的孩子，由她和另外一個嬪妃楊氏共同撫養，嚴禁宮人向孩子說明真相。

擁有子嗣，對劉氏能被冊立為皇后，以及真宗死後順利垂簾聽政具有重要的意義。聰明的劉氏十分明白兒子對她的重要性，不管是出於真心，還是假意，劉氏還真是充當了一個合格母親的角色，細心地撫育趙禎，母子感情十分融洽。

真宗死後，遺詔命尊皇后劉氏為皇太后，軍國重事權取處分。宰相丁謂等人對劉太后極盡奉承之能事。丁謂力主去掉「權」字，王曾說：「稱權足以昭示後世。何況增減詔書，自有法則，竟要率先破規矩嗎？」丁謂這才作罷。次年，改元天聖，「天聖」拆字即為「二人聖」，即指宋仁宗與劉太后兩位聖人。明道是劉太后在世時的第二個年號，「明」字由日月兩字合成，與天聖一樣也是為了取悅劉太后。

聽政之初，劉太后與丁謂在進一步貶逐寇準和李迪問題上是完全一致的。寇準被貶為雷州司戶參軍，李迪被貶為衡州團練副使。王曾認為貶責太重，丁謂瞪著他威脅道：「你這居停主人還有要說的嗎？恐怕自己也難免吧！」丁謂還派人前去秘密逼死寇、李二人，寇準要來人拿出賜死的詔書，來人拿不出，寇準照舊喝他的酒；李迪要去尋短見，被兒子救起。有人問丁謂，倘若李迪貶死，你如何面對士論，丁謂無賴地回答：「將來記史，不過說上一句『天下惜之』而已。」

丁謂為了擅權，勾結內侍押班雷允恭，讓太后降詔道：「新帝每月朔望兩次朝見群臣。大事由太后召見輔臣決定；一般政事令雷允恭傳遞給太后，圈定以後頒下執行。」王曾向丁謂指出：「兩宮異處而權歸宦官，是禍亂的先兆。」王曾認為應該按照東漢的做法，五日一朝，皇帝在左，太后在右，垂簾聽政。但丁謂這時權傾朝廷，根本沒把王曾放在眼裡。

劉太后旁觀者清，知道丁謂擅斷朝政的種種劣跡，也清楚丁謂要她下詔書實際上是在架空她。當時朝廷正為真宗趕修陵寢，丁謂是山陵使，雷允恭是都監。雷允恭聽說山陵移上百步，就可使皇帝多子孫，在丁謂的同意下便自作主張地移動了陵位，不料地下水上冒，陵寢工程擱淺。王曾瞅準機會向劉太后奏明了真相，太后便毫不猶豫地抓住時機處死了雷允恭，罷免了丁謂宰相的職位並將其貶為崖州司戶參軍，終於把朝政大權奪回自己的手中。當時民謠說：「欲得天下好，莫如召寇老。」劉太后貶黜丁謂大快人心，但她沒有採納民謠的另一半，她與寇準的從政風格都有點自以為是的傾向，兩人是無法合作的。

劉太后聽政以後，第一件大事就是聽從王曾和呂夷簡等人的建議，把天書隨同真宗一起葬入永定陵，並下令禁止興建宮觀、廢除宮觀使，有力遏制了大中祥符以來瀰漫朝野的迷信狂熱。

在她垂簾聽政十餘年間也是倚用宦官、放縱外戚，但畢竟沒有像前朝那樣達到危害朝政的程度。

劉娥本身沒有盤根錯節的家族基礎，其兄劉美在她垂簾以前已經去世。劉氏外戚中唯一位至執政大臣的是錢惟演，錢惟演把妹妹嫁給了劉美，後來又與得勢的丁謂聯姻，是一個專攀高親的無恥之徒。他在真宗生前就是樞密副使，太后垂簾後升任樞密使，但不久就以太后姻親

「不可與機政」的理由被解職出朝。後來錢惟演兩度想謀取相位都遭到強烈反對，御史鞠詠甚至表示：倘若相惟演，就當朝撕毀拜相詔書。劉太后最終也沒敢讓他圓上宰相夢。

在中國古代，女主聽政總不為正統觀念所認同，因而王曾力爭一個「權」字，劉太后在垂簾之初也不得不許諾「候皇帝春秋長，即當還政」。天聖七年，仁宗已到及冠之年（二十歲），但劉太后絲毫沒有還政的動靜。其後幾年，內外臣僚要求仁宗親政的呼聲越來越高，但劉太后對這些奏疏或是不予理睬，或是藉故把建議者調離出朝，將朝政大權一直攥到去世為止。

劉太后不是沒有動過稱帝的念頭，她曾經試探性地問參事魯宗：「唐武后如主？」魯宗回答說：「唐朝的罪人，危害社稷。」劉太后聽了沉默不語。有些庸臣試圖向劉太后獻媚取寵，上疏奏請劉太后像武則天那樣建立劉氏宗廟。太后有些猶豫不決，跟老臣商量後才放棄了這個念頭。後來，程琳獻上武后臨朝圖，把劉太后比作當代武則天，劉太后立刻把圖拋在地上，呵斥道：「我不能對不起前輩！我不是，也不想做武則天第二！」

劉太后實際執政期間，是宋朝政權從開國的第一、第二代，向建國的第三、第四代轉換的關鍵時期，如何保證天下太平、經濟發展、文化繁榮、政府清廉和法令有效，是統治者面對的首要問題。劉太后緊緊地抓住了這一要點，為當時中國社會的發展做出了積極貢獻。劉太后的方針和作風一直持續到宋朝的第七、第八代，打破了中國歷史上「五世而斬」的慣例。在長期穩定發展的條件下，宋代取得了許多重大成就。大體說來，劉太后的政治才幹與政績絕不在其夫真宗與其子仁宗之下，其臨朝時的個人品德也應基本肯定。在她聽政的天聖、明道時期，不僅恢復了真宗咸平、景德年間的發展勢頭，還為仁宗慶曆盛世奠定了基礎。

直到劉太后去世，宋仁宗趙禎才知道自己並不是劉太后親生的，他的生母李氏是劉皇后的侍女。趙禎一出生，就被劉皇后奪為己子，讓楊淑妃撫育。他從小叫劉皇后為大娘娘，叫楊淑妃為小娘娘。

而趙禎的生母李氏因為地位低下而不敢理論，默然雜處宮嬪之中，大家都畏懼劉皇后也沒人敢說明真相。仁宗即位後，劉太后讓李氏去為真宗守陵，隔絕了這對親生母子，以確保自己的權力。不過，劉太后訪得李氏失散多年的兄弟李用和，讓這個衣食無靠以鑿紙錢為生的小工當上了三班奉職，步步升遷，做得也並不十分絕情。

李氏是明道元年（一〇三二年）去世的，死前雖進位宸妃，但劉太后仍打算以宮人之禮在宮外治喪。宰相呂夷簡不以為然，太后大為不滿，夷簡從容道：「不為劉氏著想，我不敢說；倘如考慮劉氏，喪儀自應從厚。」太后最終覺悟，用一品禮和皇太后服入殮厚葬李氏。

劉太后一駕崩，就有人對仁宗添油加醋地說李宸妃死於非命。血濃於水，仁宗下哀痛詔自責，尊生母為皇太后的同時還派兵包圍了劉氏第宅，他親自哭著開棺驗視，見生母穿著皇太后的冠服，在水銀的養護下膚色如生，才感歎人言不可信，說：「大娘娘平生分明矣！」之後，對劉氏恩禮益厚。

仁宗趙禎即位之初，軍政大權完全掌握在劉太后手中。宰相丁謂等人對劉太后極盡奉承之能事，頗得太后歡心，因此在朝中飛揚跋扈。他的所作所為很快激起了朝野的憤慨，當時京城流傳這樣一句話：「欲得天下寧，當拔眼中釘（丁謂）。」一此話傳到劉太后的耳中，她開始對丁謂有所不滿。不久，丁謂被貶河南府（今河南洛陽），後又貶崖州（廣東崖縣，今海南）。

對當時朝廷中發生的變動，年幼的趙禎既不過問，也無興趣，除了陪太后例定的坐朝聽政外，業餘時間潛心於書法，他的飛白書體勢遒勁，在宋代皇帝中堪稱首屬。

趙禎隨著年齡的增長逐漸成熟，處事有了自己的主見和思想。從乾興元年（一〇二二年）起，他開始練習處理政事，逐漸擺脫太后的約束和管制。十五歲時，劉太后作主為趙禎立前勳戚郭崇的孫女郭氏為皇后，他十分不滿。他此時正與和郭氏一起入宮的張氏熱戀著，他遂以疏遠郭氏、進張氏為才人、又進為美人的辦法，來表示對太后專擅的不平。由於劉太后掌權時間很長，百官群臣懾於太后的獨斷多不敢言朝政得失，言路閉塞。宋仁宗趙禎藉唐代設匭函（在朝堂設一小匣子，讓進書言事者投入）的故事，與參知政事共商並稟明太后，特詔設置了理檢使，由御史中丞兼任，職掌上訴朝廷的冤枉之獄及有關諫奏朝政得失的上書。明道元年（一〇三二年），又詔設置諫院，規定知院官由皇帝親自任命差遣，凡朝政闕失、大臣至百官任用不當、三省至各官署事有違失等都可以上書諫諍。

天聖七年（一〇二九年），秘閣校理范仲淹上書請太后撤簾歸政，觸及太后忌諱，被出判河中府（今山西永濟蒲州鎮）。次年，翰林學士兼侍讀學士宋綬上書建議除軍國大事外，餘皆由趙禎獨自處理，又忤太后意，被貶知應天府（今河南商丘南）。接著，再有林獻可、劉渙等人先後上書力請太后還政，引動劉太后肝火，把他們遠貶嶺南。雖然趙禎對朝堂上發生的這一切沒有明確表示，但心中更增加了對太后專權的不滿。

明道二年（一〇三三年）三月，劉太后病逝，遺誥趙禎尊皇太妃楊氏為皇太后，聽政如舊規，軍國大政與楊太后一起裁處。但朝廷在宣布劉太后遺誥時，刪去了「皇帝與太后裁處軍國大事」一語。楊太后退居保慶宮，稱保慶皇太后。至此，趙禎開始獨立主政。

02 景祐親政，不值稱道

歷史上不乏「文景之治」「太平盛世」之類的統治功績，當然也會有「景祐親政」這樣不值稱道的統治。因為「景祐親政」並沒有為趙宋王朝帶來太平，相反卻把它推向了戰爭的前線。

明道二年（一〇三三年），劉太后去世，遺詔以楊太妃為皇太后，與皇帝同議軍國事。御史中丞蔡齊和諫官范仲淹上書指出：皇帝剛親政，豈能讓女后相繼稱制。於是刪去遺詔中「同議軍國事」的內容，楊太后退居保慶宮，稱保慶皇太后。至此，仁宗趙禎結束了他的兒皇帝生活，獨立主政，他親政以後的第一個年號是景祐。

明道二年四月，仁宗趙禎組成了親政以後的第一屆宰執班子，體現了試圖消除太后影響的意圖。舊相張士遜留任，他是仁宗趙禎的東宮老師。趙禎先與另一舊相呂夷簡討論班底，準備把原為太后信任的執政張耆、夏竦和晏殊等都罷政出朝，趙禎把這一打算告訴了郭皇后，不料，郭皇后說了一句：「夷簡就獨獨不趨附太后嗎？不過機巧善變罷了。」趙禎聞聽此言，立即改變了對呂夷簡的看法，把他的相位也給罷免了。

取代呂夷簡為相的是李迪，他在劉太后垂簾的十餘年中一直出守地方未獲重用，再次入相倒也堪稱人選。執政中參知政事薛奎是留任的，他在天聖七年就入政府，議論從不迎合迴避，倘若所論不被採納，歸宅後就嗟歎不食。家人笑他，他說：「我仰慚古人，俯愧後世啊！」新任命的執政還有參知政事王隨、樞密副使李諮和簽書樞密院事王德用。呂夷簡被莫名其妙地罷相，就託內侍閻文應打聽才知底裡，但他不動聲色。半年以後，趙禎覺察到張士遜在朝政上不能有所建樹，因而思念呂夷簡又召他為相。

仁宗趙禎親政之初，有人抓住他非劉太后親生的辮子，在皇太后垂簾聽政上大加詆毀。倘若過分糾纏在瑣細舊帳上，對於政局的穩定和朝政的革新顯然是不利的，因此范仲淹向趙禎指出：「太后保護陛下十餘年，今天應掩蓋其小過失，保全其大恩德。」趙禎聽了既感動又慚愧，便下詔不許再議論皇太后垂簾聽政時的事情。其後，范仲淹提出八項建議，呂夷簡也上書指出朝廷的八種積弊，請求改革弊政的呼聲十分強烈，趙禎也萌生了振衰起弊、一新政治的良好願望。

仁宗趙禎親政當年，改變太后垂簾以來單日上朝的慣例，恢復每日上朝問政的祖宗舊制。趙禎對百官章奏，無論大小事都親自批覽，以致呂夷簡勸他抓大放小，不要每事躬親。但一年以後，趙禎的主要興趣便轉移到修訂新樂和校勘圖書上去了。前者的主要成果是，制定了景祐新樂，編纂了《樂書》和《景祐廣樂記》；後者的主要成果是，三館秘閣完成了四庫書的校劾，共計二萬餘卷。

景祐二年（一〇三五年），宰相呂夷簡編了一部中書行政法規，名為《中書總例》，煌煌四百十九冊。呂夷簡得意地聲稱「讓一個庸夫拿著這書也可以做宰相」。作為一個能臣，他是頗想大權獨攬、有所作為的。這年年初，宰相李迪的姻親范諷被御史龐籍參劾，李迪將龐籍遷官，意欲袒護范諷。不料龐籍要求追查，呂夷簡便抓住契機窮追不捨，使得政敵李迪因庇護姻親而罷相出朝。代替李迪為相的是王曾，他在上一年重入政府任樞密使。

王曾在天聖年間任相七年，呂夷簡作為參知政事曾是他的副手，呂夷簡對王曾相當尊重，王曾因而力薦他為相。呂夷簡在王曾罷相後連任五年宰相，在趙禎親政之初一度罷相出朝，但不久官復原位。也許是為了報答提攜之恩，也有可能是為了排擠李迪，呂夷簡力請王曾回朝擔任樞密使。

范仲淹對幸進之徒奔競於呂夷簡門下的情形深為不滿，就繪製了一幅《百官圖》進獻給趙禎，指明近年升遷的官員中，哪些是正常遷轉，哪些有宰相私心，並提醒趙禎說：「進退近臣不宜全委宰相。」范仲淹還援引漢成帝過分信任張禹，導致王莽專政的歷史教訓，鋒芒直指呂夷簡，道：「恐怕今日朝廷也有張禹破壞陛下家法。」呂夷簡聽說後大怒，在趙禎面前逐一辯駁，指控范仲淹「越職言事，薦引朋黨，離間君臣」，最後范仲淹被貶知饒州。呂夷簡還讓趙禎在朝堂張貼所謂的「朋黨榜」，戒飭百官越職言事。

呂夷簡一手遮天、窮治朋黨的做法引起了正直之士的強烈不滿，秘書丞、集賢校理余靖上書仁宗，請求追改貶黜范仲淹的詔命。館閣校勘尹洙自願要求列名范仲淹的「朋黨」，不願再在京師待下去。歐陽修也在館閣校勘的任上致信右司諫高若訥，批評他身為言官卻不敢說話，有何臉面見士大夫。高若訥把信交給了趙禎，結果歐陽修與余靖、尹洙都被貶官出朝。另一個館閣校勘蔡襄作《四賢一不肖詩》記述了這一事件，「四賢」指范仲淹、余靖、尹洙和歐陽修，「一不肖」指高若訥。此詩一出，一時洛陽紙貴爭相傳抄，公道人心全在范仲淹這邊。而仁宗趙禎在這場風波中，聽任呂夷簡為所欲為，與親政之初廣求直言的做法大相逕庭。

王曾這時還是宰相，范仲淹曾當面批評他：「譽揚人才，是宰相的責任。您的盛德，唯獨在這一方面還有欠缺。」王曾回答說：「倘若當政者，恩欲歸己，怨將歸誰？」范仲淹深為嘆服。王曾與呂夷簡並相以後，見他獨斷專行，在許多問題上政見分歧，矛盾就再也無法掩蓋。

當趙禎問王曾有什麼不滿時，王曾便把所聽到的呂夷簡招權市恩、收受賄賂的傳聞說了出來。王曾的話難免有點過頭，受賄之類指控又難以立即坐實。當時參知政事宋綬倒向呂夷簡，樞密副使蔡齊則敬重王曾，宰執分為兩派，並且時常在仁宗面前爭吵不停。景祐四年，趙禎一怒之下，把呂夷簡與王曾，連同追隨他們的宋綬和蔡齊都給罷免了。

景祐五年十月，西北党項領袖元昊自稱大夏皇帝。同年十一月，趙禎改元寶元；十二月，西北傳來元昊起兵反宋的邊報，結束了並不值得稱道的景祐初政。

03 國母之爭，生死兩皇后

在仁宗趙禎的婚姻上，劉太后的專政使趙禎頗為不滿，這是趙禎決定廢黜郭后的根本原因。早年母后臨朝的陰影和自己不幸的婚姻造就了趙禎文弱、憂鬱而又猶疑不定的性格，以致上演了一齣「生死兩皇后」的宮廷悲喜劇。

趙禎與劉太后之間存在著極大的衝突，尤其表現在趙禎的婚姻上。劉太后強行貫徹自己的意志，是要讓趙禎明顯地感到太后的霸道。趙禎最先醉心於王蒙正姿色絕世的女兒，劉太后卻認為她妖豔太甚不利少主，把她改配給自己的侄兒。在正式選后時，趙禎又屬意大將張美的曾孫女，但劉太后堅持立另一大將郭崇的孫女為皇后。趙禎對硬塞給他的郭皇后並不喜歡，而郭皇后卻仗著太后之勢非常驕縱，使趙禎難得親近其他妃嬪，趙禎早就憋了一肚子的氣。

太后去世後，郭皇后仍不時與趙禎寵愛的尚、楊兩美人爭寵奪愛。一次，尚氏當著趙禎譏刺郭皇后，氣得她跳起來要打尚氏的耳光，卻一掌落在想要庇護尚氏的趙禎脖子上。一怒之下，趙禎決定廢黜郭后，就與宰執近臣商量。宰相呂夷簡對自己之前因郭后一句話而罷相出朝一事一直耿耿於懷，當然不會放過這一報復的機會。

明道二年十二月，廢后詔書一公布便在朝廷上下引起軒然大波，但由於呂夷簡作梗，台諫官反對廢后的奏疏無法轉達給趙禎。於是，御史中丞孔道輔率領范仲淹等十名台諫官進殿面奏，認為皇后不應輕率廢黜，要求仁宗接見他們。但呂夷簡早有布置，殿門緊閉不開。孔道輔拍打門環，大呼：「皇后被廢這種大事，奈何不聽台諫入言？」趙禎遂命宰相向台諫官說明皇后當廢的情況，孔道輔和范仲淹等台諫官在辯論中佔據著道義的制高點，逼得呂夷簡無話可說，呂夷簡只得讓他們第二天直接向皇帝進諫。

台諫官們回去後，呂夷簡對趙禎說：「台諫官這樣進諫並非太平美事，應早做準備。」第二天，孔道輔正準備上朝和百官一起與宰相當庭辯論，卻接到趙禎關於台諫即日起不許相率請對的詔書，同時也接到了處罰台諫官的詔書：孔道輔、范仲淹出知州郡，其他台諫官分別罰金。在這場廢后風波中，雖然在皇帝與宰相的聯手打壓下，台諫官的進諫最終未能見效，但作為承擔中央監察功能的官僚圈已經發出了獨立的聲音。

景祐元年（一〇三四年），被廢的郭后出居瑤華宮，九月，將曹彬的孫女立為皇后。之後，因趙禎頗思郭氏派密使召她入宮。郭氏表示：若再受召，必須百官立班受冊。閻文應一向在仁宗面前說郭氏的壞話，擔心郭氏入宮對自己不利，此時恰巧郭氏得病，趙禎讓閻文應帶醫生前去治病，但郭氏不久便暴卒。

范仲淹與王曾相處得很好，這年也被召入朝廷擔任天章閣待制，依舊直言無隱。他認為郭皇后之死與閻文應有關就上書揭發，閻文應最終被貶逐嶺南，死在路上。事關郭皇后之死，呂夷簡就遞話過來：「待制乃是侍從，不是口舌之任。」言外之意是讓他閉嘴。范仲淹反擊道：「向皇帝進言，正是侍從所應做的。」呂夷簡就讓范仲淹去權知開封府，指望以事繁任重讓仲淹無暇議論朝政，也希望他在繁忙的公務中犯錯誤，以便掌握將他調離出京的把柄。意想不到的是，范仲淹到任僅一個月就使素稱難治的開封府「肅然稱治」，以致當地人稱讚他「朝廷無憂有范君，京師無事有希文」（**范仲淹字希文**）。

趙禎最寵愛的女人是張美人。張美人後進封為貴妃，其生前的威勢不亞於正宮曹皇后。張貴妃是洛陽人，父親張堯封進士及第，不久就去世了。母親將她帶在身邊，是齊國大長公主府上的歌舞女。大長公主見這個小女孩靈巧可愛，便召入宮中做樂女，那時她才八歲，由宮人賈氏代養。一次宮中宴飲，張氏被趙禎看中而得寵，慶曆八年（一〇四八年）十月十七日成為貴妃。張氏在短短幾年內就由末等嬪妃的才人直升至最高等級的貴妃，距離皇后僅一步之遙，趙禎對她的寵愛可想而知。

張貴妃聰明伶俐深得仁宗喜愛，但在「士大夫與皇帝共治天下」的大背景下，她也不能為所欲為，不僅進封皇后沒有希望，甚至連其伯父張堯佐進封宣徽南院使這樣虛職的官也因遭到台諫官包拯的強烈反對而作罷。

皇佑六年（一〇五四年）正月初八，三十一歲的張貴妃暴病身亡。趙禎感念張貴妃生前的柔情與善良，在左右宦官的支持下，最後決定用皇后之禮為張貴妃發喪。由於擔心朝野的反對，趙禎乾脆在治喪的第四天宣布追冊貴妃張氏為皇后，賜謚「溫成」。正宮曹皇后在世，卻另追冊貴妃為后，於是出現了一生一死兩位皇后的情況，如此逾禮之事曠古未聞。台諫連續上奏反對，趙禎均置之不理。為了自己心愛的女人，趙禎下令「禁樂一月」，京師唯一的活動便是為溫成皇后舉喪。

仁宗趙禎為了自己一生中最重要的兩個女人——生母和愛妃，不顧朝野內外的巨大非議，毅然進行了兩次追冊活動，這種感情是真摯的。仁宗趙禎對自己看中的臣子，無論是文臣或還是武將，同樣都會給予相當的信任，這種信任也是坦誠的。但是，早年母后臨朝的陰影和自己不幸的婚姻造就了他文弱、憂鬱又猶疑不定的性格，使得這種信任很難經得起世事滄桑的考驗。

04 再次上演的「澶淵之盟」

家族集團的統治都是從自己的利益出發，做出有利於自己利益的決策。李元昊為鞏固剛剛建立的党項政權，不斷向趙氏政權發出威脅；挑動西夏自相殘殺，則讓趙禎犯下了一個致命的錯誤。接連不斷的戰爭，讓趙氏家族簽訂了又一個恥辱的「澶淵之盟」。

趙禎親政後，貶斥劉太后親信之人，重新起用張士遜、李迪為相，任用翰林侍讀學士王隨、權三司使李諮共參國政。因勸太后撤簾歸政而被貶的宋綬、孫祖德等人，也先後被擢重用。

范仲淹不料「內憂」剛平，「外患」踵至。這時，宋朝的西鄰党項勢力迅速崛起。景祐五年（一〇三八年）十月，党項族首領李元昊正式稱帝，建國號大夏，史稱「西夏」。

不久，西夏兵進攻保安。駐守保安的宋軍多次被西夏兵打敗，宋廷無奈之下只得從京師挑選兵力戍邊，狄青主動請纓，任延州指揮使，當了一名低級軍官。

在戰爭中，狄青作戰勇猛，多次充當先鋒。他每逢上陣會先換一身打扮：把髮髻打散，披頭散髮，頭上戴著一個銅面具，只露出兩隻炯炯有神的眼睛。他手拿一枝長槍，衝在最前面和敵人拼殺，多次打退了敵人的進攻。士兵們被狄青這種頑強戰鬥的精神感動，而那些蠻橫的西夏兵一聽到「狄青」的名字，總是膽戰心驚而退避幾分，還沒開始交戰就先在勇氣上輸了一截，宋軍因此逐漸扭轉了頹勢。狄青由於作戰勇敢、永不怯陣，所以名聲大震，官職提升了四級。宋仁宗想把狄青召回京城親自接見，後來由於西夏兵再次進犯，仁宗只好命人將狄青畫像帶回朝廷。

寶元二年（一〇三九年）十一月，元昊率兵入侵保安軍，分兵三萬圍攻承平寨，並攻打宋朝西部的邊防重鎮延州。延州之戰，宋軍損失嚴重，關輔震動。趙禎憂心忡忡，召諸臣商議對策。無奈之下，趙禎起用主戰的韓琦為陝西方面的統帥，韓琦又舉薦了范仲淹。范仲淹奉命知延州，率兵攻打西夏，才得以收復失地。

宋軍稍獲勝利，趙禎便認為李元昊懼宋，就派人潛入西夏想挑動西夏自相殘殺，希求坐獲漁人之利。此舉使李元昊非常惱怒，於慶曆二年（一〇四二年）九月，又一次大規模出兵侵宋，宋軍陣亂潰敗以慘敗告終。趙禎不得不謀求與西夏議和，密詔知延州龐籍諭意李元昊，說西夏只要息戰稱臣，其帝號、國號盡可保留。直到慶曆四年（一〇四四年），李元昊迫於遼朝的進攻，急於聯宋抗遼才答應稱臣，同時提出了巨額「歲賜」。趙禎滿足於西夏稱臣，答應了李元昊的求和條件。這年十月，宋夏和約達成，夏對宋保持名義上稱臣，宋冊封元昊為夏國主，每年「賜」夏絹十三萬匹，銀五萬兩，茶兩萬斤，另加節日「賞賜」。

在宋、夏膠著困戰的同時，北方契丹政權也對宋朝虎視眈眈。趙禎親政後，密敕河北沿邊複建水田、廣植樹木，以防遼騎突入。景祐元年（一〇三四年），契丹以祭天為名，在宋遼邊境屯結軍隊，做好出兵侵宋的準備。趙禎聞報，急命河北整飭軍備，調夫役修治河北沿邊城池、關河壕塹。

慶曆二年（一〇四二年）初，契丹大軍壓境，並派人面見趙禎，質問宋朝出兵伐夏和增修邊防意欲何為，要脅宋朝把後周時收復的瓦橋關以南的十縣之地割讓給契丹。趙禎派右正言富弼出使契丹，提出或和親、或增「歲幣」的議和。幾經交涉，契丹方答應不割地，只增納歲幣重訂和好。富弼力爭不可言「納」，契丹方則堅持或稱獻，或稱貢，或稱納。趙禎最終屈從契丹之意，許稱「納」字而和。

這年十月，宋遼雙方締結和約，宋朝以後每年增納契丹銀絹二十萬兩匹。契丹竟趁宋朝困於西夏之際，沒有動用一兵一卒而憑空取得了巨額貢納，這對趙宋王朝來說，無異於又一次「澶淵之盟」。

05 半途而廢的慶曆新政

改革，對每個家族集團統治而言都有著重大的意義，同時也是維護其統治必不可少的舉措。但改革必然會觸及一部分人的既得利益，這些勢力聚集到一起，也必然會阻礙改革的進程。趙禎當初銳意改革，是出於應付慶曆初年內憂外患的需要，等到趙氏家族的燃眉之急得到緩解之後，「慶曆新政」也就像曇花一現。守內虛外的祖宗法度，使趙禎不得不在最後關頭放棄了范仲淹的改革。

景祐二年（一〇三五年）二月，呂夷簡入相。他竭力迎合趙禎天下大治的心理，粉飾太平、一味奉承，使得宋王朝陷入了日益嚴重的統治危機。同時，趙禎還廣開仕路，每屆科舉取額多達千人以上。「殿試不黜落」也從這時開始，成為了不成文的規矩。取士日多，恩蔭無節，加之內臣、外戚之類進無輟止，使冗官冗吏局面日趨嚴重，因此擔心國家前途的憂國憂民之士紛紛上書要求變革圖強。

嚴酷的現實迫使趙禎必須設法解決這些危機，以鞏固趙宋王朝的統治。他開始有意更張政事，革除弊端。要鞏固統治，必須要有人才，因此他起用主張變法革新的范仲淹、歐陽修、余靖等人。早在趙禎親政初年，范仲淹就以直言敢諫而被呂夷簡指為朋黨的核心人物，而今他位居執政，在處理西夏問題上也表現出遠見卓識，在台諫與館閣中有一大批追隨者。「先天下之憂而憂」的擔當精神，也使他成為眾望所歸的政治改革領袖。范仲淹名為《答手詔條陳十事》的奏疏，標誌著慶曆新政拉開了序幕。范仲淹在奏疏中提出了十項改革主張，即明黜陟、抑僥倖、精貢舉、擇官長、均公田、厚農桑、修武備、減徭役、覃恩信、重命令。與范仲淹上書的同時，富弼、歐陽修、余靖、韓琦等人也相繼提出了一些改革建議。趙禎對臣下的改革措施一一採納，然後頒發詔令推行這些主張和建議，號稱「新政」。

「新政」在趙禎的支持下開始實行，但是新政從開始實施之日起就遭到了朝廷中保守勢力的反對。他們指責實施新政的人士是「虛譁憒亂」「謀而僭上者」。更有甚者，反對派為抵制新法的實施，藉趙禎最忌諱並幾次下令申禁的「朋黨」一事掀起波瀾。「新政」還觸及了一部分人的既得利益，如實行「明黜陟」「抑僥倖」，使一大批貪官污吏和高官貴勳的利益受到損害，於是發難誹謗新政，且誹謗之風愈演愈烈。加之朝中「朋黨」之論雷動，使得趙禎對新政由疑慮轉為動搖，他最後決意犧牲革新派，向反對派妥協。

慶曆四年十一月，趙禎頒詔強調「至治之世，不為朋黨」，不點名地批評有人「陰招賄賂，陽託薦賢」，范仲淹一見到詔書就上表自求罷政。慶曆五年正月，趙禎下詔廢棄一切改革措施，解除范仲淹參知政事的職務，將他貶至鄧州，富弼、歐陽修也同時罷政，出放外地。

二十天後，杜衍罷相，反對派指責他「頗彰朋比之風」，把他視為新政朋黨的總後臺。韓琦上書指出不應輕易罷黜富弼，也因此被仁宗趙禎罷去了樞密副使之職。至此，新政派被悉數趕出了朝廷，在此前後所推行的新政改革措施幾乎全部廢止。

宋代以後的學者批評趙禎對慶曆新政「銳之於始而不究其終」，並對其原因大惑不解。實際上，趙禎當初同意改革是出於應付慶曆初年內憂外患的需要。到慶曆四五年間，宋夏和議已成定局，京城東、西的兵民騷亂也已經平息，宋朝統治不僅解去了燃眉之急，還出現了柳暗花明的轉機。

「慶曆新政」似曇花一現，趙禎勵志圖強的信念也旋踵即逝，趙宋王朝仍沿著老路子繼續走下去。作為一個守成之君，仁宗趙禎堅守祖宗法度千方百計地防範朋黨，以致他不得不在最後關頭放棄了范仲淹的改革，從而將北宋積貧積弱的局面又向前推進了一步。

06 宮廷驚變，無奈立儲

當一個政權不能為百姓謀利時，勢必會引起百姓的抵觸。危急關頭，皇權順利交接是維護趙氏家族統治的最好辦法。

就在趙禎為朝廷內部矛盾所困擾的時候，慶曆七年十一月，貝州（今河北清河）宣毅軍發生了王則領導的起義。

北宋自西元九六〇年由趙匡胤建立以來，到宋仁宗親政，歷經了宋太祖、宋太宗、宋真宗以及宋仁宗初年章獻太后執政，已有七十多年的歷史了。在此期間，宋朝雖然建立了中央的集權統治，但是與遼國、西夏進行了連年的戰爭，各種封建積弊逐漸顯露出來。在宋仁宗時期，「冗官」「冗兵」「冗費」的出現使宋朝陷入了政治經濟的大危機。為了維持戰爭的需要、維持政治統治的需要，宋朝統治者加緊了對老百姓的剝削，使人民背上了沉重的負擔，而田賦不均更是引起了老百姓的不滿。面對這樣內外交困的形勢，宋仁宗開始改革，任命范仲淹為參知政事，進行了所謂的「慶曆新政」，但由於封建頑固勢力的反對和宋仁宗的動搖，新政改革以失敗告終。新政的失敗加劇了農民階級與統治者的矛盾，各地農民紛紛起來，反抗統治者的壓迫。王則起義就是在這樣的背景下爆發的。

此次起義雖然被宋軍鎮壓下去，卻讓趙禎震驚不已。王則起義從發動到失敗，不過六十五天，但卻帶給了趙宋王朝沉重的打擊。王則起義最鮮明的特色就是利用宗教作為輿論宣傳，而且在事前進行了周密的計畫部署，起義之後又建置初步的官屬，其行動有計劃、有步驟，與此前的士兵起義相比起來顯然又前進了一步。然而更讓仁宗趙禎聞風喪膽的，則是在貝州兵變之後發生的一次宮廷兵變。

慶曆八年閏正月十八日夜，趙禎正宿於曹皇后宮中。至半夜，崇政侍衛官顏秀、郭逵、王勝和孫利等人，趁夜深人靜之時殺死守宮的軍校，奪得了兵器，遂越過延和殿直奔趙禎的寢宮。宮女的叫喊聲驚醒了趙禎，他惶恐不安地披衣下床，欲出門逃避，被曹皇后從後抱住。曹皇后插緊門栓，急呼宮人召侍兵入內，內侍宦官們也被緊急動員起來。顏秀等人見勢不妙就縱火而撤，後被聞訊趕來的宮衛、宦官殺死。驚恐不已的趙禎於是大興獄事，還命人把宮中臨近屋簷的大樹統統伐倒，並重新繕治城垣，整修門關。

政荒民敝已使趙禎困擾不堪，而更令他心焦的還是皇位繼承人問題。趙禎美女充盈後宮，卻無一嬪妃為他生出皇子，因此皇嗣成為當時朝廷內外最關注的大事之一。

嘉祐六年（一〇六一年）閏八月，知諫院司馬光又上書請立繼嗣。這幾年來多位大臣不斷上書，此問題不能不慎重對待了。趙禎知道自己的壽命有限，而要自己生子嗣已經是不可能了，只好立宗室其他人為嗣。於是，趙禎召見宰相韓琦等人，並宣示了司馬光等人的奏摺，然後就對韓琦等大臣說：「立嗣的事情我也是考慮了好久，但是一直沒有合適的人。」這時大臣們說：「一切由皇上作主。」趙禎緩緩地說道：「朕在宮中養了宗室的兩個兒子，小的雖然純潔可愛，但是不甚聰慧，那就立大的吧！」韓琦害怕引起宮廷爭鬥，就對宋仁宗說：「請聖上指出其名。」趙禎不得已，只得立早已養在宮中的宗室之子濮安懿王趙允讓的兒子宗實為嗣，立嗣之事於是確定下來，趙宗實就是後來的宋英宗趙曙。

嘉祐七年八月初五，趙禎發布詔令，趙宗實被正式立為太子。

皇子既立，趙禎的心情稍得寬慰。嘉祐七年（一〇六二年），趙禎召輔臣近侍、台諫百官、皇子宗室遊幸龍圖閣、天章閣、寶文閣，並即興揮毫為書，分賜從臣。趙禎自幼習書，精通書學，凡宮殿門觀多飛白題榜。後世當朝大臣卒後碑額賜篆，即始於趙禎。

嘉祐八年（一〇六三年）三月二十九日晚，趙禎病患加劇，忽急起索藥，並召皇后。等曹皇后等人趕到，趙禎已不能說話，僅用手指了指心窩。當晚去世，終年五十四歲。十月，葬永昭陵（在今河南鞏縣境）。

趙禎在位時間是宋代皇帝中最長的，他在政治上有一定的作為，卻沒有做出很大的貢獻。在對外方面，和遼、西夏的戰爭多以失敗告終，多次納貢致使國家財政空虛，北宋積貧積弱的局面由此加深。但是從一個人的人格來說，趙禎是一個非常仁和的君主，並且具有其他皇帝所沒有的很多優點。

第五章 銳意改革　英宗趙曙、神宗趙頊

趙曙（一〇三二——一〇六七年），西元一〇六三——一〇六七年在位，趙曙以宗子身分入繼大統，史稱英宗。其父為濮安懿王趙允讓。英宗在位僅四年即病逝。

趙頊（一〇四八——一〇八五年），西元一〇六七——一〇八五年在位，史稱神宗。神宗趙頊為英宗趙曙長子。神宗任用王安石變法，開啟了中國封建王朝歷史上最為著名的改革，史稱「熙寧變法」。

神宗朝，社會政治、經濟、文化各方面繼續向前發展，尤其是文學、藝術空前繁榮，科學技術也得到了較大發展。然而，孕育著危機的繁榮終究無法阻止趙宋王朝一步步走向沒落。

01 養子繼嗣，解怨兩宮

趙氏家族的統治要延續下去，就不能沒有繼承者，即使沒有嫡長子繼位，也會從近親的一系中選出，繼續維護大家族的利益。而東、西兩宮代表著各自不同的利益，權勢相爭所引起朝廷局勢的動盪也就在所難免。

英宗趙曙是真宗之弟商王趙元份的孫子，濮安懿王趙允讓的兒子。嘉祐七年（一〇六二年）被立為皇太子，封鉅鹿郡公。嘉祐八年即位，時為宋英宗，他是北宋第一位以宗子身分繼承大統的皇帝。

景祐初年，保慶皇太后（真宗楊淑妃）見仁宗趙禎荒於酒色，體質羸弱，她擔心長期沒有皇子的宋仁宗絕嗣，便勸說宋仁宗在宗室中選擇幾個宗子將其收養在宮中。宋仁宗同意了太后的建議，便選了還在幼年的趙曙進宮，養於皇后之所。

趙曙入皇宮後，賜名宗實。寶元二年（一〇三九年）六月，年僅八歲的宗實因思念親生父母，便離開皇宮回到父母身邊。之後，仁宗屢次召宗實回宮，宗實都沒有答應。嘉祐七年（一〇六二年）八月二十七日，仁宗命同判大宗正事趙從古、趙宗諤等人攜帶皇子的襲衣、金帶、銀絹等，諭召宗實進宮。並囑趙從古，若宗實仍稱疾堅拒，抬也要把他抬回來。至此，宗實不敢再執意抗拒，便與趙從古、趙宗諤一起入宮拜見了仁宗。

仁宗駕崩後，曹皇后便派人急傳兩府大臣入宮，隨後召見趙曙，以仁宗晏駕，使嗣君位相告。趙曙聞聽，驚恐中連聲說道：「我不敢為！我不敢為！」返身就往殿外跑。宰相韓琦等人急忙上前挽留，連拉帶拽地將他拖回，並好言相勸，為他解髮戴冠、披上御衣，然後召百官至殿前聽旨，命翰林學士王珪起草遺制。當天下午，群臣百官齊集福寧殿前，由韓琦宣布仁宗遺制，趙曙正式登基即皇帝位。

嘉祐八年（一〇六三年）四月初一，趙曙登基接受百官朝賀後，便要循行古制守喪三年，決定由韓琦攝政。諸大臣和曹太后都極力反對，趙曙雖心中不樂也只好作罷。仁宗大斂之日，趙曙生病，不能成禮。此後，趙曙便權居柔儀殿東閣西室服藥治病，曹太后則獨居內東門小殿垂簾決政。曹太后儘管為人明達，但也經不住耳邊常有對趙曙的風言風語，加之趙曙病後言語舉措往往失常，多觸忤太后。韓琦與參知政事歐陽修等面見曹太后時，曹太后竟在諸大臣面前痛哭流涕訴說趙曙的不是之處，表示已無法容忍，要韓琦作主議決。韓琦等好言相勸，並以利害諫言，曹太后的怨恨之意才稍解。

而宋英宗趙曙這邊也對曹太后懷有猜疑，對於太后的垂簾聽政也產生了怨恨之心。兩宮的不和，使朝臣們憂慮不安，因為這直接影響到了趙宋社稷江山的穩定，因此一些明智忠心的大臣紛紛上書曹太后和宋英宗，開陳大義，言辭懇切。宰相韓琦甚至以「孝道」來開啟宋英宗的心結，從而使宋英宗有所感悟。此後，宋英宗主動地去問候曹太后的起居，才使得兩宮的矛盾逐漸地得到緩和。

其實兩宮矛盾的焦點就是權力的爭奪。曹太后的垂簾聽政使宋英宗無法親政，這樣一來矛盾就很容易產生。關於這一點，當時的宰相韓琦看得明白，他就想方設法使曹太后撤簾。

然而在曹太后撤簾之後，兩宮之間的隔閡並沒有完全消除，即使曹太后不再干預朝政，但是皇帝的大印還在後宮。並且趙曙在處理宗室問題上也考慮欠妥。他讓宋仁宗的幾個女兒搬出她們的居所，而將其居所賜給自己的兒女。他對自己的幾個皇子和公主幾次加官晉爵，而對宋仁宗的幾個女兒卻毫不照顧。因此，朝廷內外不免紛紛議論，曹太后也覺得非常心寒，並由此而生病。挑撥兩宮不和的任守中仍然擔任要職，這也是朝廷大臣所不能容忍的。

治平元年（一〇六四年）八月，知諫院司馬光和呂海率先上書，彈劾內侍任守中離間兩宮、掠取國庫、包藏禍心，是國之大賊。隨後，司馬光列舉了任守中的十大罪狀，要求將其斬首示眾。司馬光又上書勸趙曙恩遇太后，這時趙曙也向曹太后承認自身之失，得罪慈躬請求寬恕，由此兩宮的隔閡方徹底消除。

02 「濮議」論戰：追贈生父名分

封建家族等級制度森嚴，但一切還是要以當時執掌政權的利益為準。曹太后雖然一直與養子趙曙不和，但趙曙才是皇權的實際代表，兩宮之爭已見分曉。

趙曙本為宗室子繼位，他當了皇帝以後就有一個如何禮遇其親生父母的問題。兩宮恩怨剛平，韓琦就重提舊事，於是英宗朝上演了一場震驚朝野的追贈生父名分的鬧劇。

當時，仁宗逝世已有十四個月，趙曙批示等過了仁宗大祥再議此事，也就是待到滿二十四個月再說。這顯然是趙曙為了減少追封的阻力而做出的姿態。治平二年四月，韓琦等人再次提出這一議題，於是趙曙出詔將議案送至太常禮院，交兩制以上官員討論。由此便引發了一場持續十八個月的論戰，這就是北宋史上有名的「濮議」。

結果，以王珪為首的兩制認為，濮王於仁宗為兄，趙曙應稱其為皇伯；而以韓琦、歐陽修為首的宰執們則認為，趙曙應稱其為皇考，他們還請奉趙曙將兩種方案都提交百官討論。趙曙和宰執們原以為大臣中一定會有人迎合他們的意圖，誰知情況恰恰相反，百官對此反應極為強烈，大多贊同兩制官員的提案。一時間，朝廷上下議論紛紛。就在這時，曹太后聞訊，親自起草了詔書嚴厲指責韓琦等人，認為稱濮王為皇考不妥。

趙曙預感到形勢的發展對自己不利，不得不決定暫緩討論此事。經過長時間的爭論，趙曙和韓琦等人逐漸意識到要想取得這場論戰的勝利，曹太后的態度是關鍵，只有爭取曹太后改變態度，才能給兩制和百官以致命一擊。治平三年，中書大臣共同議事於垂拱殿，趙曙特意將正在家中祭祀的韓琦召來商議，當時即議定濮王稱皇考，並由歐陽修親筆寫了兩份詔書，其中一份交給了皇上。到中午時分，太后派了一名宦官將一份封好的文書送至中書，韓琦、歐陽修等人打開文書後相視而笑。這份文書正是歐陽修起草的詔書，不過是多了太后的簽押。曹太后一直與養子趙曙不和，而這一次竟不顧朝廷禮儀和群臣的反對，尊趙曙的生父為皇考，確實令人費解。

不管曹太后的詔書是否出於情願，卻正合趙曙的心意，趙曙便立刻下詔停止討論。雖然如此，御史呂誨等人卻堅持不讓步，並陳書指歐陽修等人「首啟邪議，詿誤聖心」，於是趙曙又將宰執們召來，商量如何平息百官的情緒以穩定時局。韓琦對趙曙只說了一句「臣等是奸是邪，陛下自然知道」，便垂手不言。

歐陽修則非常明確地對趙曙道出了自己的觀點：御史既然認為其與臣等難以並立，陛下若認為臣等有罪，即當留御史；若以為臣等無罪，則取聖旨。趙曙猶豫再三，最後還是同意了歐陽修等人的意見，將呂誨等三名御史貶出京師。趙曙明白這三個人屬無過受罰，心中也很過意不去，特地對左右人道：「不宜責之太重。」同時宣布濮安懿王稱親，以塋為園，即園立廟。

這項決定遭到了朝臣的堅決抵制，包括司馬光在內的台諫官員全部自請同貶，甚至趙曙在濮邸時的幕僚王獵、蔡抗均反對他的稱親之舉，這是趙曙萬萬沒想到的。在嚴厲處分呂誨等人的同時，趙曙又不得不拉攏反對派主要人物王珪，許以執政職位，可以說是軟硬兼施。

趙曙為了生父死後的名分絞盡腦汁，用了各種手段，耗費了十八個月的光陰才最終達到目標，趙曙篤孝的品行以這種奇特的方式體現了出來。其實「濮議」並非單純的禮法之爭。司馬光等臣僚堅持濮王只能稱皇伯，是希望趙曙能以此收拾天下人心，維護統治集團內部的團結。而韓琦、歐陽修等掌握實權的宰執們考慮的則是現實問題，他們深知仁宗已死，曹太后已無能為力，他們要一心一意地擁戴趙曙，畢竟趙曙才是皇權的實際代表。

03 病榻立儲：英宗大志難酬的短暫一生

一個躊躇滿志的皇帝，卻沒能把國家治理到自己理想的程度，這種失望是何等悲涼。宋英宗病榻立儲，空有一番抱負卻無從施展。

在尊崇濮王的爭論中，趙曙不惜犧牲台諫官來保全韓琦、歐陽修等大臣，表現了他對韓琦、歐陽修諸人的極大信任與重用。韓琦、歐陽修等人因此更是感恩圖報，盡職盡責全力輔佐趙曙。儘管趙曙長時間病不視朝，又與曹太后長期不和，然賴諸大臣輔佐，政得以安。

自從兩宮的矛盾化解之後，趙曙開始正式親政，並希望能幹出一番大事業，力求達到天下大治。此時朝廷中聚集了韓琦、富弼、歐陽修等一批非常有才幹的大臣，趙曙有了這些人的幫助，對於治理國家信心備增，有著雄心壯志。

面對積弱積貧的國勢，趙曙力圖進行一些改革。他向大臣們詢問施政的意見，富弼經歷過宋仁宗慶曆改革的失敗，他總結了失敗的教訓，建議英宗趙曙採取穩妥的辦法，進行一步步的改革，欲以「寬治」為本。樞密副使吳奎則上書奏曰：「從古至今，聖人治國都是歷來主張以寬為本，但是也要注意一個度，不可寬無節制。」隨後，趙曙又向當時的端明殿學士張方平詢問治國之道，張方平對以「簡、易、誠、明」四個字，趙曙十分讚賞並擢升張方平為翰林院學士承旨。韓琦也提出了「賢者進、愚者退」的思想。趙曙一一採納了這些建議，由此可見趙曙勵精圖治、奮發有為的迫切心情。趙曙對舊的選任體制進行大膽改革，甚至走得比當時勸說他作改革的歐陽修等人還要遠、還要快。

不僅如此，趙曙還非常重視書籍的編寫和整理。治平元年，司馬光寫成了一部《歷年圖》進呈給趙曙，趙曙對此大加讚賞。治平三年，司馬光依據《史記》，參以他書寫成《通志》八卷，大約即是後來的《資治通鑒》前八卷。趙曙對此予以充分肯定，鼓勵司馬光繼續編寫下去，等書成之後再頒賜新書名。他還同意了司馬光自己選聘助手並籌辦編寫歷代君臣事蹟的書局的請求，批示將書局設在崇文院內，特允許他借調龍圖閣、天章閣、昭文館、史館、集賢院、秘閣的書籍。這些館閣都是皇家藏書之處。秘閣所藏尤為精品，有從三館中挑選出的萬卷珍本書以及皇帝收藏的古玩和墨跡。龍圖閣、天章閣是太宗、真宗的紀念館，所藏除二人的真跡、文集外，還有各類圖書、典籍等重要文物。另外，趙曙還為司馬光提供了皇帝專用的筆墨、繒帛，劃撥專款，並調派宦官為其服務。趙曙的批示極大地改善了司馬光編修史書的條件，使他編寫《資治通鑒》的宏偉事業自一開始就有了堅實的後盾。司馬光為了報答英宗皇帝的知遇之恩，在此後漫長的十九年裡將全部精力都耗在《資治通鑒》這部巨著的編纂上。史學巨著《資治通鑒》的最後編成，應該也有英宗趙曙的一份功勞。

就在趙曙躊躇滿志，致力於天下大治的時候，西夏卻加緊了對北宋的入侵，從而使趙曙不得不將主要精力從改革內政轉到謀劃國防上。西夏酌使者在宋仁宗大殮之日對宋示威之後，又在趙曙的即位典禮上與宋朝的官員發生爭執。趙曙回書指責西夏國王擅起事端，不料西夏國王卻以此為藉口發兵七萬，大宋的西北邊境被劫掠一空，宋兵和百姓傷亡慘重。對於西夏的進攻，趙曙先是遣使責問，然後接受韓琦的建議，先命陝西的百姓組成義勇軍以守邊疆，後又任命由歐陽修舉薦的良將來負責防禦西夏的進攻。

此後，西夏不斷發動小規模的侵擾。西界的邊臣請求朝廷增派兵力、部署反擊，但是趙曙認為防守的兵卒已經不少可以放心了。

孰料治平三年（一〇六六年）九月，西夏再次發動了對宋朝的大規模進攻，西夏國王親自帶兵圍攻大順城。趙曙聞此消息，急召兩府大臣商議退敵之策。趙曙採納了宰相韓琦的建議，首先停止「歲賜」，然後派遣使者對其責問。而此時的西夏軍隊對大順城久攻不下，且西夏國王為箭所傷，由於害怕宋朝真的停止「歲賜」，西夏國王就帶領軍隊在邊地裡大肆搶劫而去。對這次西夏的入侵，趙曙的反應盡是「譴責」，他這種軟弱的外交政策給趙氏子孫留下了極大的隱患。

外患還沒有除掉，內憂卻更加嚴重了。宋仁宗時期，官員尸位素餐、無所作為的情況就很嚴重了，並逐漸形成了冗官的局面。趙曙雖然極力想要革除積弊，但是沒有採取有力的措施。由於達官貴族的奏薦恩澤，冗兵冗官的局面不僅沒有緩解，反而逐漸加重。特別是在趙曙親政初期，徵調了大量的農民修治黃河，從而耽誤了農時，引起了黃河沿線百姓的強烈不滿。隨後又是大興土木，重修內宮的宮殿，致使徭役頻頻，民怨由此而生。趙曙對當時皇親國戚的奢侈糜爛也感到氣憤，曾欲懲治，但在貴族豪強勢力的反對下，毫無措置之舉。

面對內憂外困的局面，趙曙的心情憂鬱無比，不堪應付。治平三年（一〇六六年）十月，趙曙舊病復發，臥床不起，且病情逐漸嚴重。朝廷大臣為社稷著想，先後有人上書請求早立皇太子。趙曙有三個兒子，長子趙頊被封為潁王，次子趙顥被封為祁國公，四子趙頵被封為鄂國公。趙頊作為皇位的繼承人，已經得到了韓琦等大臣的同意，但是其他兩位皇子也同樣是有力的競爭者。趙曙出於對自己得病的忌諱並考慮到自己年齡不大，對大臣奏立皇太子一事極為反感。一天，宰相韓琦看望趙曙後退下，潁王趙頊送韓琦等至門外，滿懷憂慮地問韓琦怎麼辦。韓琦低聲囑咐趙頊說：「願大王盡心服侍皇上，朝夕莫離左右。」趙頊恍然大悟，點頭應允。

到治平三年十二月，趙曙的病情更加嚴重，幾乎已失去了說話的能力，凡是重大事情都是用毛筆寫在紙上。十二月中旬，韓琦率領大臣看望趙曙，發現他非常憔悴，幾乎很難站起來了，於是進奏道：「陛下久不視朝，中外憂惶，宜早立皇太子以安眾心。」這時的趙曙也感到自己的時日不多了，用顫抖的手在紙上寫下「立大王為皇太子」幾個字。韓琦是經歷過大世面的人，他又加問：「陛下是立趙頊為皇太子嗎？」趙曙點頭同意，於是韓琦召翰林學士承旨張方平草擬詔制。

治平四年（一〇六七年）正月初八，宋英宗趙曙駕崩，年僅三十六歲。他在位不到四年，便帶著自己未完成的志願離開了人世。當年八月，趙曙被葬於永厚陵（在今河南鞏縣境）。

趙曙雖然有一定的政治才能，卻因病英年早逝，空有一番抱負而無從施展。不過，這卻給他的兒子神宗趙頊留下了機會與挑戰。

04 受命即位的宋神宗趙頊

趙頊好學、謙遜、孝順，具備英明君主所應有的素質，又是嫡長子，理所當然應被推選為皇位繼承人。在爾虞我詐、血雨腥風的宮廷內，趙頊重視親情的優點顯示了出來，使他輕鬆地登上了皇位。

宋神宗是宋朝歷史上比較有作為的皇帝，在位期間改革了宋朝自建立以來形成的種種體制上的弊端，意圖再現漢唐盛世，使得積貧積弱的宋朝能夠重新振作精神，讓全國上下煥發出新的活力。客觀地說，神宗實行的改革在某些方面取得了大的成效，如國家邊防實力有所加強、階級矛盾有所緩和、國家財力有所增強等。由於神宗實行變法沒有經驗可循，再加上改革觸及了許多官僚地主的利益，而他又不能夠無視這些壓力，所以新法仍然存在著不少弊端。新法在神宗逝世後就完全被廢除，他的改革也由於後繼無人而完全失敗了。後人評價宋神宗為中國歷史上一位值得讚頌的具有悲劇色彩的皇帝。那麼，宋神宗是怎樣登上皇位的呢？

宋神宗名趙頊，原名仲，宋英宗趙曙長子。其母是宣仁聖烈皇后高氏，也就是後來垂簾聽政的高太后。趙頊於慶曆八年（一〇四八年）出生，為了陪伴宋英宗於嘉祐八年（一〇六三年）入居慶寧宮。宋英宗當皇上後，授予趙頊安州觀察使一職，封為安國公。同年九月，又加忠武軍節度使、同中書門下平章事，封為淮陽郡王，改名趙頊。治平元年（一〇六四年），進封為潁王。

少年時代的趙頊非常好學，他關心天下大事，讀書廢寢忘食，並且懂得變通古今的道理，能將它們應用到實踐中去。趙頊小時候上課時，一直都是正襟危坐、謙恭有禮。即使是夏天也從不叫人揮扇，任由汗流浹背，仍能專心致志。他博聞多識，在老師講課時經常會出人意料地向老師提問，有些時候他提的問題講官都答不上來。有個叫蘇子容的講官就曾說過：「我每次進講時，未有不曾出汗的。」隨著年齡的增長，趙頊越來越多地了解到了一些世事。他知道自己的國家已經衰弱不振了，而且趨勢也是越來越不好，對西夏和遼國一再地退讓妥協，所以早就萌生了扭轉這種局面的願望。有一次，他在宮廷中披掛上全副的盔甲去見祖母曹太后，說：「娘娘，我穿著這身盔甲好不好？我要穿這身盔甲上戰場，為我們大宋拓疆開土。」

趙頊的祖母曹太后是個頗有見識的女子，但趙頊的父親英宗趙曙與繼母曹太后的關係一直不好。有一次，英宗說話得罪了曹太后，曹太后難過地哭著跟群臣抱怨，還歸咎於趙頊和趙顥兩兄弟。面對曹太后的無端指責，趙頊並沒有記恨，而是益發尊敬曹太后。趙頊的孝順最終感動了曹太后，祖孫二人冰釋前嫌，相處十分融洽。趙頊繼位之後，與曹太后的關係仍然十分親密，他十分尊重曹太后，許多重要決策在下達之前總是先徵詢她的意見。

元豐二年（一〇七九年）十月，曹太后病重，趙頊親自照料侍奉，十幾天衣不解帶。曹太后去世後，趙頊茶飯不思、悲痛欲絕，這種真摯的親情在爾虞我詐、血雨腥風的封建宮廷中是極為少見的。然而也正是這種親情在一定程度上束縛了趙頊的手腳，在變法過程中來自後宮的壓力也就對他更具影響力。

趙頊好學、謙遜、孝順，具備英明君主所應有的素質，又是嫡長子，所以大臣們一致認為他是皇位的最佳繼承人。

治平四年（一〇六七年）正月，在宋英宗剛剛晏駕的時候，左右大臣急忙派人去急召已被立為皇太子的趙頊進宮，準備隨時繼承皇位。但在趙頊還沒有進宮的時候，宋英宗的手突然動了一下，好像還活著，在場的大臣非常害怕，連忙告知宰相韓琦說：「皇上好像還活著，這如何是好，趕快派人阻止太子進宮。」韓琦在這個緊要的關頭一心以社稷為重，果斷地拒絕了大臣的建議，冷靜地說：「如果先帝復生，那就是太上皇。」

當時身為太子的趙頊突然接到召見，預感到有什麼重大的事情發生，就急匆匆地對東宮的僕人說：「一定謹守我的門戶，如果皇上有了適當的皇位繼承人，我還是要回來的。」但趙頊這一去就沒有再回來了，而是留在皇宮做了十八年的皇帝，並開創了宋朝的大變法時代。

05 躊躇滿志：銳意進取的少年天子

祖宗家法的弊端，最終讓年輕有為的宋神宗打破了。「安內為先」的治國策略，使趙頊下定決心把國家治理得國富兵強，趙頊的變革圖強讓破落的趙宋政權看到了一絲轉機。趙頊即位的第三天，三司使韓絳奏報：自仁宗朝宋夏戰爭以來，徵調財力，動用國庫，「百年之積，唯存空簿」。此時，趙頊才知道自己從先人手中繼承的是怎樣一副攤子。

二十歲的趙頊正處在血氣方剛、奮發有為的當口，決心要把國家治理得國富兵強。他求治心切，對當時的元老大臣寄予了很大的期望。即位次年，他召見前宰相富弼問以邊事，富弼對他說：「願二十年口不言兵。」再問治道，回答是「安內為先」。而司馬光所能提供的治國忠告只有「官人、信賞、必罰」六個字，也似乎有點空泛。對朝廷舊臣，趙頊未免有些失望。

作為北宋第六代皇帝，趙宋王朝的統治至宋神宗即位已延續了百餘年。宋初制定的許多政策，其弊端已經漸漸顯露出來：官場腐敗，財政危機日趨嚴重，百姓生活困苦，各地農民起義不斷，遼、西夏在邊境虎視眈眈。面對這種情形，趙頊對太祖、太宗皇帝所制定的祖宗之法產生了懷疑。年輕的趙頊有自己的理想，他勇於打破傳統深信變法是緩解危機的唯一辦法。

趙頊進行變法並非出於一時衝動，早在少年時代就已經心懷壯志，希望能改變國家的命運。在成長的過程中，趙頊形成了自己的人生觀、價值觀，這直接決定了他當政之後務實、創新的治國理念。

改革勢在必行。趙頊急於尋找一個有才識、有氣魄，並且能夠全力襄助他改革的大臣作為臂膀。

在這種情況之下，王安石脫穎而出。趙頊對王安石早就屬意，即位之初就召王安石進京，但王安石稱病不至。趙頊詢問宰執，宰相曾公亮力薦王安石有「輔相之才」。龍圖閣直學士韓維言趙頊「賢者可以義動而不可以計取」，力薦王安石。趙頊詔王安石知江寧府，王安石始出山。

王安石為地方官多年，親眼看到了當時社會問題的嚴重性。他到京城開封任三司度支判官的第二年春，就曾給當時的皇帝仁宗寫了洋洋萬言的《上仁宗皇帝言事書》。趙頊即位後，在王安石的輔助下，開始了一場兩宋歷史上空前絕後的大變法，在政治、經濟、軍事等方面進行了諸多變革，對趙宋王朝產生了巨大的影響。

趙頊求治心切，經常向大臣們徵詢改革的意見。他立志要做一個唐太宗那樣的大有作為的明君，以改變真宗、仁宗以來政綱鬆弛不振的局面。趙頊在第一次召見王安石時就問他治國應當先做什麼。王安石答道：「應當先選擇正確的策略。」趙頊問：「唐太宗何如？」王安石說：「陛下當以堯舜為榜樣，為什麼拿唐太宗做榜樣呢？堯舜之道，簡明而不煩瑣，很容易做到而不繁難。但末世學者不知其中道理，認為是高不可攀。」這種評論讓趙頊感到耳目一新。

熙寧二年（一〇六九年），趙頊起用王安石為參知政事（即副相），並設置「制置三司條例司」作為變法的指導機構，讓陳升之、王安石負責，這就正式揭開了熙寧變法的大幕。經王安石推薦，趙頊又任命呂惠卿為條例司檢詳文字。事無大小，王安石必與呂惠卿共同謀劃，凡有關建議的章奏，皆是呂惠卿執筆。當時人稱王安石為孔子，呂惠卿為顏子。

06 熙寧變法：變法圖強的宋神宗

趙頊入繼大統，趙宋王朝的皇權集中制已經鞏固，迫切需要改變的是國家積貧積弱的局面。趙頊不顧反對勢力的阻撓推行新法，但他又不願損害上層既得利益者，結果只好將負擔轉嫁到下層百姓身上。

自熙寧二年（一〇六九年）七月起，王安石提出並推行了一整套新法。這些新法主要分為富國、強兵、改革科舉制度三個部分。富國部分包括均輸法、青苗法、農田水利法、募役法、方田均稅法等。強兵部分包括將兵法、保甲法、保馬法等。新的科舉制度主張以經義取士，應試者不再考試詩賦、帖經、墨義之類，而以詩、書、易、周禮、禮記為本經，以論語、孟子為兼經，企圖改變當朝那種「閉門學作詩賦，及其入官，世事皆所不習」的狀況。

新法剛剛實施，很快就遭到朝廷內外一批守舊勢力的攻擊。他們不僅從新法的內容和效益上提出非難，而且在思想、道德上指責王安石「變祖宗法度」。在朝議紛爭面前，趙頊雖曾一度猶豫，但終不為所動。至於學術、道德上的爭論，趙頊則講求道德與功名並重，他對守舊勢力反對變法，在政治上空言道德、無所作為的狀況甚為反感。在王安石的解釋下，趙頊能理解王安石「天變不足懼，人言不足恤，祖宗之法不足守」的主張，並繼續支持新政。在王安石與守舊勢力的鬥爭中，趙頊始終支持王安石，甚至不惜罷退了一批非常有名望的大臣，如文彥博和富弼。

熙寧三年（一〇七〇年），趙頊進一步提升王安石為同中書門下平章事。王安石居相位，有了更大的權力，於是農田、水利、青苗、均輸、保甲、募役、市易、保馬、方田等新法先後頒行天下，變法進入了高潮。王安石要在全國範圍內實行變法，如果沒有趙頊的支持與配合是不可能辦到的。趙頊的政治抱負和銳意改革的正確決策，保證了變法的成功，這對於改善當時的社會生產條件、增強國力，具有積極的意義。

變法雖然在前一階段取得了進展，但守舊勢力的攻擊並沒有停止。特別是隨著變法的逐步深入，新法在多方面觸犯了享有特權的宗室、外戚、大官僚、大地主、大商人的利益，這股反對力量得到了太皇太后、皇太后和曹皇后的支持。由於新法本身也存在許多缺點，所以也遭到了一些正直大臣的反對，如蘇轍、韓琦、司馬光都在反對之列。蘇轍原是王安石所引薦，任三司條例司檢詳文字，但他極力阻止青苗法的推行。老臣韓琦也上書抨擊青苗法。此外，新法的科舉制度也受到反對，與王安石原為好友的司馬光也反對他的新法。這時，趙頊也開始猶疑起來。

保守大臣們反對新法，王安石早有思想準備，但改革派內部的分裂給王安石的打擊是格外沉重的。而這時的趙頊也不像前幾年那樣對王安石言聽計從，有時甚至不重視他的意見。王安石對趙頊感歎道：「天下事像煮湯，下一把火，接著又潑一勺水，哪還有燒開的時候呢？」

熙寧九年（一〇七六年）春天，王安石因身體有病，屢次要求辭職。同年六月，王安石的兒子壯年而逝，王安石悲痛欲絕，精神受到極大刺激，已無法集中精力過問政事。趙頊只好讓王安石辭去相位，出判江寧府。第二年，王安石連江寧府的官銜也辭去了，直到元祐元年（一〇八六年）去世，王安石再也沒有回朝。

王安石兩次罷相，都是趙頊向守舊勢力妥協的結果。趙頊的目的是為了保住自己的皇位，獲得大臣和后族的支持，但是他希望通過變法富國強兵的政治目標並沒有改變。他一邊堅持改革，一邊又安撫守舊派的大臣，起用曾被罷退降職的舊派人物呂公著、馮京、孫固等，以平衡新派、舊派的力量。

王安石第二次罷相後的第二年，趙頊改年號為「元豐」，從幕後走到前臺親自主持變法，然而變法依舊伴隨著反對的聲音。失去了王安石，趙頊本就很傷心，現在又要獨自面臨巨大的壓力，不免有些惱火。他決定以更為強硬的手段來推行新法，嚴懲反對變法的官員，蘇軾不幸成為這次政治鬥爭的犧牲品。

蘇軾是北宋文壇成就卓越的文學家，與父親蘇洵、弟弟蘇轍號稱「三蘇」，其文章為天下所傳頌。但這位名滿全國的才子在仕途上卻頗不得志，在他將近四十年的官宦生涯中，有三分之一的時間是在貶謫中度過的。

趙頊依然沒有停止改革的進程，經過他的不斷努力，宋朝基本建立起了更有利於君主專制的中央集權制，其基本制度一直實行到宋朝末年，未再進行大的變動。

趙頊在推行新法的過程中，其富國強兵的總目的與王安石是一致的，但在抑制兼併這一點上卻沒有王安石堅定。趙頊既想增加財政收入，又不願損害上層既得利益者，最終只好將負擔轉嫁到下層百姓身上。

變法是一條異常艱辛的道路，其間趙頊雖然有過懷疑和動搖，但最終還是堅持了下來。轟轟烈烈的熙寧變法和元豐改制，使政府的財稅收入大大增加，扭轉了英宗趙曙在位時入不敷出的局面。憂國憂民的神宗趙頊把自己所有的精力和熱情都投入改革之中，為實現富國強兵的目標而努力著。

07 雄心未酬，抑鬱而終

對內改革、對外作戰和洗刷恥辱，都是宋神宗趙頊決心樹立趙宋王朝威望的動力。他實施的變法雖然觸動了保守派的利益，但卻符合天下百姓的利益。無奈趙頊英年早逝，使一場轟轟烈烈的變法運動戛然而止。

熙豐變法雖然歷經艱難，但還是取得了一定的成效，總體上使北宋國力有所增強。在這種情況下，趙頊決意要對威脅宋朝邊境安全的問題做出反應。趙頊自命有為之才，是一個有雄心大志的君主。用武開邊，建功立業是他一生的夢想，始終把解決契丹和西夏問題作為自己奮鬥的目標，一心想著痛擊西夏以洗刷祖先所蒙受的恥辱，樹立宋朝的國威。

在熙豐變法中，趙頊為軍事行動做了物質上的大量準備，先後建設了五十二個軍用物資庫，並賦詩明志道：「每虔夕惕心，妄意遵遺業，顧予不武姿，何日成戎捷？」求勝心切，溢於言表。趙頊對西夏的態度，就像是舊主人容不得昔日的小夥計成為他平起平坐的新對手，總想一舉消滅它，以挾制契丹和吐蕃，顯示大宋朝的神威。

熙寧元年（一〇六八年），變法派傑出的軍事家王韶向神宗上《平戎策》三篇，對趙頊的對外政策產生了很大的影響。其要旨是先取河湟，控扼西北門戶，斬斷西夏右臂；再威服吐蕃，孤立西夏；然後伺機出兵，關門打狗。

這一戰略分析是正確的，然而執行起來就牽涉到宋軍的人才與素質。但趙頊顯然大受鼓舞，任命王韶為秦鳳路經略司機宜文字。

熙寧四年，趙頊設立洮河安撫司，任命王韶為長官，開始經略河湟。次年，王韶採取軟硬兼施的手段，招撫吐蕃部落三十餘萬人，拓地二千餘里。趙頊升鎮洮軍為熙州，設立熙河路，以王韶為經略安撫使。史稱王韶經營河湟的活動為「熙河開邊」。王韶的成功，把神宗的夢想再次啟動，對西夏用兵已勢在必行。

由党項族建立的西夏，此時已經發展為擁有強大武力的軍事聯合體，不斷進犯宋朝西北部地區。對於趙頊主動出擊的邊疆政策，朝中大臣意見不一，富弼、司馬光等人紛紛上書，希望神宗慎重考慮對西夏的政策，不要貿然發動戰爭。王安石力排眾議，全力支持王韶。熙寧六年（一〇七三年），王韶率領宋軍進軍一千八百里，佔領了宕、岷、疊、洮等州，招撫大小藩族三十餘萬帳。這是自北宋開國以來對遼、夏戰爭的空前大勝。

元豐四年（一〇八一年），西夏發動政變，西夏國主惠宗秉常被囚，由惠宗的母后梁太后專權，梁太后因反對惠宗欲將河、洮等州黃河以南的土地還給宋朝，因而囚禁了惠宗。鄜延副總管种諤上書趙頊，認為這是千載難逢的機會，倘若西夏被遼朝趁機攻取，必為中國的大患。

趙頊召見了种諤，种諤言道：「夏國無人，秉常（西夏惠宗名）孺子，臣往持其臂以來！」趙頊便定議攻夏。

於是，宋朝出動大軍，兵分五路，共二十多萬兵力深入西夏境內，直抵靈州城下。不料，西夏軍決黃河水將宋軍淹沒，並切斷宋軍糧道，宋軍大敗。

神宗對靈州之役寄予厚望，深夜聽到慘敗的消息，起繞床榻環行，徹夜不能入寐，由此身染疾病。宋軍在這次戰役中倉促出征、痲痺輕敵、各自為戰、相互扯皮，既缺少一個能運籌帷幄、決勝千里的主帥，又在軍糧供應上嚴重脫節，失敗也在情理之中。相比之下，西夏軍實行堅壁清野、縱敵深入的正確戰略，再捕捉戰機，斷敵糧運，最終取得了靈州保衛戰的勝利。

雖然靈州戰役失敗了，但是趙頊並沒有放棄消滅西夏的願望，他在醞釀更大規模的軍事行動。元豐五年（一〇八二年），趙頊聽從徐禧的建議，在銀、夏之界修築永樂城作為屯駐軍隊的城池，企圖困住興州的西夏軍。

但趙頊沒有料到，永樂城很快就被西夏軍攻破。當天夜裡大雨如注、電閃雷鳴，再加上多日饑渴，宋軍已無抵抗能力。軍隊首領徐禧、李舜舉與高永能被亂兵殺死，守城士兵和夫役幾乎全軍覆沒。

永樂城之役成為宋夏戰爭的轉捩點，此後宋朝明顯地由攻勢轉為守勢。此次失敗對神宗趙頊也是致命的打擊。趙頊本來信心百倍地準備消滅西夏一雪前恥，沒想到等來的卻是如此悲慘的結局。史稱「及永樂陷沒，知用兵之難，於是亦息意征伐」，趙頊的強兵開邊夢徹底破碎了。從此，趙頊喪失了先前的雄心，只好仍舊維持原來對西夏的和議，每年向西夏交納財物。

趙頊是一個頗欲有所作為的皇帝，熙寧新政、元豐改制、與西夏的較量，得失相參，卻無不凸顯其雄心勃勃的個性。無奈到他即位時，宋朝內憂外患諸多問題早已積重難返，絕非短期內急功近利所能解決的，這就決定了他成不了一代雄主。他在新法與開邊兩方面都顯得操之過急，在對西夏的戰爭上尤其如此，宋朝在靈州之戰與永樂之役中死傷軍民多達六十萬，失誤不可謂不大。

元豐八年（一〇八五年）正月初，趙頊由於西北邊境軍事上的失敗，精神上受到沉重的打擊，病情惡化。大臣們亂成一團，王珪等人開始勸趙頊早日立儲。趙頊此時已經有不祥的預感，無奈地點頭同意了。神宗六子趙傭，改名為「煦」，被立為太子，國家大事由皇太后暫為處理。

趙頊一生都在追尋自己的理想，他希望重建強盛的國家，再造漢唐盛世。當這些夢想破滅之時，趙頊也走到了人生的盡頭。元豐八年三月，年僅三十八歲的神宗趙頊帶著深深的遺憾離開了這個世界。他耗盡一生心血的新法，在他死後不久就被他的母親高太后暫時廢除。不過，其後又陸續恢復，很多措施一直到南宋仍在繼續執行。

第六章　無力回天　哲宗趙煦

趙煦（一〇七七——一一〇〇年），西元一〇八五——一一〇〇年在位，史稱哲宗。趙煦是神宗趙頊的第六子，母親是朱德妃。神宗去世時，趙煦的五個哥哥早夭，他年紀最大，因此被擁立為帝，由其祖母高太后（英宗皇后）垂簾聽政，重用守舊派，打擊變法派。高太后聽政時，一手包攬政務，趙煦備受冷落形同影子。趙煦親政後，將整個朝政顛倒過來，重新重用變法派，打擊守舊派。然而這樣的反覆鬥爭，加速了宋王朝的衰落。趙煦朝文學繼續向前發展，出現了大批有影響的大家，其中，程氏兄弟對於理學發展的推動成為這個時期的典型代表。

01 垂簾聽政的高太后和影子皇帝

統治階級內部各個勢力集團始終都在為自己的利益而戰，哲宗繼位的經過就足以說明這個問題。高太后的垂簾聽政，以及她不按時歸還政權的行為，使得趙煦成為影子皇帝。

元豐八年（一〇八五年）二月，宋神宗趙頊病危，宰相王珪率宰執入見，請求立儲，由皇太后暫時聽政。神宗當時已說不出話，只是點頭首肯。

王珪他們所說的皇太后，即指神宗的母親英宗高皇后。高太后出身將門，曾祖是宋初大將高瓊，外曾祖是曹彬，姨母為仁宗曹皇后。幼年時，高太后與英宗都住在宮中，曹皇后視她如親生女兒。後來，仁宗和曹皇后親自為兩人主持婚禮，在當時有「天子娶媳，皇后嫁女」之說，這種世家與皇室之間的聯姻，無疑有助於鞏固高氏在宮中的地位。高太后經歷了仁、英、神三朝中發生的仁宗立儲、英宗濮議風波和神宗熙豐變法等事，政治經驗很豐富，她在保證哲宗繼承皇位一事上起了重大作用。

元豐八年三月一日，高氏垂簾聽政，宣布立神宗第六子趙煦為皇太子。高太后知道大位更迭在即，一方面命侍衛禁止神宗的兄弟雍王趙顥和曹王趙頵隨意出入皇帝的寢殿；一方面暗地讓人按照十歲孩子的模樣縫製一件黃袍。儘管趙顥與趙頵都是高太后所生，但她在皇位傳承上顯然主張父死子繼，而不像宋太祖之母杜太后那樣希望自己的兒子一個個都當皇帝。

在神宗彌留之際，宰相蔡確與職方員外郎邢恕密謀，準備擁立趙顥或趙頵，邢恕去找高太后的侄子高公繪，高公繪一口拒絕：「你這不是陷害我們高家嗎！」蔡確、邢恕見謀立不成，反咬高太后一口，說高太后要立趙顥。

三月五日，神宗去世，其子趙煦即位，年僅十歲，史稱宋哲宗。高太后在趙煦繼位典禮上向群臣明確表示自己的態度：「子繼父業，其分當然！」在其後九年裡，她以太皇太后的身分垂簾聽政，順利完成了皇權的交接。

趙煦繼位後，因年幼不能親政，軍國政事的一切決策權就全掌握在高太后手上。高太后是反對新法一派的首領，她垂簾聽政後以恢復祖宗法度為先務，立即召回了守舊派代表人物司馬光。司馬光被召回朝廷後，立即打出「以母改子」的旗號（**以神宗母高太后的名義來變更神宗朝的政治措施**），將趙頊在位時推行的一系列新法全盤否定，逐個廢黜。

高太后雖在垂簾之初表白說：「我性本好靜，只因皇帝幼小，權同聽政，實在是出於不得已，況且母后臨朝也非國家盛事。」但在高太后垂簾時期，年少的趙煦對朝政幾乎沒有發言權。大臣們也因趙煦年幼，凡事都聽從高太后。朝堂上，趙煦與高太后相對而坐，大臣們向來是面向太后奏事，背朝趙煦，以致趙煦親政後在談及垂簾時說，他只能看朝中官員的臀部和背部。到了趙煦十七歲時，高太后本應該還政，但她卻仍然積極地聽政，而眾大臣此時也依然有事先奏太后，有宣諭必聽太后之言，也不勸太后撤簾。高太后和大臣們的這種態度惹惱了趙煦，趙煦心中非常怨恨他們，這也是導致趙煦親政後大力貶斥元祐大臣的一個原因。

儘管高太后和大臣在垂簾聽政期間沒有考慮趙煦的感受，但他們並不放鬆對趙煦的教育。高太后任呂公著、范純仁、蘇軾和范祖禹等人擔任趙煦的侍讀大臣，想通過教育使趙煦成為一個恪守祖宗法度、通曉經義的皇帝。尤其是讓趙煦仰慕仁宗，而不是銳意進取的宋神宗，因為在他們看來，仁宗創下了為士大夫津津樂道的清平盛世。此外，高太后在生活上對趙煦的管教也很嚴格。為避免趙煦迷戀女色，高太后派了二十個年長的宮嬪照顧他的起居，又常令趙煦晚上在自己榻前閣樓中就寢，也就限制了他自由活動的空間。

元祐七年（一〇九二年），高太后決定給趙煦冊立皇后，一切都由高太后一手包辦。同年五月十六日，趙煦冊立孟氏為皇后。此時趙煦的年紀已不算小了，但高太后仍沒有還政退位的意思，她的權力欲望仍然很強烈，自然就和趙煦的自尊心形成尖銳的衝突。高太后有一次問趙煦：「大臣們奏事的時候，你心裡是如何想的，怎麼連句話都不說？」趙煦答曰：「娘娘已處理過了，叫兒臣又說什麼呢？」高太后及眾大臣並非傻瓜，他們看出了趙煦的不滿。為防止他日後翻案，高太后等人一面加緊打擊變法派，一面繼續訓導趙煦，向他灌輸所謂祖宗之法，說只要盡行祖宗之法就能致天下太平。但無論他們怎樣說，趙煦都保持沉默。

更讓趙煦難以接受的是，高太后對待其生母朱德妃也過於嚴格，甚至可以說是苛刻。這或許是因為高太后有著某種隱憂，擔心趙煦母子聯合起來會威脅到自己的地位。朱德妃出身寒微，幼時經歷坎坷，其生父早逝，她隨母親改嫁後，不為繼父所愛，只得在親戚家長大。朱德妃入宮後，初為神宗侍女，後來生下了哲宗趙煦、蔡王趙似和徐國長公主，直到元豐七年才被封為德妃。朱德妃溫柔恭順，對高太后與神宗一向都畢恭畢敬。

哲宗趙煦即位後，神宗的向皇后被尊為皇太后，朱德妃卻不能母以子貴，只被尊為太妃，也沒有享受到應有的待遇。在如何對待朱太妃問題上，朝廷中曾有不少意見。有人想趁機拍高太后馬屁，欲降低皇帝生母的等級，以凸顯垂簾的太皇太后；有人想著將來終究是哲宗掌權，主張尊崇朱太妃，以顯示天子的孝道。但高太后卻另有打算，想壓制一下朱太妃，直到元祐三年秋天，才允許朱太妃的輿蓋、儀衛、服冠可與皇太后相同。趙煦親政後，立即下令自己母親的待遇完全與皇太后向氏相同。從趙煦生母的待遇問題上，可以看出複雜的政治鬥爭背景。高太后和元祐大臣們所做的一切，對於哲宗趙煦來說，負面影響非常之大。

高太后對熙豐新法一直持否定態度，但她嚴格恪守趙氏祖宗家法，在垂簾聽政之前並不出面干預。當然不可否認的是，作為守舊派的高太后對於朝廷和穩定邊防有著積極的作用，高太后主政期間，國內恢復了安定局面。宋朝的這種政治局面對於宿敵遼國起到了震懾作用，遼王告誡其臣下，不要再到宋遼邊境挑釁，說：「南朝又恢復了仁宗時代的政策了。」高太后本人十分節儉，並下令遣散修京城的役夫，減少守衛皇城的兵卒，停止皇宮的建設工程，還停止了其他一些浪費民力的項目。高太后還告誡城內外都要免除苛斂。她汲取五代時期封建倫理道德淪喪、權臣武將跋扈橫行甚至弒上篡位的教訓，在加強中央集權的同時，特別注重宣揚儒家的封建禮教倫常觀念。社會上也因之形成了一種「存天理、滅人欲」的思潮，即程朱理學。

高太后十分注重家族的名譽，並沒有因掌握大權而發展后黨。宋英宗在位時期，高太后的弟弟高士林任內殿崇班很長時間，當時宋英宗想升他的官，高太后謝絕說：「士林能在朝做官，已經是過分的恩典了，怎麼好形成前代推恩后族的慣例？」宋神宗時幾次要為高氏家族修建豪華的宅第，高太后都不答應。最後朝廷賞賜了一片空地，由高家自己出錢建造了房屋，沒用國庫一文錢。高太后的兩個侄子公繪、公紀都該升任觀察使，但她堅持不允，趙煦一再請求才將他們升了一級。一次，高公繪呈上一篇奏章，請朝廷尊崇哲宗生母朱皇太妃和高太后的家族。高太后見奏，召來公繪問道：「你文化水準不高，怎麼能寫出這樣的奏章？」公繪說出了這是邢恕的主意並代為起草的實情，高太后不但不允所請，還把邢恕逐出了朝廷。

由於高太后廉潔自奉、處事公正，她垂簾聽政期間朝政比較清明，她也因此被稱為女中堯舜。元祐八年（一〇九三年）秋，高太后病重，召大臣呂大防、范純仁等入內，對他們說：「先帝後悔變法，甚至流了眼淚，此事官家應當深知。我死以後，皇上是不會再重用你們了。你倆應當有自知之明，早些主動退避，讓皇上另用他人，免得遭禍。」幾天後，高太后病死於汴京，終年六十二歲，謚號為宣仁聖烈皇后。

元祐八年十月，十八歲的趙煦親政，開始正式行使他的皇權。

02 元祐更化：改革背後的朝廷

元祐更化在北宋後期政治上留下了嚴重的後遺症。這一期間的許多人事，新舊黨之間的黨同伐異，舊黨內部洛、蜀、朔黨的杯葛恩怨，高太后與宋哲宗祖孫之間的齟齬隔閡，攪成一股逆反的合力，以更大的勢能噴發出來，影響到宋朝其後的政治局勢與歷史走向。

一貫反對變法的高太后剛一執政，就以恢復祖宗的法度為名，準備顛覆王安石變法的各項措施。元祐初年五月，她升遷反對變法最堅決的人物之一的司馬光為門下侍郎，次年又升為尚書左僕射，即左宰相。原先的守舊派大臣呂公著也被召入朝為尚書左丞，次年為右僕射。保守派再度掌握政權，在高太后支持下立即對變法派展開攻擊。一時間，朝野上下興起了一股清算新法之風，史稱「元祐更化」。

西元一〇八五年三月，宋神宗逝世時，王珪、蔡確為相，章惇為門下侍郎，共同扶立宋哲宗。宋神宗病死後兩個月，左相王珪病死。蔡確順延為左相，知樞密院事韓縝為右相，章惇改任樞密院事，朝廷的軍政權此時都還在變法派手裡。司馬光入為門下侍郎之後，即薦用劉摯、范純仁、范祖禹、呂大防、李常、孫覺、梁燾、王岩叟、蘇軾、蘇轍、朱光庭等一批官員；又稱文彥博、呂公著、馮京都是可以倚信的國家重臣，還叫他們各舉賢能。七月，呂公著為尚書左丞，司馬光等人隨即著手排擠變法派。蔡確當時受命為「山陵使」治理宋神宗喪葬事。章惇對司馬光廢除新法、重用守舊派人物多次爭論，保守派藉此機會彈劾蔡、章二人。

十月間，御史劉摯上言，宋神宗皇帝靈駕進發前，蔡確沒有入宿守靈，純屬「慢廢典禮，有不恭之心」。朱光庭則彈劾蔡確「為臣不恭，莫大於此」，章惇「欺罔肆辯」，韓縝「挾邪冒寵」。王岩叟說，章惇爭辯用人，應當罷免。十二月，劉摯進而指責蔡確與章惇固結朋黨，說：「如果不把章惇罷黜了，朝廷的法度將無法確立。」朱光庭直接奏呈稱：「蔡確、章惇、韓縝應該盡早解除他們的職務，司馬光、范純仁應該進而輔佐。」這年沒有下雪，天下大旱，王岩叟又以天旱為理由，直指大害莫如青苗、募役，大奸莫如蔡確、章惇。在保守派合力圍攻中，蔡確於閏二月罷相，司馬光以門下侍郎進為左相，章惇也被罷免，以范純仁知樞密院事。四月，韓縝罷相。五月，呂公著進為右相。司馬光又請召老臣文彥博還朝。文彥博年已八十一歲，由兒子扶著上殿，特授太師、平章軍國重事。變法派的主要官員相繼被排擠出朝，以司馬光為首的保守派在高太后的支持下，掌握了全部權力。

司馬光對變法派嫉恨如仇，甚至不顧國家的利益，凡是王安石實行的新法，都必求罷廢而後快。司馬光五月間入朝執政，隨即上書攻擊變法派，請求革去其職。有的大臣認為神宗剛死，不宜急於改變，司馬光反駁說：「王安石、呂惠卿所實施的變法，危害天下，並非先帝本意，改變就是救天下於危難。更何況太皇太后是先帝的母親，以母改子合乎禮法。」高太后、司馬光等首先罷廢保甲教練和保馬；接著，罷市易、廢青苗，停止助役錢；最後，罷募役法，恢復舊的差役法。在不過一年左右的時間裡，王安石所實行的各項新法幾乎全部被罷廢了。

元祐元年（一〇八六年）正月，司馬光在病中說：「四患未除，我死不瞑目！」（四患指青苗、募役、置將和對夏作戰）青苗法罷廢後，司馬光的好友范純仁以國庫空虛為由，建言再立散錢出息之法。司馬光具奏說，先朝散青苗，本為利民，現在禁抑配，就沒有什麼害處。幾天之後又覺得不妥，認為不夠堅決，於是帶病入朝，對高太后說：「是什麼奸邪勸陛下再行此事！」高太后只好下詔「青苗錢更不支表（散發）」。司馬光欲廢免雇役法，恢復差役舊法。變法派章惇爭辯說：「保甲、保馬一日不罷，有一日之害，至於役法，如以差代雇，需要詳細討論。」蘇軾也對司馬光說：「差役、免役，各有利害。要驟罷免役而行差役，怕不容易。」范純仁也勸說「差役一事，尤當熟講而緩行」。司馬光一概不聽，一〇八六年三月，最終恢復了差役舊法。

在對西夏政策上，司馬光也完全否定了王安石的抵抗主張。西夏統治者在宋哲宗繼位後，派使臣勒索蘭州、米脂等五寨。司馬光一口應允，並指責不贊成的大臣是「見小忘大，守近遺遠」，說是「惜無用之地」，會造成「兵連不解」的後患。司馬光甚至主動提出要把熙河一帶也一併奉送給西夏，由於遭到反對才未能實行。

在學術方面，司馬光剛一執政，就破格起用「河南府處士」程頤為西京國子監教授，又擢任為崇政殿說書，為趙煦講授儒學。起用程頤的詔令說：「孔子說舉逸民，所以起用你，為洛陽人做個樣式。」呂公著在處理政務時，遇到疑難也向程頤請問。程頤特別強調從思想上對王安石的「新學」進行清除，說「介甫之學」是於「浮屠之術」（佛教）的大患，並說：「今天新法之害事處，但只消一日除了便沒事；其學化革了人心，為害最甚。」新法罷廢後，司馬光又改科舉考試法，立九經，依照舊注講說，不准用王安石的經義。元祐二年（一〇八七年）正月，高太后又採呂公著議，下詔：科舉考試只許用「古今諸儒之說，不准引用申（不害）韓（非）」。從政治措施到文化思想等方面，守舊派完全消除了王安石變法的影響，一切又回到了舊有的體制。

更為關鍵的是，「元祐更化」雖然糾正了熙豐變法中的部分弊病，卻留下了嚴重的後遺症，影響到北宋後期的政治局勢與歷史走向。

03 蜀、洛、朔黨爭，不見硝煙的戰場

貴族階級內部為各自的利益而暗地勾結爭鬥，就像一個不見硝煙的戰場，最終釀成「朋黨誤國」的悲劇。

高太后垂簾聽政時期，重用守舊派的官員，用來更改王安石變法的各項措施。經過元祐更化之後，變法派的力量在朝廷中可以說是銷聲匿跡了，守舊派的大臣也就掌握了朝廷的大權。這些反變法的大臣本來就有著不同的政治主張和政治利益，他們之所以能夠在短時間裡團結起來，只不過是因為有著一個共同的目標——反對王安石變法，將變法的各項措施廢除。當這個目標實現之後，原先隱藏在暗處的矛盾便逐漸暴露出來，有著相同政治主張和政治利益的官員組成自己的小集團，即「朋黨」，為了自己的利益，而不惜扭曲事實、混淆是非。這樣，在宋哲宗早期，朝廷裡便出現了著名的「蜀洛朔黨爭」。

司馬光去世後，保守派內部失去了協調和震懾不同政見的領袖人物，保守派的成員就逐漸以地域為主分化為蜀、洛、朔三黨。其中，蜀黨以蜀學派的創始人蘇軾為首，主要成員有蘇轍

和侍御史呂陶等人；洛黨以理學派的創始人程頤為首，主要成員有朱光庭、賈易等人；以御史台官員結為朔黨的人數是最多的，主要有劉摯、梁燾、王岩叟、劉安世等人。

最先爆發衝突的是程頤和蘇軾。程頤由於司馬光、呂公著的推薦，進為崇政殿說書，為十一歲的哲宗皇帝講經學。程頤為人迂腐刻板，不懂得處理人際關係，對趙煦嚴加管教，甚至還進諫：要皇帝左右的宮人、內臣都選四十五歲以上厚重小心之人，伺候起居；皇帝的大小動靜都要讓講經的官員知道。程頤以老師自居，對趙煦正色訓誡，又主張一切用古禮，中書舍人蘇軾譏諷他不近人情。這樣程頤和蘇軾之間就結下了矛盾。

元祐元年九月，保守派首領司馬光病逝，而此時朝廷的大臣卻在為皇上頒布大赦詔令而舉行朝賀。很多官員準備在慶禮結束之後去司馬光家弔唁，但是程頤卻又一次以道學自居，認為不可以去，並且引經據典地說：「經書中是這樣說的，孔子在一天裡哭了就不會再歌。」當場就有人反駁說：「孔子說是哭則不歌，但是沒有說歌則不哭。」蘇軾接過話頭，冷笑地諷刺道：「這個大概是枉死在西市上叔孫通制訂的禮，而不是孔夫子的禮。」眾人聽後，無不大笑，程頤很下不了臺，從此兩人的嫌隙更深了。程頤的學生右司諫賈易、右正言朱光庭就極力尋找機會來彈劾蘇軾為老師報仇。

元祐元年十月，蘇軾在為考試官職者所出的策問中，提出：「古時，周公和太公治理齊國、魯國，但是，後世還是難免衰亡，並且告訴子孫這些治理方式不能原封不動地奉行。所以說，即使大聖大賢的治理之法，也是不免會有弊端的。」又說：「我朝六聖（**指的是宋太祖、**

宋太宗、宋真宗、宋仁宗、宋英宗、宋神宗）以來，雖然治理的方式各自不同，但是都可以同歸於一個仁字。」「如果現在還要效法仁祖的忠厚，則百官就有可能不再很好地履行他們的職責，而至於敷衍了事；如果要是效法神考的勵精，則百官就可能不能領會它的真實內涵，而使行政過於苛刻。」此話一出，立即被洛黨人物抓住了，朱光庭就攻擊蘇軾，認為宋仁宗和宋神宗都不足以效法是大不忠，隨後又奏稱蘇軾曾經罵過司馬光和程頤。但是在蘇軾申辯之後，高太后沒有治蘇軾的罪。

朔黨的王岩叟等人，怕朱光庭因為此事被逐出朝廷，就上疏說蘇軾雖然沒有罪，但是也不是沒有過，一時間此事成為了朝廷的重要議題。儘管呂公著等人企圖平息爭端，但是王岩叟、朱光庭等人卻要爭出個是非。蘇軾在元祐二年正月的一天，再次闡述自己的意見：「我經常擔心文武百官們會矯枉過正，而使神宗的勵精圖治會逐漸地被破壞。擔心數年之後，管理官吏的司法逐漸寬泛，理財的方法逐漸鬆弛，國防之事也會懈怠。當然還有更多的憂慮，只是無法表達出來。」蘇軾的這些話實際上表達了對當前政治的不滿。

當洛黨人士賈易、朱光庭劾奏蘇軾考試策問出題是譏諷仁宗和神宗的時候，蜀黨人士也不甘示弱，呂陶反攻賈易、朱光庭身為台諫官，不應假借事權報私仇。洛黨賈易又劾奏呂陶與蘇軾兄弟結黨，並涉及文彥博、呂公著。高太后大怒，罷賈易諫官，出知懷州。御史胡宗愈、諫官孔文仲等劾奏程頤「汗下險巧，素無鄉行，經筵陳說，僭橫忘分」。八月，程頤罷崇政殿說書，出管西京國子監。

西元一〇八九年，因為貶蔡確之事，三黨之間又起紛爭。蔡確在安州賦詩十章，被保守派指為譏諷高太后。高太后大怒，重罪將其貶謫新州。左相范純仁向高太后建言，「不可以語言文字之間，曖昧不明之過，竄誅大臣」。蔡確被貶後，呂大防以為蔡確黨盛，不可不治。諫官劉安世、吳安詩等因奏范純仁也是蔡確一黨，罷相出知潁昌。西元一〇九〇年，文彥博年老告退，呂大防為左相，朔黨劉摯為門下侍郎，次年進為右相，但是兩人又不和。御史楊畏依附呂大防，劾奏劉摯，劉摯被罷相，知鄭州。朱光庭為劉摯辯解，也罷給事中，出知亳州。

保守派官員結為朋黨，相互攻擊，陷入一片混鬥之中，朋黨之爭使當時的政治變得極其複雜。政治上的內耗削弱了北宋的實力，為北宋王朝走向沒落敲響了警鐘。

04 影子皇帝的復仇始末

哲宗趙煦在高太后的影子下生活了八年，他親政後，努力擺脫高太后的陰影，施展自己的抱負。他對元祐大臣的憎恨之心也開始付諸行動。然而他在復仇的同時，卻使家族統治走向了歧途。

元祐八年九月，垂簾聽政長達十年之久的高太后終於撒下手中的權力歸天了。她在臨終之際還對趙煦說：「先帝後悔變法，為此甚至流了眼淚，這件事情我是非常清楚的。老身死後，一定會有很多的人蠱惑皇帝，你一定不要聽他們的。」同年十月，趙煦開始親政了。

趙煦親政之後，翰林學士范祖禹連上幾道奏摺，請求皇帝能夠堅持元祐時期的政策。趙煦連理都不理，並且不顧元祐大臣的阻止，提拔了原先伺候他的幾個宦官。正當趙煦為朝廷缺少和他意志相投的大臣而苦惱時，吏部侍郎楊畏上書說：「神宗更法立制以垂萬世，希望能研究新法來繼承。」於是，趙煦召見楊畏，問他先朝舊臣誰可以起用，楊畏就舉薦章惇、安燾、呂惠卿、鄧潤甫等人，並且講了宋神宗建立新政的本意和王安石變法的益處。趙煦很是信服，當下就任命章惇為資政殿學士、呂惠卿為中大夫、李清臣為中書侍郎、鄧潤甫為上書右丞。

三月，考試進士策問，李清臣出題，大致問的是元祐更化之舉為何產生了種種弊端。蘇轍上疏攻擊，認為已經推行了九年的政治不可輕易更改，趙煦大怒，罷蘇轍門下侍郎，出知汝州。進士由楊畏複考，結果原先列為上等的支持元祐政治的考生全部降為下等，而主張熙寧、元豐變法的則擢居前列。從此，繼述神宗新法的輿論傳播開了。

不久，趙煦就將元祐九年改為紹聖元年，正式打出了繼承宋神宗事業的旗號，從此國事大變。十幾日間，變法派分子很快回到了朝廷。范祖禹由於反對用章惇，被罷免翰林學士職，右相范純仁辭官出知潁昌。章惇為相，蔡卞、蔡京、林希、黃履、來之劭等都入朝任要職。呂惠卿知大名府，又轉知延安府備西夏。變法派在哲宗趙煦的支持下，再度掌握政權，展開對保守派的反擊。

紹聖元年（一〇九四年）七月，御史中丞黃履、張商英、來之劭等上疏，論司馬光擅自更改先朝之法，實屬叛道逆理，罪名昭著。於是趙煦就追奪司馬光、呂公著死後所贈諡號，毀壞了為他們立的碑；而同屬保守派的呂大防、劉摯、蘇轍、梁燾等人也被貶官。隨後，趙煦下詔：「大臣朋黨司馬光以下，各以輕重議罪，布告天下。」章惇列舉了文彥博以下三十人，揭榜朝堂。次年八月，趙煦又下詔：呂大防等永遠不得任用及恩赦。范純仁上疏，請將呂大防等原放。趙煦非常生氣，范純仁因此落職，徙知隨州。

紹聖四年（一〇九七年），趙煦再次追貶司馬光、呂公著及王岩叟等已死諸官。呂大防、劉摯、蘇轍、梁燾、范純仁等流放到嶺南，文彥博由太師貶為太子少保。元祐時，史官范祖禹、黃庭堅等修神宗實錄，有意篡改事實，隨意詆毀新法。趙煦命蔡卞（王安石的女婿）重修神宗實錄，蔡卞依據王安石的《日錄》和有關記錄核對，查出篡改誣陷內容。范祖禹、黃庭堅因此降官，遣外州安置。

以章惇為首的變法派再度執政後，在排擠保守派的同時逐步恢復了新法。紹聖元年四月，依據神宗元豐八年條例，恢復了募役法，並改定募役法剩錢不得超過一分（元豐時限二分）。隔年，恢復青苗法，董遵等大臣建議，青苗禁止胡亂的攤派，只收一分息。紹聖四年（一〇九七年），恢復置市易務，用現錢交易，收息不過二分，不許賒欠；同時復行保甲法。紹聖五年（一〇九八年），章惇主持編定常平免役敕令成書，頒行全國。大抵在此幾年間，新法只是恢復到王安石罷相後元豐時的程度。變法派雖然再起，但並沒有能夠朝著打擊大地主、大商人的方向前進。而且募役法恢復時，規定各地豪強地主大戶出募役錢在一百貫以上者，每一百貫減三分。像這樣的變動，便對大地主有利了。

就像保守派一樣，當共同的政敵沒有了的時候，變法派內部也出現了分裂。宰相章惇原先主張將文彥博以下三十人都流放到嶺外，但中書侍郎李清臣對此卻持異議，以為流放累朝元老將使輿論震動，不利於朝廷和社會的安定。趙煦採納了李清臣的建議，重罪數人，其餘不再問罪。於是章惇和李清臣就開始不和了。

紹聖四年，李清臣被彈劾，出知河南府。此外，張商英與來之劭也不和，開封府官說張商英曾派人謀害來之劭，張商英因此貶官外出。楊畏在元豐時是變法派，元祐時曾一度依附呂大防，高太后死，他最先主張恢復新法。右正言孫諤說楊畏是「楊三變」，楊畏因此落職。孫諤論募役法，主張兼採元豐、元祐時期的政策。蔡京說孫諤想要給元祐大臣申辯，孫諤又因此罷職。

曾布在王安石初次罷相時，即上疏攻擊市易，與呂惠卿、章惇分裂。紹聖元年六月，曾布被任為同知樞密院事後，向趙煦攻擊呂惠卿，說呂惠卿不能在朝，呂惠卿因此始終任外官。曾布又攻擊章惇引用小人，「專恣弄權，日甚一日」，並攻擊章惇任用呂升卿、周秩、林希等變法派。

元符二年（一〇九九年），曾布更進而指責章惇、蔡京對元祐黨人處理過分，是「報私怨」。曾布在哲宗朝雖屬變法派，卻反覆無常地攻訐朝廷眾臣，所起的破壞作用是極為嚴重的。變法派再起，力量本來就薄弱，內部一分裂影響就更小了，所以這個時期的變法派並沒有真正起到對宋朝有利的作用。

高太后聽政時，一手包攬政務，趙煦備受冷落形同影子。趙煦親政後，努力擺脫高太后的陰影，施展自己的抱負，卻在二十三歲時早逝，留下了許多遺憾。哲宗趙煦在位只有十五年時間，但這短短的十五年，卻使北宋黨爭達到了最激烈最殘酷的極點，無論是元祐更化，還是紹聖親政，從神宗時起支持變法和反對變法的大臣們就互相攻擊，甚至將普通的政見之爭上升為意氣之爭，從而使北宋的政治走入了歧途，於國無益、於民無益，成為後世之鑒。

05 哲宗孟皇后的悲喜一生

封建家族的婚姻向來離不開利益的支撐，擁有至高無上權力的皇帝的婚姻更是如此。趙煦與孟皇后的婚姻由高太后一手包辦，夫妻關係可想而知。孟皇后的悲喜兩重天，實際上是不同勢力爭鬥的犧牲者和受益者的體現。

冊立哲宗孟皇后，是高太后（神宗母）與元祐大臣們綜合各方面的因素、反覆權衡後的結果。孟氏端莊幽嫻、性情溫和，頗得高太后和向太后的喜愛，兩人還親自教她宮中禮儀，甚至連倒著走、側著走都手把手教她。而孟皇后侍奉高太后與向太后周到備至，且能友好地對待其他嬪妃，對宮女也十分關心和照顧，所以她受到了皇宮上下一致的尊敬和愛戴。

趙煦與孟皇后的婚姻是高太后一手包辦的，因此兩人的關係一直不太融洽，後來趙煦另有所愛，與孟皇后就更加疏遠了。趙煦寵愛的是一個姓劉的御侍宮女，此女姿色超群，明豔冠於後宮，並且能詩善文、才藝出眾，整天在趙煦身邊侍候起居，奉承備至，遂得專房之寵。劉氏得寵，少不了有些趨炎附勢的朝廷大臣前來拍馬，蔡京就是其中之一，宦官郝隨也成了劉氏的心腹。劉氏恃寵成驕，連皇后也不放在眼裡，但性情溫柔的孟皇后從不與她計較。

恰在這時，福慶公主生病了，孟皇后的姐姐頗懂醫道，她給公主連用幾藥但不見起色，一急之下便拿來了道士的治病符水。孟皇后吃驚地說：「姐姐不知道宮中禁嚴，與外面不同嗎？」連忙命人收藏起來。等趙煦來後，孟皇后向他詳細解釋了事情的原委，趙煦說：「這也是人之常情，不必大驚小怪。」孟皇后當著趙煦的面把符子燒掉，認為不會有何後患。哪知紹聖三年（一〇九六年）九月，趙煦卻以這件事為藉口，將孟皇后打入冷宮。

孟皇后被廢，看似由妖魅之術所致，實質上與哲宗趙煦親政後的「紹述政治」（**紹述，繼承之意。即恢復神宗時各項新法**）有關。哲宗紹述初年，力逐元祐舊黨，早已鬱結於心的對高太后的憤怒情緒也頓時爆發。孟皇后母儀天下，雖為國人景仰，但她是高太后所立，頗為高太后喜歡，日後若涉及政治，難免會導致元祐舊黨勢力捲土重來。而趙煦本來就不滿這樁婚姻，且又在「紹述」時期，凡是與高太后有關的事情都有可能觸發趙煦對祖母不滿的那根神經，因此孟皇后很不幸地成為了政治犧牲品。

孟皇后被廢，不少大臣上書勸諫，此時高太后雖死但影響仍在。大臣陳次升直言斷案不公，恐為天下譏笑。甚至連董敦逸也說孟皇后的案子有內情，惹得趙煦怒不可遏，要貶董敦逸的官，經曾布勸阻才作罷。

元符二年（一〇九九年）八月，劉氏生子，趙煦大喜過望，即在九月詔立劉氏為皇后。豈料樂極生悲，皇子趙茂剛出生兩個月就不幸夭折了，趙煦遭此打擊，竟也生起病來。多方醫治無效，元符三年（一一〇〇年）正月初八，趙煦駕崩於福寧殿，終年二十三歲，葬於永泰陵。其弟端王趙佶繼位，是為宋徽宗。

徽宗即位後，神宗向皇后垂簾。向太后在政治上是追隨高太后的，她起用了一些元祐大臣，並恢復了孟皇后的名分，稱她為元祐皇后。

徽宗親政後，改元崇寧，表示尊崇神宗，並提拔了善於鑽營的蔡京。蔡京在郝隨的建議下又廢了孟皇后，甚至還進一步加以迫害，規定孟皇后死後不能列入趙宋宗廟祭祀。同時，蔡京等人又趁機對元祐勢力進行了空前規模的清算和根除，這場殘酷的黨爭直到崇寧三年（一一〇四年）的「元祐奸黨碑」樹立才算劃上一個句號。

孟皇后在瑤華宮中度過冷寂的二十餘年後，再次被推向了政治的前臺。金兵於靖康二年（一一二七年）攻佔汴京，擄走徽、欽二帝及宗室大臣和後宮嬪妃。孟皇后因為是先朝廢后而被留了下來。金人扶持張邦昌的偽政權來統治佔領地區，當時徽宗之子康王趙構正以天下兵馬大元帥的身分在外抗金。金人北撤後，張氏政權中的宋朝大臣們對張邦昌施加壓力，認為「大元帥在外，元祐皇后在內，此為天意」。張邦昌本人也知道自己難得民心，便請孟皇后接受百官朝拜，稱她為宋太后，請她垂簾聽政，表示還政於趙宋皇室。

孟皇后執政後，以皇太后的身分冊立趙構為帝。建炎元年（一一二七年）五月，趙構即位，即宋高宗，孟皇后撤簾。從靖康之難到高宗即位，孟皇后實際上已被視為宋朝君權的象徵，她的存在及她的垂簾，在一定程度上減少了從北宋到南宋過渡的阻力。

建炎三年三月，將領苗傅和劉正彥不滿高宗趙構消極抗金，發動兵變，要求高宗讓位給皇子趙旉，由孟皇后垂簾聽政。危急中，孟皇后再次垂簾。她一邊對苗、劉二人「曲加慰撫」，穩住叛兵，一邊與大臣商議聯絡在外的韓世忠等人平叛。苗、劉兵變平定後，孟皇后還政高宗。

孟皇后在兵變中沉著冷靜，不僅再次保住了趙宋的江山，也為自己贏得了穩固的政治地位。高宗趙構也充分認識到了孟皇后在朝政中的政治地位和號召力，因此在後來的歲月中一直十分尊重孟皇后。據記載，高宗「事太后極孝，雖幃帳皆親視；或得時果，必先獻太后，然後敢嘗」。由於當時欽宗尚在人世，高宗帝位的合法性便被人用來做文章。大臣范燾與孟皇后侄子孟忠厚有過節，曾誣陷孟皇后密養欽宗子於高宗不利，高宗卻說：「朕於太后如母子，安得有此？」便將范燾治罪。孟皇后患風疾，高宗旦暮不離左右，侍候得非常周到。

紹興五年（一一三五年）四月，伴隨著哲、徽兩朝黨爭而浮沉一生的孟皇后去世，她的神主牌位不僅放在趙煦祀室中，還居於劉皇后之上。早在元祐七年冊立孟皇后時，高太后雖然對自己操辦的婚事很滿意，但卻歎息：皇后賢淑，可惜福薄，將來國家有事，她怕是要擔當其禍的。高太后的這些話後來果然應驗。而孟皇后被打入冷宮數十年，其精神和肉體承受的痛苦可想而知，但卻因此未被金人擄走，應該是不幸中的大幸。此後，孟皇后雖經歷磨難，卻得以安享晚年，壽終正寢，這似乎與趙煦之短命形成了鮮明對比。

第七章 任人宰割　徽宗趙佶、欽宗趙桓

趙佶（一〇八二——一一三五年），西元一一〇〇——一一二六年在位。趙佶為神宗趙頊第十一子，哲宗趙煦之弟，母為欽慈皇后陳氏。謚號「聖文仁德顯孝皇帝」，廟號「徽宗」。

趙桓（一一〇〇——一一六一年），西元一一二六——一一二七年在位。趙桓為徽宗趙佶長子，史稱欽宗。

宋徽宗任用奸臣，驕奢淫逸，崇信道教，大肆搜刮民財，是北宋最荒淫腐朽的皇帝。但他能書善畫，書法稱「瘦金體」，畫作也很有造詣。西元一一二五年，金軍南下，宋徽宗慌忙傳位於長子欽宗趙桓。西元一一二七年，金軍再次南下，徽、欽二宗一起被金軍擄走。徽、欽兩朝，是北宋王朝的最後時期，在此期間，北宋的經濟、文化繼續向前發展，但政治上卻由於徽、欽二帝的昏庸無能而更趨腐敗。政治的黑暗導致各地紛紛起義，大大動搖了北宋王朝的統治，再加上長期積貧積弱，北宋王朝在金兵的鐵蹄之下最終滅亡，結束了一百六十七年的統治。

01 浪子當朝：從建中到崇寧的執政過程

趙佶雖然不是白癡，也不是暴君，而且曇花一現的建中初政也還「粲然可觀」，但最終走向「國破身辱」的慘境。趙氏政權在他的晚年處在了將亡未亡的臨界線上。

元符三年正月，宋哲宗趙煦去世，沒有兒子，繼立儲君就成了大事。神宗健在的五子依次是申王趙佖、端王趙佶、莘王趙俁、簡王趙似、睦王趙偲。

端王趙佶對向太后極其敬重孝順，每天都到向太后居住的慈德宮問安起居。因他聰明伶俐、孝順有禮，所以向太后對他鍾愛的程度遠遠超過了其他諸王，在哲宗趙煦病重期間，向太后對將來立誰為帝的問題早就胸有成竹了。

向太后向來淡泊政事，哲宗去世後卻心有成算地召諸王入宮，問章惇等大臣說：「先帝無子，應當立誰？」章惇提出應立哲宗同母弟簡王。向太后不同意，她強調自己沒有兒子，所有的皇子都是神宗的庶子，不應再有區別，簡王乃神宗第十三子，斷無僭越諸兄的道理。章惇改口說：「若以長幼，應立申王。」申王有眼疾，一目不明，向太后據此表示反對，認為端王最合適。章惇認為端王輕佻，不宜君天下。向太后強調先帝遺言就是讓端王即位，曾布也出面指斥章惇，支持向太后。於是，端王趙佶繼位，史稱宋徽宗。

徽宗趙佶周歲時，就被授為鎮寧軍節度使，封寧國公。哲宗即位，趙佶進封為遂寧郡王，紹聖三年（一〇九六年），以平江、鎮江軍節度使封端王，並開始出宮就學。有宋一代，宗室親王日常學習的主要內容是儒家經典史籍，但趙佶對這些不感興趣，倒對筆硯、丹青、騎馬、射箭、蹴鞠，甚至豢養禽獸、侍弄花草懷有濃厚興趣，尤其是在書畫方面顯露出卓越的天賦。

趙佶天資甚高，性格卻輕佻放浪。他的密友王詵可以說與他趣味相投。王詵字晉卿，是英宗和高太后的女兒魏國大長公主的駙馬，按輩分是趙佶的親姑夫。此人放蕩好色，行為極不檢點，公主得重病，他竟當著公主的面和小妾胡來，氣得神宗曾兩次將他貶官。像這樣一個人，趙佶卻同他打得火熱。一天，王詵派手下人高俅給趙佶送篦，正趕上趙佶在園中踢蹴鞠，高俅在旁候報之時連聲喝采，趙佶招呼他對踢，高俅便使出渾身解數賣弄本事。趙佶大喜，即刻吩咐僕人：「去向王都尉傳話，就說我把篦子和送篦子的人一同留下了。」從此趙佶對高俅日見親信，頗加重用。

趙佶繼位後，章惇等老臣認為這位輕佻浮浪的新皇帝未必可靠，就奏請向太后「權同處分軍國事」。趙佶對向太后立己為帝本來就感激不盡，此時也哭拜乞請，向太后只好答應聽政。

趙佶對向太后的部署言聽計從，這不僅出於他對向太后的感激，更重要的是他需要取得各政治派別的廣泛支持，以穩固自己的地位。與真宗劉皇后、英宗高皇后不同，向太后對權力並不感興趣，元符三年（一一〇〇年）七月就還政引退了。

趙佶則繼續調和改革、保守兩派的關係，並改元建中靖國，意思是要「中和立政」「調一天下」。為了改變自己輕佻浮浪的名聲，他在生活方面也做了些尚儉戒奢的姿態，他退還百姓王懷獻給他的玉器，還趕跑了自己在內苑豢養的珍禽異獸。元符三年三月，趙佶還因即將出現日食而下詔求直言，表示要虛心納諫，儼然一副勵精圖治的樣子。

建中靖國元年（一一〇一年）正月，向太后死後，趙佶的「紹述」（**指改革派**）意向更加明朗。不久，大奸臣蔡京被召回朝廷，擔任翰林學士承旨。蔡京首先建議重修神宗朝的歷史，為變法張本；恢復紹聖年間根究元祐大臣罪狀的安惇、蹇序辰的名譽，為紹述翻案。西元一一〇二年，趙佶改元「崇寧」，即崇尚熙寧之意，正式打出了紹述的招牌。不久，韓忠彥罷相，曾布也被蔡京排擠出朝。同年七月，趙佶任命蔡京為宰相。

趙佶衡量官員好壞的準則只有一條，就是看他的言行是否順承符合自己的意旨。不過他也曾對手下人的忠心有過例外的理解。大觀元年（一一〇七年），趙水使者趙霖從黃河中捕得一隻長有兩個頭的烏龜，獻給宋徽宗說是祥瑞之物。蔡京說：「這就是齊小白所說的『象罔』，見之可以成就霸業。」資政殿學士鄭居中唱反調說：「頭豈能有二！別人看了都覺害怕，只有蔡京稱慶，其心真不可測！」趙佶命人將龜拋棄，說是「居中愛我」，遂提拔鄭居中為同知樞密院事。畢竟還是好話聽起來順耳，蔡京就因為會說好話，會順著趙佶的意願辦事，得到了趙佶的格外寵信。趙佶在位二十六年，蔡京任相就有二十四年，中間雖曾三次被罷，但旋罷即復，表明趙佶離不開蔡京這個馬屁精。

趙佶倚為股肱的童貫、蔡京、王黼、朱勔、梁師成等人，無一不是極善諛媚的奸佞之徒。但趙佶是個昏而不庸的皇帝，他雖然寵信奸臣，最高決策權卻一直牢牢控制在自己手中。在中央集權方面，他確實繼承並擴大了神宗皇帝管理朝政的一些辦法，最突出的就是事無論巨細全得秉承他的「御筆手詔」處理。原先負責討論、起草詔令的中書門下、翰林學士被他一腳踢開。蔡京等貴戚近臣要想辦什麼事情或干求恩澤，也全得先請趙佶親筆書寫，然後才頒布執行。有時趙佶自己忙不過來，就讓宦官楊球代筆，號曰「書楊」。對「御筆手詔」，百官有司必須無條件地執行，否則便是「違制」要受到嚴懲。政和（一一一一—一一一八年）以後，就連皇宮大內的事務趙佶也要親自過問，他還經常像太祖皇帝一樣騎馬到各司務巡視。

《宋史・徽宗紀》說，徽宗既不是晉惠帝那樣的白癡，也不是孫皓那樣的暴君，最終導致「國破身辱」，是其將「私智小慧，用心一偏，疏斥正士，狎近奸諛」。蔡京等奸佞之臣即使為非作歹，但勢力並沒有盤根錯節到足以挾制君權的地步。不時仍有正直的台諫官彈劾他們，徽宗也還沒有喪失主導政局的權威，他多次將蔡京罷相就是明證。

宋徽宗趙佶在位期間，除去曇花一現的建中初政還「粲然可觀」外，其餘二十多年是北宋政治史上最污濁黑暗的年代。後世學者王夫之在《宋論》裡這樣評述：「君不似人之君，相不似君之相，垂老之童心，冶遊之浪子，擁離散之人心以當大變，無一而非必亡之勢。」此言可謂中肯。

02 雅好藝術，崇信道教

一個才華橫溢的君主，卻沒有打理家族的抱負，反而把家族帶入道士的仙遊世界，是多麼荒唐的現象。

徽宗雖說在政治上昏庸無能，但卻是中國古代帝王中最富藝術氣質而才華橫溢的皇帝，他涉獵廣泛，琴棋書畫、詩詞歌賦無一不精，在書畫方面的造詣更是無與倫比。史稱徽宗「能書擅畫，名重當朝」，評價之高不難想見。

徽宗天資聰明，從小就對書畫情有獨鍾，十六、七歲時已經成為了當時知名度極高的藝術家。即位前，徽宗經常和駙馬都尉王詵、宗室趙大年以及名士黃庭堅、吳元瑜等人交往。這些人都是當時頗有成就的書畫高手，對徽宗的藝術修養產生了重要影響。

「太平無事多歡樂」，這是趙佶的人生哲學。再加上蔡京、蔡攸父子倆，一個說「陛下當享天下之奉」，一個說「皇帝應當以四海為家、太平為娛。歲月蹉跎，韶華易失，何苦操勞憂勤，自尋煩惱」，使得趙佶更覺得應該及時行樂。

趙佶執政以後，不僅大興土木，而且還盡搜天下珍奇好玩。他曾派童貫在蘇杭設置造作局，役使數千工匠，製作象牙、犀角、金銀、玉器、藤竹、織繡等物，無不備極工妙，曲盡其巧。除此之外，前代的書法精品、名畫、彝器、硯墨，趙佶全都想方設法不惜重金弄到手上。他所收藏的古代鐘鼎禮器有一萬餘件，且全都是商周秦漢之物。趙佶擅長書畫，硯墨自然是少不了的。在他貯藏文房四寶的大硯庫中，光端硯就有三千餘個，由著名墨工張滋製的墨不下十萬斤。他多方收集歷代名書佳畫，臨摹不輟，技藝大進。趙佶的繪畫注重寫生，以精緻、逼真著稱，觀察生活細緻入微，尤精於花鳥。宋人鄧椿在《畫繼》中稱讚他的畫「冠絕古今之美」，這種看法是客觀公允的。

和一般附庸風雅、徒有虛名的收藏家不同，趙佶倒是很能對古書畫、古彝器潛心研究一番的。為了便於保存，他把收集到手的書法名畫大都重新裝裱，並親自題寫標籤。他在裝裱書畫時講究一定格式，後世稱為「宣和裝」，至今還可見到。他命人將歷代著名書法家、畫家的資料加以記錄整理，並附上宮中所藏的名家作品的目錄，編成《宣和書譜》和《宣和畫譜》，為後世留下了美術史研究的珍貴史籍。趙佶還對所藏古彝器進行考證、鑒定，親自編撰了《宣和殿博古圖》。這些書籍對豐富中國繪畫理論和保存中國傳統文化具有不可估量的意義。

中國歷代帝王中，嗜好收藏書畫並參與創作者不乏其人，但還沒有人像趙佶那樣，將個人對藝術的追求如此廣泛而深入地融入全社會的文化生活中。南宋第一位皇帝高宗趙構，在治國理政上沒有多少令人稱道之處，但也許是受父親趙佶的影響，從小便酷愛書法，最終也成為宋代傑出的書法家。像趙佶、趙構這樣的父子皆為皇帝又是大書法家的，在中國乃至世界歷史上恐怕也寥若晨星。徽宗治國固然不得要領，甚至一無是處，但從文化的角度來說，他在中國書法和繪畫史上都享有無可爭辯的崇高地位。

趙佶還十分迷信道教，因此，一些能「呼風喚雨」「先知先覺」的「活神仙」先後出場。先是王老先，接下來是大名鼎鼎的林靈素。趙佶一見林靈素，不知為何竟覺得十分面熟，像在哪兒見過似的。林靈素趁機信口胡謅，說皇上和他自己原本就是天上的神仙，所以面熟；趙佶寵愛的小劉貴妃也是九華玉真安妃下凡。趙佶一聽此說，怎能不喜？遂封林靈素為「通真達靈先生」，對其厚加賞賜。

政和七年（一一一七年），趙佶執導的崇道之戲演到了高潮。他先和林靈素商量編出了清華帝君白晝顯靈於宣和殿、火龍神劍夜間降臨內宮的故事，編造出了所謂的帝誥、天書、雲篆等物，詔示百官刻石立碑以記其事。還集合道士二千餘人在上清寶和陽宮由林靈素講述帝君顯靈的過程。後來，定期在上清寶和陽宮舉辦大規模的齋醮，謂之「千道會」。

同年四月，趙佶向道錄院發了一道密詔：「冊立朕為教主道君皇帝」，於是群臣和道錄院遂遵詔上表冊立趙佶為「教主道君皇帝」，蔡京、童貫等朝廷大臣也都兼任了道教官職。就連朝廷要提拔某個官員，也得先由算卦的道士推算他的五行休咎，然後再正式任命。一時之間，朝野上下烏煙瘴氣、鬼影幢幢，幾乎成了道士的仙遊世界。

03 粉飾太平，鎮壓起義

粉飾太平的政客，為世人所不齒。趙佶領導的家族政權，不再以天下百姓的利益為根本，導致了農民起義的爆發，北宋政權也因此陷入了風雨飄搖之中。

趙佶雖然沉湎於奢侈放浪，卻不忘把自己的統治美化成「四方同奏升平曲，天下都無歎息聲」的太平盛世。制禮樂，成了他一個亟待完成的心願，於是趙佶到處訪求所謂知音之士。不久，一個年逾九十歲的老道士混到了趙佶身邊。這位「知音之士」名叫魏漢津，自稱曾拜唐代仙人李良為師，學習鼎樂之法。他向趙佶吹噓伏羲、女媧、黃帝、大禹制樂的故事，說他們以聲為律，以身為度（即以手指的長短定音階的高低）的聖制，本應為後世繼承，可惜全被秦始皇一把火燒掉了，以致後來的樂禮一塌糊塗。他請求趙佶像這些先聖一樣用自己的手指為準則，鑄造鐘鼎，均絞裁管，制一代之樂，定萬世之音。

魏漢津的話比任何旋律都動聽，他的意見很快付諸實施。鑄成帝鼐、景鐘後，趙佶賜新樂名為「大晟樂」，謂之雅樂，頒於天下。趙佶召集百官在崇政殿先聽為快，因他的手指比一般人稍長，《大晟樂》的音調也制得格外高亢。陣陣雅樂響徹雲霄，直聽得趙佶天顏和豫、心潮澎湃，百官也跟著高呼「萬歲」，以為雅正之聲被於四海，以為天下從此可以歌舞昇平了。

趙佶敕令在京師建造「居養院」，贍養鰥寡孤獨和貧病不能自理的老人；各地州縣設置「安濟坊」「漏澤園」，乃是收埋貧窮以及客死無以為葬者的墳場。朝廷還把共辦這些善舉的勤懶作為衡量地方官政績優劣的標準。政和年間，趙佶又派人在上清寶籙宮前建了兩個亭子，一個叫「仁濟亭」，專門布施藥材給人治病；一個叫「輔正亭」，專門供應符水以驅除邪鬼。並且還詔令四海搜求靈丹妙方供這兩處使用。趙佶說：「朕要拿出天子服御的東西來周濟百姓。」他認為天下百姓在他這個仁義天子的恩澤下，都在和他一起享受太平之樂。

熙寧、元豐年間積攢在國庫裡的那些「和足以備禮，富足以廣樂」的資財，很快就被揮霍得一乾二淨了，以致趙佶即位不到幾年，財政就出現了嚴重的赤字，全年的賦稅總收入僅夠應付八九個月的支出，但趙佶所想的仍然只是如何有更多的資財供他揮霍。蔡京說得好，惜財省費是前朝小家子氣的陋舉，聖明的帝王是不會在乎這個的。於是趙佶發布一道命令，說在豐亨豫大極盛之時，群臣不得提裁損開支的任何意見，否則重罰不貸！這條禁令在朝堂上張貼，在尚書省刻石立碑，以作警戒之用。淮南轉運使張根，因為說了句「花石綱重費民力希望節用」的話，趙佶就說他「輕躁妄言」，立即將他貶官罷職。蔡京讓其故吏魏伯芻把榷場貨務公款數百萬緡進獻給趙佶，他高興得逢人就說：「這是蔡太師給朕的俸祿。」河北都轉運使梁子美花三百萬貫公款，從遼國買來女真地方產的北珠獻給趙佶，先升任戶部尚書後，不久又當上了尚書右丞。

趙佶為了填滿自己沒有窮盡的欲壑，挖空心思地尋找生財之道。他曾多次鑄造大面值的當五、當十大錢，把茶稅定額提高了好幾倍，把原先由政府出錢徵購的絹帛、穀物也改為無償的榨取。王安石變法的一些措施，這時完全變成了趙佶瘋狂剝削的手段。

在如此黑暗腐朽的統治與殘酷的剝削下，一方面是粉飾太平的鬼戲甚囂塵上，另一方面階級矛盾激化到了極其尖銳的地步。人民喊出「打破筒（童貫），潑了菜（蔡京），便是人間好世界」的呼聲，強烈要求打倒宋徽宗及其所任奸臣的統治。從大觀二年（一一〇八年）起，農民的反抗鬥爭就接連不斷，到宣和二、三年（一一二〇—一一二一年）間，方臘、宋江起義終於在兩浙、黃淮地區爆發。起義的消息傳到汴京，趙佶驚恐萬狀，忙派童貫前去鎮壓。趙佶親自為童貫餞行，說：「東南之事，全都託付給你了，若有緊急，可以直接用御筆處理。」

童貫一到江南，就命部屬董耘草擬「手詔」，稱作「御筆」。說收買花石都是預先從御前支取錢款，按私價「和買」的，而且，皇上還一再強調不准強行掠奪，只因下面的官吏貪贓枉法，不照皇上的旨意辦事，才引起了騷擾。這樣一來，他把趙佶的罪責推得一乾二淨。

趙佶因為迫於形勢，不得不故作姿態暫時撤銷應奉局，罷除花石綱，還罷免了朱勔等人的官職。但方臘起義剛被鎮壓一個多月，趙佶就又迫不及待地恢復了應奉局，由王黼和梁師成主管其事，朱勔也重新被起用。宋徽宗趙佶雖然僥倖沒有葬身於農民起義的烈火，但迎接他的卻是王國顛覆的命運。

04 「光復」燕雲：長久的夢想與短暫的輝煌

光復燕雲，是趙氏家族一直以來的夢想，恢復燕雲十六州的夙願一直沒有放棄過。趙佶好大喜功，更想完成祖宗未竟之業，以建立「不朽功勳」。在對金國屈膝讓步的基礎上，他收復了燕雲地區的七座城池，卻讓金政權看到了一個軟弱的宋朝。

西元一一一五年，已經強大起來的女真族建立了金國，並且開始攻打遼國。這時，遼國國力已經衰退，根本招架不住女真族的進攻，眼看就要亡國。在這種情況下，宋徽宗趙佶決定趁虛而入，聯金攻遼，收復燕雲十六州。

燕雲十六州一直都是兵家必爭之地，因為該地區是整個中原的門戶。自從石敬瑭獻出燕雲十六州換取後晉皇帝寶座以來，中原地區便實際上門戶大開，喪失了所有軍事與戰略上的主動權，因此趙宋立國以來便一直試圖收復燕雲十六州。從宋太宗兩次出兵失敗以後，北宋雖與遼議和，可恢復燕雲十六州的夙願一直沒有放棄。縱使到了宋徽宗時期，國力已經非常衰弱，仍然不計後果地要求光復燕雲。

蔡京、童貫等人在把國內搞得混亂無比的同時，又極力慫恿徽宗收復燕雲十六州。早在政和元年（一一一一年）九月，趙佶就派童貫出使遼國以窺探虛實。童貫途經燕京時，結識了燕人馬植。此人品行惡劣，但他聲稱有滅遼的良策，遂深得童貫器重。童貫將馬植帶回汴京，改名為李良嗣。在童貫的舉薦下，李良嗣向趙佶全面解說了遼國的危機和金國的崛起，建議宋金聯合滅遼。在李良嗣看來，遼朝肯定會滅亡，宋朝應該抓住這千載難逢的良機，出兵收復中原王朝以前喪失的疆土。趙佶大喜，當即賜李良嗣國姓趙，並授以官職。

趙佶虛榮心極強。如果僥倖滅遼，列祖列宗夢寐以求的燕雲之地不就可以收復了嗎？這樣一來，他就是彪炳千秋的一代明君了。於是趙佶決定趁虛而入，聯合金國攻打遼國，然後收復燕雲十六州。對趙佶這種投機取巧的愚蠢做法，朝廷內外許多有見識的大臣都不以為然，只有童貫、王黼、蔡攸等一幫奸臣異想天開，竭力支持。

宣和元年（一一一九年）春天，趙佶派遣馬政等人自登州渡海至金策劃滅遼之事。隨後，金也派使者到宋研究攻遼之事，雙方展開了秘密外交。幾經往返之後，雙方就共同出兵攻遼基本達成一致：金國負責攻取遼國的中京大定府，北宋負責攻取遼國的燕京析津府和西京大同府；滅遼後，燕雲之地歸宋，宋把過去每年給遼的歲幣如數轉給金國。這就是歷史上有名的宋金「海上之盟」。當這樣一項不平等的協定簽訂了，一個王朝的背影就遠去了。

之後不久，趙佶得知遼朝已經獲悉宋金盟約之事，擔心遭到遼的報復，便下令扣留金朝使者，遲遲不履行協議出兵攻遼，這為後來金國毀約敗盟留下了把柄。在此期間，金軍以摧枯拉朽之勢接連攻下遼朝的中京、西京，遼末帝天祚帝也逃入山野，遼朝的敗亡已成定局。在這種形勢下，趙佶才匆忙命童貫帶領十五萬大軍，以巡邊為名向燕京進發，打算坐收漁翁之利。但這批人馬一到燕京，便遭到遼將耶律大石所部襲擊，大敗而歸。

宣和四年（一一二二年）六月，遼燕王耶律淳去世，趙佶見有機可乘，再次命童貫與蔡京的兒子蔡攸出兵。此時，遼涿州知州郭藥師歸降宋朝，打開了宋軍通向燕京之路。雖然宋軍一度攻入燕京城，與遼軍展開肉搏戰，但因後援未至被迫撤退。趙佶親自部署的第二次攻燕之役又以慘敗告終。

童貫壓住戰敗的消息不發回朝廷，而是秘密派人到金營請求出兵攻打幽州。金兵出戰攻下幽州後，趙佶就派人向金國索要燕雲十六州。金太祖看到宋朝衰弱且沒有一點戰功，打心眼裡瞧不起趙佶，於是準備南下攻宋。由於攻遼戰爭耗時日久，金國損傷也很大，只好暫時將燕雲數州還給宋朝，並向宋朝提出收取幽雲每年的租稅一百萬貫的條件，趙佶竟然不顧羞恥地同意了。從此，金國得到宋朝每年進貢的大量錢財，國力更加強大起來。

趙佶在每年向金朝大量納貢交租的情況下，終於「收復」了燕雲地區的七座城池，雖然這樣的「收復」是建立在對金國屈膝讓步的基礎上的。收復燕雲後，趙佶十分得意，宣布大赦天下，命王安中作「復燕雲碑」樹立在延壽寺中以紀念這一不世之功，並對參與此次戰爭的一幫寵臣加官晉爵。朝廷上下都沉浸於勝利喜悅之中，殊不知亡國的陰雲已經籠罩在宋朝的上空了。

05 被迫禪位，異邦偷生

在趙氏王朝受到威脅的時候，宋徽宗趙佶竟然臨危禪讓，把緊張的局勢留給兒子收拾。宋徽宗最終淪落異邦、客死他鄉，他的淒慘下場是宋朝的不幸，也是他自己和趙氏家族的不幸。

自崇寧二年起，在蔡京建議下，趙佶派童貫帶兵發動了一連串對西夏的戰爭，攻佔了許多地盤，逼得西夏低聲下氣地奉表謝罪。自從與西夏交兵以來，宋朝從未取得過如此赫赫的戰果，這在一定程度上助長了趙佶好大喜功的情緒。但在北方，金國方興，遼朝日衰，趙佶便與金國聯合夾擊遼朝，企圖收復久被遼朝佔據的北方領土。誰知遼朝滅亡後，北宋不僅沒有從中得到好處，卻失去了遼朝這一北方屏障，金朝的鐵蹄從此長驅南下。

宣和七年（一一二五年）十月，金兵分兩路大舉南侵。宋軍久不習兵，根本無法抵禦強悍的金兵。緊急軍報像雪片一樣飛進汴京，趙佶嚇得心驚肉跳。此時的趙佶已經絲毫沒有風流灑脫的模樣了，他整天愁眉苦臉，動不動就涕淚交流。趙佶為了推卸責任已做好逃跑準備，權衡一番利弊，只好下了禪位的決心。但是他老謀深算又死要面子，不願給人留下畏敵避禍的不光彩印象，就絞盡腦汁找了個自以為體面點的藉口。

皇太子趙桓在經過一番辭讓後即位，上宋徽宗尊號為「教主道君太上皇帝」，居龍德宮；鄭皇后尊號為「道君太上皇后」，居擷景西園。

宋徽宗趙佶在退位的第二天明確表示說：「除道教教門事外，其餘一律不管。」但他和他的寵臣是不會甘心就這樣輕易地放棄昔日權威的。在喘息稍定之後，他們就開始以「太上皇帝聖旨」的名義發號施令了。東南地區發往朝廷的報告被他們截住不得放行；對勤王援兵也要求就地待命，聽候他們的指揮；連綱運物資也要在鎮江府卸納。他們把持著東南地區的行政、軍事、經濟大權，準備在鎮江重新把宋徽宗捧上臺。汴京的新皇帝趙桓聽到此事後，下詔說按照宋徽宗退位詔辦理，遂剝奪了他們的權力，還將童貫、蔡攸等人貶官。宋徽宗趙佶和兒子欽宗趙桓的矛盾由此激化。

靖康元年（一一二六年）二月初，金兵從汴京城下撤退，趙桓接連派人請趙佶回京。趙佶表示自己今後願意「甘心守道，樂處閒寂」，絕不再重當皇帝了。父子矛盾表面有所緩和。同年四月三日，趙佶回到汴京，趙桓親到郊外迎接。宋徽宗頭戴並桃冠，身著銷金紅道袍，飄飄搖搖地從宋門入城，住進了龍德宮。

此後幾個月的太上皇生活，趙佶過得並不舒心，他昔日的寵臣一個個或貶或死，十幾個跟隨多年的貼身內侍都被趕出了京城，連寵妃李師師的家財也被趙桓一道命令籍沒後充作賠款，連他的一舉一動都在趙桓的嚴密監視之下。

靖康元年閏十一月二十五日，金兵再次南下，攻陷汴京。靖康二年（一一二七年），坐了二十六年皇位的徽宗趙佶與他的兒子欽宗趙桓一同被金人俘虜北去。趙佶被封為「昏德公」，受盡屈辱折磨，最終死於五國城。南宋紹興十二年（一一四二年）八月，徽宗的棺材從金國運回臨安。

趙佶在北行途中，曾見杏花，悲從中來，賦《宴山亭》一詞。這首詞曾被王國維稱為「血書」，相思極苦，哀情哽咽，令人不忍卒讀。這使人很容易聯想到南唐後主李煜。徽宗趙佶和李煜在藝術上都頗有成就，擅長書法、繪畫、詩詞，但在政治上都是昏聵之君、亡國之君，連最後結局也大致一樣，李煜被宋太宗毒死於開封，徽宗在囚禁中病死五國城。徽宗與李後主兩人的個性、經歷可謂相似至極，不禁令後人生出無限感慨。

徽宗趙佶獲得皇位後，曾大刀闊斧地整頓朝綱，意欲調和變法派與反變法派之間的矛盾。但其後以繼承其父神宗的政策為由，重用以蔡京為首的六賊，大興「黨獄」，變亂法度。他窮奢極欲，大肆搜刮江南奇花異石，用船運往都城開封，稱為「花石綱」。趙佶好大喜功，遣使約金攻遼以取燕京，導致內憂外患接踵而至，在靖康之難中為金人俘虜北去，轉瞬之間由皇帝淪為階下囚。

徽宗趙佶時代，趙氏政權已走過它輝煌燦爛的歷程，處於黨爭異常激烈的嚴峻時期，國勢日薄西山。趙佶當宋朝的皇帝，是宋朝的不幸，更是趙佶自己與他家族的不幸。

06 強披龍袍的宋欽宗

趙桓在危急關頭擔當重任，強披龍袍，替父親收拾千瘡百孔的殘局。這對他來說，是幸，更是不幸。

元符三年（一一〇〇年）四月十三日，趙桓出生。這使得登基僅四個多月的徽宗趙佶極為高興，將來可把皇位傳給自己的後代，不必像哲宗趙煦那樣兄終弟及了，的確是雙喜臨門。為此，趙佶大赦天下、減免賦稅，使天下百姓和他同享喜悅。九月，趙桓得名為直，封韓國公。崇寧元年（一一〇二年）二月，改名為烜，十一月，又改為桓。徽宗頻繁地更改兒子的名字，似乎說明他對趙桓並不十分鍾愛。

此後，趙桓的生母王皇后越來越不受寵了。大觀二年九月，二十五歲的王皇后去世，這給年僅九歲的趙桓造成難以彌補的創傷。趙桓在缺少母愛的情況下，逐漸變得沉默寡言，他志好恬淡、興趣狹窄、行止端凝。在初得皇子的短暫興奮之後，宋徽宗對趙桓的感情也愈加淡薄。

政和元年（一一一一年）三月，趙桓開始到資善堂學習經史。政和五年，趙桓被立為太子。趙桓拜謁太廟時，徽宗命他乘金輅，設鹵簿，仿至道、天禧太子之例，並讓官僚參拜稱臣。趙桓為顯示自己節儉謙恭，「皆辭之」。趙桓還經常請學官輔導講讀以表明自己好學。然而他雖位居東宮，卻不參與朝政，唯一的愛好就是在每日讀講之暇，呆呆地望著鬃器裡的魚兒，其他事情一概不聞不問，這讓人很難想像，他即位後將如何面對紛繁複雜的朝政。

宣和七年（一一二五年）冬，金軍分兵兩路南下攻宋，一路勢如破竹，長驅直入，各地宋軍大都不戰而潰。金軍來勢凶猛，志在滅宋，徽宗趙佶非常懼怕，卻又無計可施，就希圖通過禪位來挽救趙宋天下，於是趙佶對趙桓的態度也變得親熱起來。同年十二月二十日，他降御筆拜趙桓為開封牧時，一再表白這一任命不是左右大臣的建議，而是悉出宸斷，以顯示自己對皇太子的信任。翌日，趙桓入朝問安時，趙佶又特意將只有皇帝才能佩戴的排方玉帶賜給了他。開封牧具有非比尋常的意義，北宋歷史上只有太宗、真宗兩位皇帝即位之前擔任過此職。徽宗趙佶讓太子趙桓任開封牧，預示著將有禪位之舉，趙桓對此有所悟，驚喜之餘又不免有些擔心。徽宗在位二十六年，重用以蔡京為首的一批奸佞之徒，大興土木、荒淫驕奢，內憂外患接踵而至。現在金軍鐵騎如入無人之境，徽宗趙佶在國家危難之時讓太子趙桓擔當重任收拾爛攤子，不過是找個替罪羊罷了，更何況朝廷仍由童貫、王黼等奸佞把持。趙桓勢單力薄，很難駕馭朝政，因而他的擔心也在情理之中。

宣和七年（一一二五年）十二月二十三日，宋徽宗趙佶決定將皇位禪讓給他的兒子趙桓，意在讓兒子替他抵擋金兵，就命令臣下宣召太子趙桓前來。趙桓在小黃門的引導下趨步走進保和殿東閣，叩拜禮畢，抬起頭，見趙佶半臥榻上，宰執大臣環侍榻前，心中暗暗吃了一驚。太師童貫和少宰李邦彥當即抖開一領御袍披在了趙桓身上，趙桓雙膝一軟，復又跪倒在地，猛然放聲大哭，堅辭不受。趙佶見僵持不下，乃命內侍扶趙桓前去福寧殿即位。稍事停歇後，內侍就連拖帶拉地將趙桓擁向前去。走到福寧殿的西廡門，早就等候在那裡跪拜稱賀的宰執大臣也上前相幫，一行人終於將趙桓擁到了殿內。大家原想就勢扶趙桓升坐即位，不料見他已身軟體酥而昏厥過去，只好又七手八腳地將他抬到了臥榻之上。次日，趙桓在又一次固辭不允之後，最終御垂拱殿接受百官的朝賀當上了皇帝。

趙桓十分清楚，這是父皇推卸責任的行為，但若再推辭又擔心父皇以不守孝道治罪於他，只好即位。按常理，皇帝乃一國之君擁有至高無上的權力，歷史上為爭奪皇位而骨肉相殘、父子成仇者不絕於書，而趙桓卻一再推辭不就皇位，原因就在於當時國事艱難，江山岌岌可危。趙桓雖心知肚明，但迫於無奈只好即位，替父親收拾千瘡百孔的殘局。可以說，趙桓是被徽宗君臣逼上皇位的。

即位之後，欽宗趙桓每天都臨御便殿延見群臣，批閱四方奏報和士民所上章疏，往往忙到半夜還不能休息。他個人生活上也依然是儉約樸素，但趙桓最多是個中等才幹的人，柔弱寡謀、多疑多變，缺乏政治家應有的幹練果敢的素質，好多明擺在眼前的事他都辨析不清，更談不上有什麼深謀遠略了。

07 柔弱寡謀怎能救國

趙桓沒有足夠的謀略，面臨嚴峻的局勢不知如何以對。強敵當前，他柔弱寡謀、不思抵抗，使趙氏政權一步步走向了自我滅亡。

欽宗趙桓即位，改元靖康，其當務之急便是派兵迎戰，阻止金軍繼續南下。然而趙桓和徽宗趙佶一樣也是昏庸之君，在金軍兵臨城下之際，整日患得患失，忽而主戰，忽而主和，多疑善變、缺乏主見。在萬般無奈的情況下，他以李綱為尚書右丞、東京留守，委以「全權」，指揮軍隊抗擊金兵，保衛京城。李綱受命於危難之時，即日宣布京師戒嚴，誓死保衛汴京。趙桓雖然任命李綱統兵禦敵，其實心中猶豫不定，旋即又想要逃走。幾經周折，李綱最終說服欽宗堅守開封不再出逃，朝廷局勢才暫時穩定下來。

宗望率領的東路金軍將開封團團圍住，幾次攻城都被李綱擊退。李綱本是不善用兵的文臣，倉促之際居然有效地組織了開封保衛戰，贏得了百姓和廣大將士的讚譽，但卻招致了同僚的嫉恨。趙桓也對李綱猜忌防範，不肯委以重任，更不聽李綱勸阻決意屈辱求和。

靖康元年（一一二六年）正月，各路勤王之師陸續抵達京城，趙桓甚為歡喜，又復主戰。正月初六，趙桓登上宣德門宣諭六軍，表示要固守到底，並任命李綱為親征行營使，全面負責守城事宜。將士皆感泣流涕，拜伏門下，三呼「萬歲」。李綱積極備戰，粉碎了金人想一舉攻下汴京的企圖。

同年二月初，發生了欽宗趙桓親自批准姚平仲夜襲金營而失敗的事件，金軍統帥宗望藉此指責宋廷違背盟約。趙桓、李邦彥等人把責任歸於與此無關的李綱身上，乘機罷免了李綱和統領西北援軍的老將同知樞密院事种師道，並派人帶著國書和割地詔書到金營向入侵者謝罪。趙桓、李邦彥的投降求和之舉，激起了民眾的憤怒，太學生陳東等人領導伏闕上書活動，數萬群眾自發聚集到宣德門，要求恢復李綱、种師道的職務。欽宗雖表面上被迫同意了民眾的正義要求，但內心卻極不情願，他甚至認為是李綱在幕後操縱此次群眾運動，因而對李綱甚為嫉恨。李綱復職後，京城軍民的抗金情緒再次高漲。

宗望考慮到汴京軍民士氣高昂，而北宋勤王軍數倍於己，久待城外於己不利，便暫時退兵。所以未等金帛數足，取了割讓三鎮的詔書，又以肅王趙樞代替康王趙構為人質才開始退兵。

二月初八，金兵撤退時，种師道請求趁金兵渡過黃河時發起猛攻，但遭到趙桓的堅決拒絕。李綱請求派大軍「護送」，令將士找機會襲擊，也遭到宰相阻撓。趙桓還派使者監視各軍，禁止他們對敵作戰，以致金兵安然滿載而歸。种師道等人眼睜睜地看著金兵渡河而去十分氣憤，但也無可奈何。就在趙桓這樣無能的領導下，趙氏政權一步步走向了自我滅亡。

08 靖康之恥，亡國遺恨

危難降臨時屈辱求和，暫得苟安後不思進取，這不能不說是宋初統治者「重文輕武、守內虛外」祖宗法度政策的流弊，趙氏家族一味求和，終於造成了靖康之恥，使延續了一百六十七年的趙宋政權暫時告一段落。

金兵退去後，北宋朝廷又恢復了以往那種平靜的生活，欽宗趙桓更是認為天下已經太平，絲毫沒有加固邊防的意思，他還把南逃的宋徽宗趙佶接回了京城。只有大臣李綱憂心忡忡，多次上書請求加強戰備以防金兵再侵，他的建議也受到了投降派大臣的阻撓。趙桓不僅不採納李綱的意見，反而通知門下侍郎耿仲南等人扣押李綱的上書，不得上報。不料宗望率領的東路軍剛退兵，宗翰率領的西路軍卻又加緊攻打太原。趙桓派大將种師中帶兵援救，半路上被金兵包圍，种師中兵敗犧牲。投降派大臣正嫌李綱留在京城礙事，就攛掇趙桓把李綱派到河北去指揮戰爭。趙桓把李綱派到河北不久，卻又在投降派的攻擊下把李綱撤了職，貶謫到南方去了。

金朝君臣最怕李綱，現在李綱被罷官，他們就沒有什麼顧忌了。金國派出的刺探回報說宋朝廷沒有什麼舉動，金國認為宋朝軟弱可欺，於是僅僅過了半年就捲土重來再度南侵。而從八月金兵再度南犯以來，宋朝君臣一直忙於求和，對戰守防禦沒有一個放在心上的，所以等到金兵第二次圍城時，其形勢比起第一次要嚴重得多。

此時各地勤王兵接到不得妄動的命令，並且離京城甚遠，不能解燃眉之急，而趙桓身邊也只有衛士和弓箭手七萬人左右，形勢十分危急。八月，金太宗再度舉兵，遣粘罕、斡離不大舉南侵。九月太原失陷；十月，真定失陷；十一月，汴京再度被包圍。朝廷此時已無主戰派，當政者均為主和派。趙桓悔恨萬分，痛哭道：「朕不用种師道之言，以至於此。」可惜後悔已晚。

閏十一月二十五日，汴京城破。宋欽宗趙桓聽到城破的消息驚恐萬分，掩面痛哭，馬上遣使節和濟王趙栩去金營請和。使節帶回話來說，金人堅請太上皇出郊議和，趙桓不由得緊張出一身汗來，他與父親雖有矛盾，卻畢竟礙於倫常不得不以孝事之，倘臨此危難之際讓父親身陷敵營，他覺著自己於心有愧。心理經過一番掙扎，趙桓決定還是帶著降表親自去向金人懇求。

在青城，宋欽宗趙桓奴顏婢膝，低聲下氣地對金人俯首稱臣、乞求寬恕。簽字已畢，趙桓又擺下香案望金國方向拜了幾拜，算是盡了臣禮，金人這才同意放他回城。

金人的命令是絕對不敢違反的。回城後，趙桓下令搜集金銀、騾馬、美女送予金使。計有金一千萬錠、銀二千萬錠、帛一千萬匹、牲畜七千餘匹、少女一千五百人，甚至連趙桓自己的嬪妃也拿來充數。

儘管以趙桓為首的北宋政府如此不顧廉恥地奉承金人，金人仍嫌索要的金銀數量不足而大不滿意，聲稱要縱兵入城洗劫，要求宋欽宗再去金營議事。趙桓終究不敢違抗金人的命令，只好命孫傅輔助皇太子監國，而自己硬著頭皮再去青城。

不料，此次前往金營的趙桓卻被金人當作人質扣留了下來。趙桓被迫下令城中官吏加緊搜刮金銀，即使婦女的釵釧之物也在搜刮之列，直弄得汴京城裡天翻地覆、民不聊生。金人還逼趙佶的皇后及趙桓的皇太子前來。

這次「議和」讓趙桓在金營內受盡了苦頭和屈辱。他被囚在一間小屋裡，忍受著砭骨寒風，缺吃少喝，晚上蜷縮在一鋪土炕上，連被褥都沒有，真是生不如死。不久，他的父親太上皇趙佶也被押來了。

四月一日，金兵在大肆擄掠之後開始撤退。金兵退走時，帶走了大量金銀財寶、儀仗法物、圖書典籍、古董文物和百工技藝、倡優雜技人等，北宋王朝「二百年府庫蓄積」為之一空。趙桓及趙佶、皇后、妃嬪宗室、大臣等兩三千人也成為俘虜，隨金兵北歸，一路上受盡了金兵的屈辱折磨，而延續了一百六十七年的北宋王朝也至此宣告滅亡。經歷過靖康之變的宋人都不會忘記這場民族的災難和恥辱，於是就有了刻骨銘心的雪恥情結，「靖康恥，猶未雪，臣子恨，何時滅」，在南宋凝聚成了揮之不去的「恢復」意識。

同年五月一日，康王趙構即位於南京（今河南商丘），建立南宋，遙尊宋欽宗為「孝慈淵聖皇帝」。

趙桓到金國後由人監管，頭戴斗笠，騎著馬。每過一城池，他就掩面而泣，然而再多的淚水也洗不掉這亡國之君、階下之囚的恥辱。金人封趙桓為「重昏侯」，意思是他與被金人封為「昏德公」的父親趙佶加一起是一昏再昏。

南宋紹興十二年（一一四二年）三月，宋金關係有所緩和，韋賢妃由五國城歸宋。韋賢妃離開時，欽宗趙桓挽住她的車輪，請她轉告高宗，若能歸宋，自己當一太乙宮主足矣。高宗趙構擔心其兄回來後威脅自己的地位，表面上高喊迎接徽、欽二帝，內心卻巴不得他們客死異地，因而他終生都在與金人議和，根本無心恢復中原。

南宋紹興三十一年（一一六一年），金海陵王完顏亮命令趙桓任騎兵小隊長，使之在校場中狂馳不已，最後墜落地上，死於亂蹄之下。

紹興三十二年（一一六二年），金太宗將趙桓葬於鞏洛之原。後又遷到今河南省鞏縣北宋帝陵區。

第八章 偏安江東　高宗趙構

趙構（一一〇七——一一八七年），宋徽宗第九子，欽宗趙桓之弟，母為顯仁皇后韋氏。

靖康二年，北宋滅亡一個月後，趙構在南京應天府即位，重建宋王朝，史稱南宋。趙構史稱宋高宗，西元一一二七——一一六二年在位。趙構在位三十六年，被迫讓位後病死。在位期間，他偷安忍恥、屈辱求和，殘酷剝削人民，成為歷史上著名的昏君。

01 求和使者，患難皇帝

趙氏家族的新政權在應天府成立了，但趙構這個「中興之主」有名無實，父兄被擄的奇恥大辱都無法激起他對金人的仇恨。無論勝負如何，他只是一味地投降求和。歷史安排了一個談「金」色變的君主來承擔抗金禦侮的使命，留給後人的便只是讀書人的一聲長歎。

大觀元年（一一〇七年）五月，趙構生於東京（今河南開封）大內。宣和三年（一一二一年），封為康王。次年，趙構正冠於文德殿，賜字「德基」，出宮住進了自己的王府。趙構天資聰明、博學強記，讀書能一日背誦千言。

靖康元年（一一二六年）正月七日，金兵逼近東京。欽宗趙桓立即召見時為康王的趙構，授以軍前計議使去金營求和。金大將斡離不攻大宋京城未下，便想給宋使來個下馬威，在談判桌上得到更多的便宜。只見其營帳內外兵士環列，刀槍林立，一派殺氣，參與談判的張邦昌見到這般陣勢嚇得魂飛魄散。趙構知道這不過是試試自己的膽量，於是就從容不迫地從刀槍下走進了金營。二月七日，欽宗趙桓下詔割三鎮與金人，由肅王趙樞代替康王趙構為金朝人質，趙構與張邦昌一同被放還。當趙構策馬馳出金營後，斡離不知道剛才離去的是康王趙構，遂急忙派兵追趕，但趙構早已去之夭夭。斡離不覺得目的基本達到也就退兵北去。

趙構返回京城後，肅王趙樞已去金營為質。欽宗趙桓見金兵退去，認為趙構此行勞苦功高，遂任其為太傅。就在趙構出質期間，种師道、姚平仲、范瓊、馬忠等各路兵馬相繼至京師，援兵已達二十餘萬，士氣稍振。欽宗趙桓感到城下之盟有失體面，於是將主和大臣李邦彥等人一一罷免，並下詔各路勤王部隊固守三鎮之地，分兵襲擊金軍。十月，金兵力攻太原，宋朝軍民雖英勇作戰，終因寡不敵眾，太原陷落。

同年十一月，金兵再次兵臨東京城下，趙構只得再次出使金營議和，宗澤在途中力勸趙構勿蹈肅王趙樞前轍。恰在此時，汪伯彥送來急信，說和議已失時機，趙構驚出一身冷汗，急忙返回相州。沒過幾天，割地使耿南仲來相州求見趙構，說京城已危在旦夕，皇上令其盡起河北諸郡兵馬入援。趙構得了聖旨，立即與耿南仲聯名揭榜，招兵買馬組成了勤王軍。宗澤、梁揚祖等將領很快地先後率兵馬來會，兵威稍振。

金兵攻陷東京外城之後，金兵統率斡離不逼迫欽宗派人立即召回康王趙構。於是欽宗給趙構下詔：「金兵攻城未下，正在談判議和。康王和諸帥屯兵原地，不要妄動，以免不測。」趙構不敢直趨京師與斡離不較量，他命宗澤率萬人進軍澶淵駐紮，謊稱大元帥在軍中，而自己卻和汪伯彥等人望東平而去。宗澤在開進澶淵途中，與金軍交戰多達十三次，均獲勝。

趙構在東平駐紮了一個月後，又轉到濟州（今山東巨野）駐紮。但他不敢與金軍較量，故而按兵不動，使各路勤王兵也不得靠近京師，眼睜睜看著金軍攻入京城中。

金兵見汴京城軍民已失去抵抗能力，趙構的勤王軍又不敢交戰，消滅北宋的時機已經成熟，就先後把宋徽宗、宋欽宗拘留在金營中，接著金主又下詔廢宋徽宗、宋欽宗為庶人。靖康二年（一一二七年）三月七日，金人立張邦昌為「偽楚」皇帝。北宋由此滅亡，趙氏家族的統治也暫告一段落。

金兵俘虜徽、欽二帝及在京城的趙宋宗室北去後，趙構另立小朝廷的機會來了。趙氏宗室只有兩個人在這場空前的浩劫中倖免，一個是宋哲宗的廢后孟氏，另一個就是當時尚出使在外的康王趙構。「偽楚」皇帝張邦昌迫於宋大多數舊臣僚的壓力，不得已迎哲宗廢后孟氏入居延福宮「垂簾聽政」，自己退位，仍稱太宰，「大楚」傀儡政權僅存三十二日。孟氏因為是宋哲宗的廢后，在宮廷的玉牒中沒有位號，在金兵圍攻開封時恰巧又住在自己的私邸中，所以在金兵按玉牒俘虜宋朝宗室時得以倖免。張邦昌把她請出來主持朝政後，她就派人奉「大宋受命寶」，到濟州勸康王趙構登基。

接到孟皇后派人送來的傳國璽，趙構知道自己成為徽宗諸子中唯一沒有被俘虜北去的親王，最有資格登上皇位，於是他移師南京應天府（今河南商丘），於靖康二年五月初一，在應天府天治門登壇受命，即皇帝位，下詔改元為「建炎」，政權又重新回到了趙氏手中。趙構大赦天下，張邦昌及其所轄臣屬也概不問罪。同一天，元祐皇后孟氏在東京宣布撤簾歸政，趙構登基稱帝，歷史進入了南宋時期。

02 無意抗敵，有心偏安

趙構和他的祖先一樣無意抗敵、積極求和，他在皇宮尋歡作樂、醉生夢死，全然不顧中原軍民正與金軍浴血奮戰。腐朽的大宋政權，在祖宗法度的掩護下仍然動盪不安。

金兵雖撤出了東京，但仍然控制著中原諸地。宋金戰爭初期，金朝有一個明確的戰略，那就是追擊立足未穩的高宗小朝廷，俘獲趙構，以確保不再有一個趙氏政權與其為敵，以便自己扶植的傀儡政權能代表金朝統治中原地區。剛剛僥倖登上皇位寶座的宋高宗趙構，不得不表示一下抗敵復仇的決心以順應民意。他便以抗金最積極的宿將李綱為尚書右僕射兼中書侍郎，但又命主張議和的黃潛善為中書侍郎、汪伯彥為同知樞密院事；還封張邦昌為太保、奉國軍節度使、同安郡王。不久，趙構查出張邦昌僭居內廷時曾以宮人侍寢一事，又聽說金人以廢張邦昌為藉口稱兵南下的消息，不禁勃然大怒，下詔將張邦昌賜死。

北方軍民心向南宋朝廷，他們自動組織起許多支隊伍，多者數萬人，少者也有數千人，神出鬼沒地出擊敵人。李綱為相後，派馬忠、張煥率軍一萬人襲擊河間的金軍，取得了勝利。鑒於當時南宋小朝廷剛剛建立，正規軍還來不及整編，還沒有形成一支足以抵抗金兵大規模進攻的力量，李綱設置了河北招撫司、河東經略司兩大機構，委派官吏、撥給錢鈔，招募河北、河東各地奮起的義兵，共同抗擊金軍。

南宋小朝廷從誕生之日起，就在對金和戰的問題上爭論不休，趙構在這個問題上內心也極為矛盾。一方面，他也想利用李綱抗金的威望來振作士氣，以維護南宋王朝的一點面子；另一方面，他又幻想用屈膝投降的辦法，來換取金朝承認剛建立的南宋政權。趙構雖然並不真正想讓徽宗和欽宗回到南宋，卻以探望和迎請被俘北去的二帝為幌子，不斷派人帶著奇珍異寶去奉獻給女真貴族，向金朝試探投降的可能性。

金兵撤離東京後，趙構害怕像其父兄一樣成為階下囚就一直沒有進城。因此，他只以宗澤留守東京收拾殘局，自己卻在應天府做起皇帝來了。實際上，趙構即位之初就決定南逃。即位第二天，趙構任命翁彥國知江寧府，並賜錢鈔十萬緡，讓他在江寧城修繕宮室，以備南逃時使用。

李綱對趙構要巡幸東南很不滿意。他對趙構說：「自古以來，中興的帝王都是起於西北，立足中原，控制東南。這也許是天下精兵健馬都在西北的緣故。如果陛下堅持巡幸東南，使中原的抗金將士大失所望，今後要收復北方失地就很困難了。」抗金將領岳飛也上書趙構，指責黃潛善、汪伯彥奸臣誤國，使中原軍民大失所望，建議趙構乘金人在北方立足未穩之機，親率六軍北渡，收復失地。趙構不但不敢這樣做，反而認為岳飛越職言事，對其予以削官的處罰。

趙構及黃、汪等人的掣肘，使李綱感到自己在小朝廷中已不能有所作為，不得不提出辭職要求。趙構順水推舟，以各種各樣無中生有的罪名，貶李綱為觀文殿大學士，至此李綱居相位才七十五天。李綱被罷相後，張煥也因「罪」被貶，河北招撫司和河東經略司都被廢罷。

建炎二年（一一二八年）春天，金兵再次南下。趙構帶著六宮寵臣和衛士家屬逃到揚州。二月，金軍再次入侵東京。這時的開封府尹兼東京留守是宗澤，他有效地部署了東京防線，粉碎了金軍夾攻的計畫。

在此次金兵南下之前，南宋將領張浚認為金兵定會大舉南犯，請求趙構做好臨戰準備。建炎二年五月，宗澤在上書裡提出六月出師渡河的計畫，請趙構回京主持北伐壯舉。但趙構安居揚州置若罔聞，而黃潛善等人出於對宗澤的忌妒，他們對宗澤的上疏都摃毀有加。

七月，宗澤見坐失良機，憂憤成疾與世長辭。死前，他沉痛吟誦杜詩「出師未捷身先死，長使英雄淚滿襟」，三呼「過河」，無一語及自己的家事。宗澤一死，北方抗金形勢迅速逆轉，義軍被逐個擊破，官軍分崩離析，一年以後開封再次被金軍佔領。

建炎三年（一一二九年）正月，金軍前鋒攻下徐州，直驅淮東。趙構一行只得再向臨安逃去。為求得金人的諒解，趙構下了個「罪己詔」，大赦天下，唯獨李綱不免。治李綱的罪是為了求得金人的諒解。

同年五月，宋軍在陳彥的率領下，渡江打敗金軍，收復了揚州，趙構的小朝廷才在杭州暫時安頓下來。

03 苗劉之變：寵信奸佞的後果

苗劉之變，既反映出趙氏家族「守內虛外」等祖宗法度的腐朽沒落，也是昏庸的宋高宗寵信奸佞的後果。

宋高宗趙構建立南宋後，為了躲避金軍的追擊而四處逃竄。在罷免了李綱後，他決定南逃揚州。到了揚州後，宋高宗不思進取、一意享樂，以內侍省押班康履為首的宦官更是驕恣用事、妄作威福，引起了將領和大臣們的不滿。金兵追到揚州後，宋高宗又狼狽地逃竄到杭州。當時朝野上下對奸臣黃潛善和汪伯彥十分不滿。兩人擔任丞相以來，把持朝政、殘害忠良，正是他們的一心求和、不修裝備，才導致了金軍的南下和宗室的四處逃亡。迫於朝野上下的壓力，宋高宗不得已罷免了黃、汪二人。

但在罷免二人後，昏庸的宋高宗竟升任主張逃跑的王淵為同簽書樞密院事。王淵是個庸碌無為、生性暴躁的人，在逃跑時為了逃避責任，甚至冤殺部下抵罪，使得大臣們都對他憤恨不已。這次王淵無顯功卻驟遷要職，使得將領們更加不滿，他們有的找高宗論理，有的則在私下裡憤懣不平，其中尤以苗傅和劉正彥為最。苗傅自負世代為將，不願久居人下；而劉正彥則數次立下大功，卻沒有獲得應有的賞賜。當二人聽說王淵的升遷是勾結宦官的結果時，更是按捺不住，便密謀發動兵變，決定先斬王淵再殺宦官。

建炎三年（一一二九年）三月五日，苗傅派幕僚王世修帶領伏兵隱藏在城北橋下，當王淵早朝後由此經過時伏兵突起，把王淵拖下馬來。劉正彥大步走到跟前，手起刀落，以勾結宦官謀反的罪名當即把王淵斬首。接著，苗、劉又率兵捕殺了一百多名內侍，然後直逼趙構所在的行宮。趙構聽說有人發動政變頓時手足無措，正準備出宮避亂，苗、劉二人已經殺進宮來。趙構沒有辦法，只好壯著膽子質問道：「我沒有對不起大家的地方，你們為何要叛亂？」苗傅滿臉殺氣地厲聲答道：「陛下輕信中官，賞罰不明。王淵是個怕死的膽小鬼，靠著賄賂宦官竟然升任高官，而我們勞苦功高卻沒有任何賞賜。王淵已經被我們殺了，請讓我們再殺了康履以謝軍民。」趙構想採取緩兵之計，就讓他們回去等消息，但是苗、劉二人並不上鉤，強硬地要求趙構交出康履。康履的確是趙構的心腹，但為了丟卒保帥只得忍痛交出康履。苗傅當場把康履斬首。

這時，趙構雖然心裡對他們痛恨不已，但面上卻不敢表露出來。為了不擴大事態，趙構當場宣詔升任苗傅為營御使司都統制，劉正彥為副都統制。趙構本以為事情該結束了，但苗、劉等人並未就此甘休。他們趁機脅迫趙構傳位於三歲的皇子趙旉，並改元「明受」。接著，又請隆祐太后（**即元祐皇后**）垂簾聽政。

苗、劉威脅趙構寫下退位詔，趙構剛開始時執意不寫，身邊大臣暗示他先暫且忍讓，日後再行更改。趙構眼看無計可施，只好寫下詔書禪位給三歲兒子，並請太后訓政。第二天，皇太子趙旉即位，隆祐太后垂簾聽政。尊高宗為「睿聖仁孝皇帝」，居顯寧寺，改稱「睿聖宮」。加封苗傅為武當軍節度使，劉正彥為武成軍節度使。這就是歷史上的「苗劉之變」，也被稱為「明受之變」。

苗傅和劉正彥發動政變後，本該說明真相以獲得廣大群眾的支持，然而他們既沒有政治鬥爭和軍事鬥爭的經驗，也缺乏應急應變的機智和才能，政變後既沒有提出足以鼓舞人心的政治主張，也沒有和杭州其他地區的將領取得聯繫，因而他們的行動沒有獲得南宋大臣和將官的廣泛支持。當時許多實力派將領還是擁護高宗的，當得知苗劉之變的消息後，擁護高宗的張浚和呂頤浩立即起兵討伐苗、劉，並且得到了御營前軍統制張俊、韓世忠及劉光世的支持。張俊、韓世忠還先後領兵至平江，聽候張浚調遣。不久，呂頤浩、張浚、劉光世、張俊、韓世忠等聯名傳檄中外聲討苗、劉，聯軍以韓世忠為前鋒、張俊翼之，劉光世為遊擊，呂頤浩、張浚總中軍，從平江大舉出兵討伐苗、劉。

苗傅和劉正彥聽到消息後十分恐慌，他們毫無主見，便輕信宰相朱勝非的勸說請高宗復位。同年四月初一，苗傅和劉正彥擁護著宋高宗返回行宮復辟，和隆祐太后御前殿垂簾聽政，並恢復「建炎」年號，趙旉重被立為皇太子（後於八月卒）。

苗、劉本以為高宗復位後，勤王軍應該停止行動，然而張浚和呂頤浩仍然繼續進軍。苗、劉二人見抵擋不住，便帶著精兵兩千人趁夜從湧金門逃跑了。苗傅和劉正彥出逃後，宋高宗憤恨難消，就命令尚書省立刻下令各州縣懸重賞緝拿，並任命韓世忠為江浙制置使率領軍追討。

苗、劉倉惶出逃後，一路經過浙西來到了福建浦城。但很快劉正彥就被韓世忠俘獲了，苗傅見大勢已去便棄軍逃跑，隱姓埋名藏在建陽，意想不到的是卻被當地的大土豪唐標誘捕了，後被送到了韓世忠那裡。當時高宗趙構正在建康，於是韓世忠就將二人押送到建康，宋高宗對兩人恨之入骨，立刻就下令把他們處死了。

實際上，苗劉之變之所以會發生，完全是因為高宗寵信奸佞小人、功過不分的結果，但是高宗並沒有從自己身上找原因，而是開始對軍隊保持了警惕之心。這次政變雖然短暫，卻給高宗留下了猜忌武人的心理陰影。正是因為害怕武人會功高蓋主，使得宋高宗對以後的將領都保持著一種防範的心理。忠心耿耿的岳飛之所以被冤殺，在很大程度上和這種心理因素有關。

04 宋高宗的「杯酒釋兵權」

統治階級為了維護自己的利益，千方百計限制其他階級的發展壯大，完全不顧全大局，這是統治階級狹隘的一面。宋高宗的「杯酒釋兵權」如同當年的宋太祖，都是為了維護趙氏家族的統治。

宋朝的一項重要國策就是安內重於攘外。宋太祖因黃袍加身而建立了宋朝，所以他時刻對手握重兵的軍隊將領保持著警惕，防止有朝一日他人也會黃袍加身奪走自己的江山。不止北宋，南宋一代重文輕武、以文制武的現象也是十分突出。趙構不僅沒有心思抗金、收復中原，反而致力於偏安江南一隅，營造自己的小朝廷。正是存在著這樣的顧慮，趙構也一直對武將嚴加防範，生怕自己的江山被奪走。

南宋初年，金軍一心要滅亡南宋、生擒趙構。趙構迫於形勢不得不讓將帥居高位、掌重兵。他對於這些手握兵權的將帥一直抱著且用且疑的態度，尤其是經歷了一系列的兵變後，更讓他對武將盡起警惕之心。先是苗劉之變的發生，讓趙構產生了對武人的防範心理；接著是淮西兵變，讓趙構更加堅信武將掌握重兵十分危險。而在此之前，由於趙構對岳飛「節制」權力的出爾反爾，岳飛未經高宗允許，擅自離開軍營為母守孝，趙構幾次派人去請他出山都置之不理，這讓趙構心生不滿。

趙構起初是信任岳飛的，曾一度想要授予他掌管全國七分之五兵力的權力，但岳飛的表現卻給他一種居功自傲的感覺，並且似乎不把他放在眼裡。趙構便逐漸地不再信任岳飛了，對於岳飛掌握戰鬥力極強的「岳家軍」也起了奪權的念頭。再加上太子夭折時隔不久，岳飛又魯莽地請立宗嗣，使得趙構大為驚恐，認為岳飛等人有逼他退位之意。這樣一來，他想解除岳飛兵權的念頭更加堅定。而這時經過紹興四年和六年的幾次戰爭，趙構對在東南偏安已具有相當信心。於是開始計畫解除岳飛等三員大將的兵權。

趙構的這種念頭和宰相們一樣，他們害怕武將們會由於立了戰功威望日高，以致專橫跋扈而不易加以制馭，這既是縈繞在趙構心頭上，也是隨時縈繫在宰輔大臣們心頭上的一個問題。主戰派張浚擔任宰相時，就曾收奪劉光世的兵權並由他本人掌握，從而減去一員最傲慢的武將。後來，由於張浚用人不當，導致了淮西兵變，致使酈瓊殺害呂祉、北降偽齊，遂使收奪武將兵權的計畫宣告流產。繼任的宰相趙鼎則試圖收奪中興四將之一的張俊的兵權，不過還沒有等他下手，秦檜就取而代之成了宰相。秦檜任宰相後，對收奪大將兵權更加感興趣，因為他極力主張議和，這些手握重兵堅決抗金的大將們對他而言始終是個不安定因素。當秦檜得知高宗有收奪兵權的意向時，立刻煽風點火、極力慫恿，這也更加堅定了趙構的決心。

紹興十一年（一一四一年）四月，朝廷以慶祝柘皋大捷的名義，將各地領兵將領，特別是韓世忠、張俊、岳飛三員大將緊急召回京城。在盛大的慶功宴會上，宰相秦檜突然代表皇帝發布詔書：任命韓世忠、張俊為樞密使；任命岳飛為樞密副使；三人均不得返回部隊。名義上是授予他們更大的權力，實際上是想把他們架空。

由三位領兵大將同時入主樞密院，這在宋朝歷史上還是首次。接著，朝廷宣布撤銷三大將的宣撫司，解散了他們的統帥部，規定出師必須有皇帝的旨意，從而將調兵權收歸朝廷，並把管理權分散到了偏裨諸將手中，而統帥一級的將領則臨時由皇帝派出。

在強行剝奪三員大將領兵權的同時，南宋朝廷對軍事體制又做了重大改組。先後壓縮了各路大軍編制，將行營護軍的番號改為御前諸軍，並且將各路大軍拆散肢解，由以前的四路駐屯大軍，改編為十路駐屯大軍；當時朝內還存在著三衙軍，三衙長成為了殿前司三支兵馬的統兵官，此次改組就使得三衙軍成為與御前諸軍平衡制約、內外相制的力量。這就是宋朝歷史上的第二次「杯酒釋兵權」。

以上作為表明了南宋開始採取全面收斂的戰略防守政策，要全面恢復以文制武、守內虛外的帝國傳統。同時也說明趙構已經決定議和，並堅決地放棄了抗金的念頭與收復中原的理想。趙構為最終消除了自己多年的「隱患」而興高采烈，卻沒有意識到這已經毀掉了自己的長城。

如果僅僅是解除兵權，那還不算是個太差的結局，只可惜三員大將在解除了兵權後卻面臨著不同的命運。本來趙構和秦檜還擔心三員大將不會合作，沒想到他們很快地領命並恭順地交出了兵權。這使得秦檜非常得意，但是他並不滿足，他決定趁勢斬除這些堅決主張抗金、阻撓議和的將領。

張俊見風使舵，迅速地倒向秦檜，為了自己的名利富貴成了這個奸臣的幫凶。而韓世忠、岳飛則開始被一張無形的大網籠罩。秦檜、張俊本來要置韓世忠於死地，但由於岳飛的提醒，以及高宗對他多年戰功的體恤，逃脫了一劫。然而，岳飛卻已經無處可逃。岳飛一心抗戰，為秦檜所憤恨；他幫助韓世忠逃脫一劫，又招惹了張俊的怨氣；更重要的是，他已經不再被趙構信任，趙構甚至對他起了殺心。

就這樣，在交出兵權後不久，三人的命運有了不同的結果。韓世忠隱居世外，不再過問政事；岳飛於年底被冤殺於獄中；張俊則憑藉著出賣陷害韓世忠和岳飛的功勞，繼續享有他的榮華富貴。

宋太祖的「杯酒釋兵權」使得朝廷安定、免於內患，而宋高宗所模仿的「杯酒釋兵權」，雖然如願解除了將領的兵權，留下的卻是一個偏安一隅，再也無力北伐的積貧積弱的短暫王朝。他的「杯酒釋兵權」也因此成了歷史的笑柄。

05 紹興和議

紹興和議，斷送了南宋在這之前的抗金碩果，趙構以恥辱換取短暫的「和平」，使南宋與金形成了南北對峙的局面。

金軍滅亡北宋後繼續南下，想趁勢滅掉南宋小朝廷。趙構則是四處逃竄，對金兵的進攻根本不敢抵抗，一心只想求和。趙構先是派洪皓為大金通問使，向金軍統帥求和，結果金朝不僅沒有答應，還將其扣押了。接著，趙構又派杜時亮去求和，金朝仍不予理睬。心驚膽戰的趙構為求得一時的安逸，甚至寫信給金軍統帥哀求金朝答應他無條件投降。趙構在信中說：「現在既沒有將領可以守城，也沒有逃跑的地方了，願意削去尊號，認金朝為主，金軍又何必窮追不捨呢！」即便是這樣，金朝統治者仍不予理睬。建炎三年（一一二九年）九月，趙構又派張邵使金表明降順之意，結果張邵又被金朝扣押了。

金朝統治者下定決心要滅亡南宋，於是在建炎三年十月以兀朮（完顏宗弼）為統帥，分兵數路大舉南進，企圖活捉趙構。趙構急忙從建康逃往杭州。兀朮一路猛追不放，迫使趙構又從杭州逃奔越州，再從越州逃往定海。在定海還未站穩腳跟，金兵又尾追而來，趙構只得逃到溫州、台州一帶海面，在海上漂泊了三四個月才苟全了性命。直到金軍在建炎四年（一一三〇年）北撤後，趙構才回到杭州。

金軍力圖南侵，南宋軍民則奮力抵抗。長期的戰爭使金宋雙方消耗了大量的人力、物力、財力，社會經濟遭到嚴重破壞。人民災難深重，起義浪潮此起彼伏，猛烈地衝擊著金宋政權。弱小的南宋政權從建立時起就感到難以支持，急切希望停戰議和。趙構幾次派使向金求和都被拒絕。到了金太宗後期，金朝對南宋發動的幾次大規模進攻都遇到了頑強的抵抗，始終沒有取得進展，南宋也在與金朝的對抗中逐漸站穩了腳跟。

金熙宗繼位後，金朝統治集團內部的派別鬥爭激烈，大臣將帥為了爭權奪利互相殘殺。金朝政局長期動盪不安，自身力量受到削弱，對南宋的進攻又都以失敗告終。此時金朝已無力進取江南，因而開始出現與南宋停戰講和的趨向。

從紹興三年到紹興六年，金朝和屬邦齊國在川陝地區和中原地區同宋軍展開了大規模戰爭，宋軍接連取勝，偽齊的軍隊則是一潰千里，金朝在軍事上的優勢逐漸喪失。偽齊的無能表現讓金朝統治者十分惱火，於是金朝在紹興七年十一月廢掉了劉豫的齊國。可是這樣一來，一個嚴峻的問題擺在金朝統治者面前：用什麼辦法處理齊國原來統治的地區呢？主張與南宋講和的完顏宗磐、完顏昌逐漸掌握了金朝朝政大權。金熙宗採納完顏宗磐、完顏昌的建議，準備把原齊國統治的河南、陝西地區交給南宋，要趙構向金稱臣、貢納歲幣。同時金朝還願意歸還徽宗的梓宮和高宗生母韋太后。

紹興七年（一一三七年）十二月，南宋在金朝的使臣王倫回朝，並傳達了金朝議和的條件。趙構一聽心花怒放，巴不得立即簽訂協約。只要能苟安，稱臣納貢又算得了什麼呢？更何況還能贖回河南和陝西！於是，趙構迫不及待地起用朝內的投降派，一貫主和的秦檜自然成為了最佳人選。趙構任用秦檜為宰相，推動金宋議和。次年三月，趙構再次任命秦檜為右相，並讚揚秦檜說：「秦檜一心為國，品德高尚，很值得大家學習。」在趙構的授意下，秦檜立刻與金朝接觸加緊進行議和。紹興九年（一一三九年）正月，金宋達成了和議。

然而，這時金朝統治集團內部又開始互相傾軋。由於懷疑完顏昌謀反，金熙宗處死了這個主和派首領，金朝的主和派失勢，以兀朮為首的主戰派又掌握了大權。主戰派對南宋態度十分強硬，他們反對把河南、陝西地區交給宋朝，決意發兵奪回，並繼續進攻宋朝。

紹興十年（一一四〇年）五月，金軍以兀朮為統帥，分四路南下進攻宋朝。宋軍堅決抵抗，相繼取得了順昌、郾城等役的勝利。然而，宋高宗趙構與宰相秦檜卻唯恐抵抗有礙對金的和議，下令撤軍，斷送了抗金鬥爭的大好形勢，不久，兀朮再次南下，雙方各有勝負。

兀朮在幾次交戰後也重新估量了形勢。他看到金朝在軍事力量上已失去優勢。同時，金朝統治區北宋遺民不斷擴大的抗金鬥爭和金朝統治集團的內爭，尤其是連年進攻宋朝耗費了大量的人力、物力、財力，導致國勢衰落、軍力日弱，很難再繼續戰爭。

紹興十一年（一一四一年）十月，趙構派魏良臣出使金國議和。十一月，金朝派蕭毅為使到杭州簽訂了和約。和約內容大致如下：宋向金稱臣，金冊封宋康王趙構為皇帝；東以淮河中流為界，西以大散關為界，南屬宋，北屬金，割唐州、鄧州，以及商州、秦州的大半土地；宋每年向金納貢銀、絹各二十五萬兩、匹，從紹興十二年開始，每年春季送至泗州交納。

這個恥辱的條約斷送了南宋在這之前的抗金成果，南宋由此與金形成了南北對峙的局面，然而趙構以恥辱換取的短暫「和平」，很快在二十年後就被金軍的再度入侵打破了。

06 甘當附庸，無奈退位

昏庸無能的趙構聽信秦檜的讒言，採取對金兵投降議和的政策，還冤殺了忠心的大臣，之後再也找不出能與金朝抗衡的軍隊了。但金政權的內亂，使得幾近滅亡的趙宋政權轉危為安。趙構無力駕馭複雜的政治局面，只好讓賢做了「太上皇」。

紹興十一年（一一四一年）宋金議和後，南宋成為金王朝的附屬國，從此宋金關係不再平等，而成為君臣關係。趙構安於稱臣納貢，每年除把歲幣如數送到泗州交納外，還要搜刮大量的金銀幣絹送給金朝賀正旦及生辰。趙構的母親韋氏每年送給金朝皇后的禮物也數以萬計。金朝皇帝還隨時索取各種玩好，趙構都一一照辦。

宋金戰爭期間，金兵所到之處燒殺擄掠、農田荒蕪，百姓生活困苦不堪。議和後，宋廷向金朝交納巨額貢物，這些錢財自然轉嫁到了老百姓頭上。舊創未平，新創又起，由於賦稅沉重、國困民窮，各地農民紛紛起義。然而趙構卻不顧人民死活大興土木，建造了各種神殿宮寓，並舉行盛大典禮來粉飾太平。

趙構的美夢還沒做多久，金朝新主完顏亮就想一統天下，偏安江南的南宋小朝廷立刻又處在風雨飄搖之中。南宋的一些有識之士對於完顏亮南侵的企圖早有所察。紹興二十六年（一一五六年），東平進士梁勳上書，言金人有舉兵之兆，勸趙構未雨綢繆，以防不測。趙構勃然大怒，竟以詆斥和議、迷惑大眾的罪名將梁勳流放到千里之外。

這時秦檜已死，群臣拍手稱快，紛紛上奏章揭露秦檜的罪惡，要求為岳飛平反昭雪。但趙構竟下詔說：「和金人講和之策是我本人之意，秦檜只是贊成我的做法罷了。」並宣布：「從今以後有妄議邊事者，要處以重刑。」

紹興三十一年（一一六一年）九月，金主完顏亮率六十萬大軍分道南下想一舉滅宋，直到這時趙構才慌了手腳。這些年，朝中的主戰大臣被主張投降的秦檜罷免的罷免，冤殺的冤殺，因此大戰迫在眉睫卻找不到一個合適的將領，整個京城亂作了一團。無奈之下，趙構只好起用患病在身的老將劉錡和王權率軍抵擋。王權懾於金軍的強大，在廬州不戰而逃，全軍潰敗。趙構一聽王權兵敗，下詔準備解散官府，讓臣民各自逃命，他自己又想走航海避敵的老路。在新任宰相陳康伯的堅決勸阻下，趙構才被迫下詔表示要率軍親征。但此時劉錡孤軍難抵，繼王權後也兵敗南撤，整個兩淮地區均被金軍佔領。

就在這時，金朝發生了政變，完顏雍稱帝。正準備舉軍渡江的完顏亮聽此消息急於回國平叛，沒想到在采石磯被宋將虞允文一舉擊敗。完顏亮惱羞成怒，強迫金軍將士冒死渡江，結果激起兵變，一些將領殺死完顏亮，率軍北撤。南宋軍隊乘勢收復兩淮，大獲全勝。

采石之戰的勝利是南宋官兵同仇敵愾、英勇奮戰的結果，也是虞允文指揮有方的結果。虞允文本是一介書生，但他在緊急關頭毫不猶豫地挺身而出指揮部隊抗擊金軍，他正確地做了戰略部署，發揮宋軍水戰的優勢，以己之長攻敵之短，創造了以少勝多的輝煌戰績。采石磯大捷阻止了金軍渡江，從而保衛了長江防線，使金朝攻滅南宋的戰略計畫徹底破產，南宋得以轉危為安保持偏安的局面。

完顏亮南侵的慘敗，使南宋抗金熱情大振，抗金運動風起雲湧。高宗趙構早已被金兵嚇破了膽，他和朝廷內部的主和派策劃再次妥協，但這時全國上下群情激昂，大有一舉收復北宋以來的失地之勢。力主和談的趙構十分尷尬，面對無法抑制的抗金形勢，他陷入了空前孤立的境地，最後只好讓賢。

紹興三十二年（一一六二年）六月，趙構讓他的養子、宋太祖的七世孫趙昚繼位，至此趙宋王朝君主的位置又回到了太祖一系。趙構退位後孝宗皇帝趙昚奉他為太上皇。趙構在退位後終於過上了安寧的日子，繼位的孝宗皇帝對他也特別孝順。一方面，趙構舒舒服服地當他的太上皇，另一方面他還時不時地干預一下朝政。

07 深明大義吳皇后

面臨家族的危急關頭，深明大義的吳皇后決定上朝垂簾聽政。但她不戀政治，危機過後便撤簾不再聽政。吳皇后雖然不問朝政，卻每每幫助家族度過危機。

宋高宗趙構的皇后吳氏，是開封人，她十四歲就被選入宮，侍奉當年還是康王的趙構。趙構即位初年，到處躲避金軍的追擊，吳氏就身穿戎裝，跟隨趙構左右。吳氏為人很有膽略，而且才思敏捷，很會取悅趙構。有一次，宮內發生兵變，叛兵想趁機捕殺趙構，便抓住了吳氏，並逼她說出趙構在哪裡。吳皇后臨危不亂，機智地把他們騙走，化險為夷。時值金兵南征，趙構乘船入海。趙構一路上愁眉不展，恰巧有條魚跳到船上。吳氏機敏地說：「白魚是吉祥的徵兆啊。」宋高宗趙構聽後十分高興，更加寵愛她。不久，就封她為和義郡夫人，回到越州後又進封才人。此後，吳氏博覽書史、勤習翰墨，很快被封為貴妃。

宋朝大批宗室在靖康之難時被金人擄走，趙構的原配妻子邢氏及其他妃妾也都在其中。邢氏被擄北上後，趙構一直未立皇后。在紹興和議後，韋太后作為交換回到了南宋，趙構才知道邢氏她們都被折磨致死。韋太后回來後，很喜歡吳貴妃，當時皇后的位子還空著，秦檜等人就上書主張立吳氏為后，韋太后也表示支持。紹興十三年（一一四三年），宋高宗下詔立吳貴妃為皇后，並且追王三代，吳家親屬因此封官的有三十五人。吳氏成為皇后之後並沒有飛揚跋扈，她對回歸的韋太后十分孝順，親自照顧太后的起居飲食，令太后十分滿意。

宋高宗趙構雖然後宮妃嬪如雲，但是兒子卻只有元懿太子一人，然而元懿太子年僅三歲就夭折了，這件事使得趙構十分悲痛。太子死了，趙構又在南逃途中受到驚嚇，患上了不育之症，不可能再有皇子。為了保住趙氏江山，趙構決定在宗室中尋找繼承人，於是張賢妃收養了宗室趙伯琮為養子。吳皇后為才人時，也收了宗室趙璩為養子。張賢妃病逝，趙伯琮也由吳皇后一併收養，高宗分別封趙伯琮、趙璩為普安郡王、恩平郡王。伯琮恭儉勤敏、聰慧好學，可當大任，吳皇后勸高宗立伯琮為皇太子。於是高宗立伯琮為皇太子，改名為趙昚。

西元一一六二年，高宗趙構禪位於趙昚，史稱宋孝宗。宋孝宗登基後，尊吳皇后為壽聖太上皇后。孝宗即位之初銳意北伐，只可惜未能如願收回領土，反而大敗而歸。孝宗也逐漸意冷心灰，就禪位做了太上皇。太子趙惇即位，史稱宋光宗，宋光宗又尊吳太后為太皇太后。

宋光宗即位時已四十多歲，他不僅政治昏聵而且懼內，他的皇后李氏是歷史上有名的妒婦。由於李皇后的挑撥，宋光宗與太上皇宋孝宗趙昚關係日趨緊張。在宋孝宗的葬禮上，宋光宗竟然拒絕出席，一時間謠言四起，朝野上下人心惶惶。就在這緊要的關頭，樞密使趙汝愚責無旁貸地擔起了維持朝廷穩定的重擔。他審時度勢，認為不如順水推舟請光宗禪位嘉王趙擴，由新皇帝出面來平息事態。

這時的吳皇后年已八十，貴為太皇太后，若要朝野穩定，獲得吳太皇太后的支持至關重要。吳太皇太后深明大義，得知朝野的嚴峻形勢後，決定接受趙汝愚等大臣的建議上朝垂簾聽政，她在朝議上宣布光宗內禪，由太子趙擴即位。但趙擴生性懦弱，害怕會捲入政治漩渦，所以趙擴繞著柱子躲避送給他的皇冠，連聲說：「做不得，做不得。」眾人一時不知所措。這時，吳太皇太后喝住趙擴，親手給他戴上皇冠，趙擴才坐上帝位，史稱宋寧宗。

第二天，太皇太后又冊封趙擴的夫人韓氏為皇后，並撤簾不再聽政。寧宗皇帝前去拜見光宗趙惇時，光宗這才意識到自己已經做了有名無實的太上皇，他無可奈何地承認既定事實，結束了昏庸的統治。就這樣，在吳太皇太后的主持下，南宋度過了一場政治危機。慶元元年，吳太皇太后加號光佑，遷居重華宮。宋寧宗即位後不久，趙汝愚失寵，後來被貶謫而死。這時中書舍人汪義端把趙汝愚看作是李林甫一樣的奸臣，請求把和趙汝愚親近的官員一併驅逐出朝廷。吳太皇太后聽說後非常生氣，嚴厲訓斥了他這種想引起朝廷紛爭的行為，也正是由於她的反對，朝廷才又避免了一次大動盪。

吳太皇太后一生，經歷高、孝、光、寧四朝，在后位長達五十五年，是中國歷史上在后位最長的皇后之一。由於她為人謙慎又深明大義，因此很受朝野上下的尊重和愛戴。她雖然不問朝政，卻每每幫助朝廷度過危機。西元一一九七年吳太皇太后病死，終年八十三歲，謚號為「憲聖慈烈皇后」，葬在永思陵。

第九章 壯志難酬 孝宗趙昚

趙昚（一一二七——一一九四年），西元一一六二——一一八九年在位，史稱宋孝宗。趙昚初名伯琮，出自太祖少子秦王趙德芳一脈，父親為季王趙子偁，母為張氏。

以仁孝博得高宗趙構的認可，得以登基稱帝的宋孝宗趙昚勵精圖治，大有復興南國之志。面對金國咄咄逼人的態勢，孝宗主動出擊進行「隆興北伐」。怎奈張浚志大才疏，斷送了孝宗的壯志豪情。「隆興和議」並未從根本上改變南宋的頹勢，加之改革受挫，厭倦了政事的孝宗於一一八九年禪位光宗。孝宗一朝湧現了陸游、辛棄疾等大批愛國志士。此外，文壇上詩詞風格煥然一新，理學、心學交相輝映，書院繁盛使得南宋的社會生活豐富多彩。

01 皇權重回太祖脈

封建社會的皇權歸屬對統治家族有著重大意義。誰掌握皇權，誰就掌握著天下，和其他的族系就有著天壤之別，地位也不可同日而語。趙氏家族的皇儲，太祖、太宗系一直都枝葉不盛，而傳承到了南宋第二代，皇權又回到了太祖一系。綜觀整個趙宋朝，兩系掌握皇權者平分秋色。

孝宗趙昚，原名伯琮，為太祖趙匡胤七世孫。宋代自真宗開始，皇位一直在太宗一系傳承。到高宗時，由於高宗獨子趙旉夭亡，大臣們建議從太祖的後代裡選立繼承人。紹興二年，六歲的趙伯琮幸運地被高宗選中育於宮中，三十六歲時被立為太子，改名為「昚」，同年登基。宋朝皇位又回到了太祖一系。

自從「燭影斧聲」事件中宋太祖莫名死去，宋太宗弟繼兄位後，宋朝的皇帝一直是由太宗一系傳承，宋高宗趙構也是太宗一系的後裔，可是繼任高宗帝位的宋孝宗趙昚卻是太祖一系，是宋高宗故意要傳位給太祖一系，還是另有內情呢？

建炎三年（一一二九年）秋天，高宗趙構唯一的兒子突然夭逝，使其大為悲痛。太子既死，高宗又在逃亡途中受驚，患了不育之症，一時間竟無法選出皇儲來繼嗣。儲君的廢立，對於封建王朝來說是一件非常重大的事情，歷代兄弟父子相殘爭奪皇位的例子不勝枚舉。儲君是一國安定的根本，如果不立儲君，朝野就不能安心，國家的穩定也會受到很大的威脅。

大臣們紛紛上奏，一時間朝野上下混亂。宋高宗也為此事發愁，不知道該立誰為儲。這時候，吳皇后建議說：「以前是太祖讓位給太宗坐了皇帝，現在太宗一系都被俘虜到金國了，陛下何不效仿太祖再把皇位傳給太祖的後人呢？這樣天下人都會稱讚你的賢德的。」宋高宗聽後，覺得十分有道理。隨後，在大臣又勸立太子時，他便表明了這個意向。大臣們聽說高宗要立太祖的後人為儲，果然讚不絕口，紛紛上書請求立太祖之後為儲。宋高宗見大家都贊同這個意見，便下定決心從太祖的後人中「訪宗求室」。按照輩分，這時儲君應該在太祖的後裔「伯」字行中挑選。

從北宋初建到南宋初年，「伯」字行的太祖後裔已達一千六百四十五人，挑選的餘地雖然很寬，但要千里挑一也絕非易事，最後由高宗定奪留下了伯玖和伯琮。高宗趙構在從伯玖和伯琮中挑選合適接班人時，可以說費了一番周折，最終決定將伯琮作為太祖後代儲君候選人。伯琮入宮時年僅六歲，高宗便讓愛妃劉婕妤養育。

伯琮天資聰穎、博聞強記，受到高宗的鍾愛。紹興三十年，宋高宗趙構宣布立伯琮為皇子，賜名為「瑋」，封為建王，並詔告天下。

紹興三十二年，高宗又正式冊立伯琮為太子，賜名「眘」，並下旨在紫宸殿行內禪之禮。可是趙眘死活不肯接受，他默默地退到了大殿一側的旁門，想返回東宮。隨後，宋高宗不得不再次降諭旨，趙眘這才勉強答應。在行內禪禮時，文武百官齊聚殿門下，宣讀禪位詔書後，按官階高低魚貫進入紫宸殿迎接太子登基。太子到御座前，卻拱手側立不坐，在內侍的七八次扶掖之後才稍稍就坐，宰相率領百官祝賀，趙眘又忽然從座上跳起來，難過地說：「我父高宗的命令太過獨斷了，天子的位子很重，我的年紀尚不足以擔當此重任啊，還是容我退避吧！」群臣苦勸一番，趙眘又再三推辭，看實在拗不過眾人只好聽從所請，繼承了皇位，這就是歷史上以孝著稱的宋孝宗。

宋孝宗即位後對太上皇趙構十分孝敬，趙構也很高興，直誇自己所託得當。後人評價趙構一生昏庸沒有做過什麼值得稱道的事，但在選立太子這件事上卻是很公允的。

02 隆興北伐與隆興和議

孝宗趙昚是南宋最想有所作為的君主，也是南宋唯一志在復興的君主。他與當年宋太祖趙光義、宋徽宗趙佶發動戰爭的目的有著天壤之別。戰爭以「和議」結束，對趙氏家族來說，不再是一味地屈辱受氣；對宋金雙方來說，為社會經濟發展創造了條件。

宋孝宗趙昚於紹興三十二年（一一六二年）受高宗內禪而繼位。第二年改年號為「隆興」。孝宗皇帝在位期間，採取各種措施整頓南宋政權的積弊，期望能夠力挽狂瀾，怎奈自北宋以來的種種社會矛盾早已是根深蒂固無法挽救了。這位南宋朝最有魄力與潛質的皇帝，面對如此局面已是無力回天，他的許多努力也付之東流。

趙昚做皇子時就主張抗金，即位後更銳意收復中原。當年七月，他就正式為岳飛冤案徹底平反，朝野上下為之一振。他對秦檜構陷的其他冤案也進一步做出處理，李光、趙鼎等去世的受害者都恢復名譽，撫恤子孫；同時，張浚、胡銓、辛次膺等健在者都受到了重用。趙昚繼續任用高宗末年那些堅持抗金、政績卓著的大臣，陳康伯、虞允文、張燾等都成為新班底的核心。

金主完顏亮南侵以後，高宗趙構迫於輿論與形勢不得不重新起用廢黜近二十年的主戰派代表張浚，讓他出判建康府，但絕不讓他干擾自己的乞和路線。趙昚一即位，就召張浚入京共商復興大計，任命他為江淮宣撫使。高宗趙構對此很不以為然，還想阻止趙昚的復興計畫，但趙昚起用張浚、準備抗金的決心已定。

宋孝宗隆興元年（一一六三年）正月，趙昚任命張浚為樞密使，都督江淮軍馬，史浩升為右相，當時左相是陳康伯，組織「隆興北伐」的戰略部署。張浚派李顯忠、邵宏淵率軍渡淮北伐。宋軍進軍之初，連克靈壁、虹縣、宿州等地，但宋軍受符離之敗的影響很快便潰敗。此次北伐原本組織便不甚充分，加之用人不當，以及將領之間矛盾重重，而符離戰敗又使宋朝積蓄的軍資損失殆盡，「隆興北伐」未得取得任何進展。

張浚當時坐鎮盱眙指揮。符離之敗的消息傳至盱眙，張浚聞訊大驚，慌忙之間以劉寶為鎮江都統制，渡淮北上泗州。金兵並沒有趁勝南下，這時候南宋朝廷的投降勢力又開始積極活動了。此時已為太上皇的高宗並不贊成北伐，趙昚憑著年輕人的勇氣和新君的銳氣決意出師。只可惜張浚志大才疏，未能實現趙昚的宏圖偉業，戰敗的屈辱極大地打擊了趙昚的自信心，他不得不對投降派做出讓步。「隆興北伐」就這樣以失敗而告終。

北伐失敗，讓趙昚意識到恢復大業不可能在短期內實現，他開始在和戰之間搖擺不定。隆興元年七月，他起用秦檜餘黨湯思退為右相，讓他主持宋金議和。湯思退延攬同黨排斥主戰將領，張浚屢屢遭到彈劾，終被貶官，其他主戰大臣也紛紛去官。

隆興二年（一一六四年）十二月，宋金重新訂立和議：南宋不再對金稱臣，改稱「侄皇帝」；每年向金朝交納的「歲貢」改稱「歲幣」，並減十萬之數；南宋把完顏亮南侵失敗後由宋軍收復的州郡割還金朝。這就是所謂的「隆興和議」。

與紹興和議相比，雖然這次議和對南宋來說仍舊是一個屈辱的合約，但南宋在隆興和議中的地位卻有所改善。南宋皇帝不再向金朝稱臣，歲貢改為歲幣，數量也比紹興和議減少十萬兩，這是金朝最大的讓步；而南宋在采石之戰以後收復的海、泗等六州悉數還金，則是宋朝最大的讓步。

宋金雙方的讓步，都是基於一種新的地緣政治的實力平衡：金朝的讓步是出於內部的不夠穩定，宋朝的讓步是出於兵戎相見時力不從心。隆興和議以後，宋金關係再度恢復正常，直到開禧北伐才試圖再次打破這種地緣政治的均衡狀態。而隆興和議到開禧北伐的四十年間，宋金都進入了社會經濟發展的最好時期。

03 得與失：孝宗重振皇權的努力

趙氏家族的祖宗法度，影響著趙家一代又一代的統治者，這也是趙氏政權軟弱的原因所在。趙昚為了防止再次出現大臣擅權的局面，採取各種措施加強皇權，然而趙昚的「志大才疏」，還是對南宋政治產生了消極的影響。

孝宗趙昚在積極處理對外關係的同時，更注重強化內部統治機能。高宗趙構後期，秦檜獨攬朝政，黨羽遍布朝廷，相權的膨脹對皇權構成了極大的威脅，趙昚曾親身感受到秦檜的專橫跋扈。他主政後，為了防止再次出現大臣擅權的局面，採取了各種措施以加強皇權。

即位之初，趙昚就開始著手革除南宋初期以來政治上的種種弊端。他積極整頓吏治、裁汰冗官，加強對貪官污吏的懲治力度，嚴格官吏的考核，甚至親自任免地方中下級官吏。南宋建立以後財政一直拮据，趙昚盡量減少不必要的開支，還經常召負責財政的官吏進宮詳細詢問各項支出和收入，認真核查具體帳目，稍有出入就要刨根問底。

為了改變民貧國弱的局面，趙昚特別重視農業生產，不僅每年都親自過問各地的收成情況，還十分關注新的農作物品種。一次，范成大進呈一種叫「劫麥」的新品種，趙昚專門命人先在御苑試種，發現其穗實飽滿，才在江淮各地大面積推廣。

趙昚在位期間，「躬攬權綱，不以責任臣下」，大到軍政國事，小到州縣獄案，他都要親自過問。無論是在積極進取的隆興、乾道時期，還是在消沉保守的淳熙時期，趙昚都一直保持著這種事必躬親的作風。這固然是為了把權力集中在自己手中，但作為一個皇帝能夠自始至終孜孜不倦地處理政事畢竟是十分難得的。

趙昚的勤政的確達到了集中皇權的目的，許多原本該由臣子處理的政務都要由他親自裁定，臣子們只好俯首聽命，很少有自己的主見。然而這種勤政對南宋政治卻產生了消極的影響，趙昚理政之細已經到了煩瑣的程度，他把太多的精力放在了細枝末節上，反而忽視了治國的大政方針。一些大臣曾勸過趙昚要先抓住國家大政，雖然他也認為言之有理，但一遇到具體問題又依然故我。

在重大決策上，趙昚往往事先不經深思熟慮就貿然施行，稍有挫折又馬上收回成命。他在位期間，朝令夕改、猶豫反覆的情況多次出現，最典型的例子就是他在張浚北伐、隆興和議中的表現。收復中原的計畫最終落空，與趙昚的這種為政作風也不無關聯，有人評價他「志大才疏」，還是有一定道理的。

趙昚的集權，使以宰相為首的朝廷大臣們難有作為。孝宗趙昚在位二十八年，先後有十七人出任宰相，參知政事的有三十四人之多，如此頻繁地更換宰臣，這在宋朝是罕見的。宰臣在任時間幾乎都不長，可見趙昚的目的是防止權臣的出現。他為了樹立起君主的絕對權威，有時甚至聽信片面之詞，不經過調查核實就將宰臣免職。乾道二年，有人檢舉參知政事葉顒受賄，而檢舉之人與葉顒素來就有矛盾，趙昚在真相尚未明瞭之前就將葉顒免職。之後經查證並沒有發現葉顒受賄的確鑿證據，趙昚才意識到錯怪了葉顒，重新召其入朝。

淳熙二年，朝廷選派使臣赴金求河南陵寢地，宰相葉衡推薦湯邦彥前往。湯邦彥膽小如鼠，他懷疑這是葉衡要自己去送命，因此懷恨在心。湯邦彥向趙昚上書告密，說葉衡曾有詆毀趙昚的言論。趙昚大怒，當日就罷去了葉衡的相位，並將其貶往郴州。宰相是百官之首，趙昚卻輕易罷免，反映出他對宰臣們缺乏真正的信任。

在宰臣的具體人選上，趙昚恢復了宋代立國以來「異論相攪」的祖宗家法，提倡宰臣之間可以有不同的政見，以此來讓他們互相牽制。宰臣們不能團結合作，雖然在一定程度上有利於皇帝控制朝政，但這種局面卻給趙昚的中興大業帶來了嚴重的負面影響。

隆興元年十二月，趙昚以湯思退為左丞相，張浚為右丞相，讓主和派重新執掌了大權。主和派趁機大肆破壞張浚辛苦經營的江淮防線，最後迫使趙昚屈辱求和。乾道年間，趙昚再謀北伐，他先是任命葉顒為左丞相，魏杞為右丞相，前者一向主張收復，後者卻始終反戰主和。一年之後，趙昚就覺得他們意見有分歧很難成事，便罷去了他們的相位。但是趙昚並沒有改變用人方法。乾道八年，他在任用虞允文為左丞相的同時，又將反對用兵的梁克家升為右丞相，結果使虞允文心存顧慮，遲遲不肯從四川出兵。

除了內部的互相牽制，趙昚還利用自己未當皇帝時的部屬來制約宰臣，這些部屬往往倚仗趙昚的寵幸禍亂朝政。由於他們長期跟隨趙昚因而關係密切。相對於其他朝臣趙昚對他們更為信任，遂重用他們作為耳目，這構成了孝宗朝政治的又一特點。

趙昚的近臣比較有名的有曾覿、龍大淵、張說等人。曾覿、龍大淵原是趙昚為建王時的低級僚屬，由於善於察言觀色深得孝宗歡心。趙昚一登上皇位，便立即破格提升二人參與軍機大政。朝臣們紛紛奏章反對，抨擊二人不學無術、見識淺薄，仗著趙昚的恩寵必將「搖唇鼓舌，變亂是非」。趙昚不但不聽勸諫，反而還將反對的大臣降職免官，曾、龍二人從此更無所忌憚。

乾道三年（一一六七年），參知政事陳俊卿抓住曾、龍二人不法行為的證據，彈劾他們偷聽、洩漏機密政事，趙昚一時氣憤，將二人驅逐出朝。但實際上，趙昚心裡對二人還是念念不忘的。乾道四年，龍大淵死於任上。接到龍大淵的死訊，趙昚又想召曾覿回朝，但朝臣們已經猜到了他的心思，不等詔書下達，反對的奏章就紛至沓來。

乾道六年，反對最為強烈的陳俊卿罷相，趙昚立刻召回了曾覿，對其恩寵有加。曾覿一時間權勢顯赫，朝中文武官員多出其門。淳熙六年（一一七九年），出守建康府的陳俊卿兩次面見趙昚，一再指出曾覿結黨營私的危害。趙昚對朋黨一向嚴於防範，經陳俊卿的提醒才開始對曾覿等人稍有疏遠。

張說本以父蔭入仕，後因娶高宗吳皇后之妹，遂受重用。乾道七年，趙昚任其為簽書樞密院事，進入執政之列，朝議大譁，同知樞密院事劉珙恥於與張說共事憤然辭職，中書舍人范成大拒絕草詔，趙昚只得暫時收回成命。

一年之後，趙昚再次命張說參與樞密院事，儘管這次朝臣們依然激烈反對，但趙昚仍不為所動，將持異議的李衡、王希呂、周必大、莫濟等人一併免職，強行發布了對張說的任命詔書，此後再也沒有人敢公開議論這件事了。張說之所以能夠得到趙昚的器重，除了他的外戚身分外，還與他在抗金上的態度有關。當時，趙昚正在籌備再次北伐，而朝中大臣要麼明確反對，要麼猶豫觀望，張說則積極贊同北伐，是除虞允文外，少數幾個支持出兵的大臣之一。因此趙昚堅持起用張說，希望他能協助自己和虞允文早日收復中原。然而張說既無才識又無德行，他上任之後便與曾覿等人互相勾結，倚恃恩寵、為所欲為，使趙昚大失所望。淳熙元年，趙昚罷免張說，將其貶謫撫州。

綜觀孝宗一朝，對外力圖中興恢復，最終卻徒勞無功；對內即使重新樹立起了皇權的威嚴，但吏治腐敗、民亂迭起的狀況並沒有好轉。

儘管如此，趙昚仍是南宋最想有所作為的君主。他經常感歎自己功業不如唐太宗，富庶不及漢文景父子，抱怨自己還不如東吳孫權能得許多人才。他十分勤政，以致「事無巨細，概呈御覽，情無輕重，均由聖裁」。乾道、淳熙年間，南宋社會經濟持續發展，儘管也有過湖北賴文政率領的茶販茶農暴動，以及廣西李接領導的農民起義，但就社會政治而言，仍不失為南宋最清明穩定的時期。

趙昚銳意北伐，但內外條件卻令他「用兵之意弗遂而終」。他外逢金世宗（完顏雍）統治，對手政局穩定、財政充裕、戰備嚴整，無懈可擊；內有太上皇干擾，自己被索縛手腳，消磨銳氣、有心無力，有種種無奈。孝宗在位二十七年，有二十五年受到太上皇趙構制約。太上皇並沒有如其禪位時宣稱的不問朝政、頤養天年，他每到關鍵時刻就多方掣肘、出面干涉，例如新任命的宰執必須到他那兒「入謝」，面聽「聖訓」。在收復中原大計上，太上皇更是寸步不讓，他一再告誡趙昚：一旦用兵，對方不過事關勝負，我們卻是關乎存亡；收復事等我百年以後你再考慮吧！這也是趙昚在隆興北伐後不再用兵的重要原因之一。

淳熙十四年（一一八七年），太上皇趙構去世，趙昚還做了兩年皇帝，但他卻再無當年的銳氣，暗中打算禪位給自己兒子。後人以恢復論其父子道：「高宗之朝，有恢復之臣，而無恢復之君；孝宗之朝，有恢復之君，而無恢復之臣。」此說不無道理，高宗無意恢復，但岳飛、李綱、張浚都以恢復為己任；孝宗志在恢復，僅一個虞允文也中途而歿，歷史的發展並不總是盡如人意的。

淳熙後期，趙昚已經深感力不從心，開始厭倦煩瑣的政事，打算讓位給太子，但礙於太上皇高宗還健在，一時無法施行。淳熙十四年十月，高宗病逝，趙昚決定服喪三年，以「守孝」為由退位。

淳熙十六年（一一八九年）二月，孝宗正式傳位於太子趙惇，是為光宗，自己退居重華宮，做起了太上皇。

第十章　庸碌無道　光宗趙惇

趙惇（一一四七——一二〇〇年），西元一一八九——一一九四年在位，史稱宋光宗，趙惇是孝宗第三子，母為成穆皇后郭氏。

他四十三歲登基，僅僅過了兩年就患上了精神疾病。光宗的病態心理源於他對父親的猜忌和對妻子的恐懼，在位五年間，他的病情不斷加重，最後不得不在四十八歲時退位。宋光宗趙惇是南宋初期幾位皇帝中在位時間最短的一位，他在位時間雖短，卻在宋代歷史上留下了極為奇特的一筆。

01 紹熙初政，不孝子登基

一個統治者，連最基本的人倫綱常都不遵守，怎麼會有能力治理好一個國家？光宗在位期間全然不像父親孝宗皇帝那樣銳意進取，可以說，完全是一個昏庸無道的皇帝的代表。

孝宗皇帝趙昚即位後，發動了對金的「隆興北伐」。雖然北伐取得了一定成果，但是並沒有根本改變南宋的不利局面。此後，他又在南宋內部屢有改革舉措，只可惜由於北伐失敗的打擊，加之許多政令實施不力，成果都不大，以致孝宗逐漸對政事產生了厭煩的心理。高宗死後不久，孝宗皇帝也打算效仿高宗，退居到幕後，因此，便匆匆忙忙地將皇位傳給了兒子趙惇，即宋光宗。

宋光宗趙惇的皇帝之路並非一帆風順。趙惇是孝宗趙昚的第三個兒子，生於紹興十七年（一一四七年），孝宗即位時被封為恭王。乾道元年（一一六五年），他的大哥鄧王被確立為太子，趙惇根本沒有任何登基稱帝的機會，但就在趙惇失望之時，太子於乾道三年突患重病，不久便死去了。

這給趙惇提供了絕好的機會，他便暗下決心準備在皇位爭奪戰中獲勝。他在太子死後立刻像換了一個人，每日習文練武不輟，並在王府中與侍講的官員評論歷代王朝的功過得失，時常發表驚人的見解，大有語不驚人死不休的架勢，連侍講官員都自歎弗如。但孝宗此時仍在不斷地考察諸皇子，並沒有馬上確立太子。幾年後，太史呈報說天象變化，認為應確立太子，這時宰相也乘機請求皇帝及早確立儲君。就這樣，恭王趙惇被冊立為太子，淳熙十六年（一一八九年）二月，孝宗禪位於太子趙惇。

趙惇即位後，孝宗並不甘心完全放棄對朝政的內控，禪位前安排自己信得過的老臣周必大出任左相以作為一種平衡，安排趙惇潛邸舊臣留正為右相。趙惇一上臺，就不願再受太上皇擺布，提拔親留怨周的何澹為諫議大夫，何澹一上任首攻周必大，趙惇順水推舟將其罷相，升任留正為左相。

趙惇即位次年，改元紹熙，史稱紹熙初政，後世評其「宜若可取」，實際情況是言過其實。光宗雖多次下詔求言，卻是只做聽眾而缺少行動，有臣子就一針見血地說他「受言之名甚美，用言之效無聞」。在任用台諫上，趙惇既出於私心選用了何澹，也嚴加甄選任命了劉光祖、彭龜年等人，可謂正邪並用。至於薄賦緩刑，見諸本紀的「下詔恤刑」「後殿慮囚（審問囚犯）」，不過是虛應故事；減稅、節用、理財之舉，或杯水車薪，小惠未遍，或有始無終，言行不一，總體上無甚可取。

另一方面，趙惇初政，有違明君之德的嗜好逐漸地暴露。他對優伶歌舞、市井段子非常感興趣，時時召來演出，樂此不疲。他原先就嗜酒，如今更是飲宴無度。

太學生余古知道了這些情況，就趁著下詔求言，在封事裡以酒池肉林的商紂王和寵暱伶官的唐明宗作為類比進行勸諫。此諫觸到了趙惇的顏面，他再也顧不得維護納言好諫的形象，一怒之下將余古押送筠州，讓他邊受監管邊學習。

登上了帝位的趙惇，不僅後宮生活不檢點，還覺得自己再也沒有必要裝出「孝子」的模樣來討孝宗的歡心了。即位之初曾仿效孝宗侍奉高宗的先例，每月四次朝見重華宮，偶爾也會陪孝宗宴飲、遊賞，但是沒過多長時間便開始找藉口迴避這種例行公事，父子間的隔閡逐漸地顯現出來。

光宗趙惇只有一個兒子趙擴，時封嘉王，是皇位理所當然的繼承人。宰相留正勸趙惇早日立儲，趙惇便聽從建議去找太上皇，不料孝宗對他說：「當初按例應立你二哥，因為你英武像我才越位立你。而今你二哥的兒子還在。」意思很明白，孝宗趙昚認為長子趙愭絕後，皇位應該再回到次子趙愷一系。孝宗這一安排原因有二：其一，彌補對趙愷的歉疚心理；其二，他發現嘉王「不慧」，而趙愷之子嘉國公趙抦早慧。趙惇在大義與情理上不能回駁太上皇，內心卻有極大的怨懟，這給兩人的關係劃出了無法彌合的裂痕。

紹熙五年，孝宗得病，趙惇一次也沒有入宮探視。親生兒子冷落自己到這種地步，孝宗心中充滿了失望、悒鬱與悲傷，病情急轉直下。五月，孝宗病重。太學生們聽說趙惇非但不過宮省親問疾，此時竟然還在後宮玩樂，便寫了一篇《擬行樂表》，其中兩句說「周公欺我，願焚《酒誥》於康衢；孔子空言，請東《孝經》於高閣」，辛辣地諷刺了趙惇的不孝無德。

朝廷大臣也因趙惇不從勸諫而倍感失望，紛紛上書自求罷黜，居家待罪，「舉朝求去，如出一口」，而趙惇下詔全部不准。留正等大臣再三懇請趙惇過宮探視孝宗病情，趙惇不聽，拂衣而去。留正緊拉趙惇的衣襟苦苦進諫，趙惇仍不為所動自回內宮，群臣只得慟哭而退。都城百姓對趙惇的強烈不滿至此也達到了頂點，並且不加掩飾地表露出來：曾經藏在心裡的憤怒，現在則「勃勃然怒形於色矣」；過去只是私下裡議論，現在則「囂囂然傳於道矣」。

當年六月，孝宗駕崩，趙惇仍然不顧百官奏請，連喪事也不肯主持，只得由太皇太后吳氏代其主喪。事實上，趙惇內心深處仍然畏懼孝宗，他不相信孝宗已死，認為這是一個篡奪自己皇位的圈套。他不僅安居深宮、宴飲如故，不為孝宗服喪，並且擔心遭人暗算，時刻佩劍帶弓以自衛。正當這位不孝的皇帝終日提防自己已故父親的時候，他卻萬萬沒有料到皇位已經被自己的兒子悄悄地取代。紹熙五年七月，嘉王趙擴在太皇太后的支持和大臣趙汝愚、韓侂胄等人的擁立下即位。

趙惇在爭奪皇位時善於偽裝自己，孝宗趙昚竟沒有識破他的假面具，最終使這樣一個無能又不孝的兒子登上了皇位。這是宋孝宗的悲哀，也是整個趙氏家族的悲哀。

02 跋扈善妒的李皇后

李鳳娘憑一句「此女當母儀天下」而被冊封為皇后，她雖長得美豔絕倫，內心卻陰險毒辣，時常在後宮搬弄是非，是一個典型的悍婦。趙惇懦弱無能，他的不孝之舉在很大程度上與李后的教唆有關，「母儀天下」就此成了一個笑談。

南宋光宗皇后李鳳娘，安陽人，慶遠軍節度使李道的女兒。其父聽說道士皇甫坦善給人看相，將他邀至家中。皇甫坦一見李鳳娘，大驚說：「此女當母儀天下，請妥善撫養。」後來皇甫坦受宋高宗信任，高宗聽信皇甫坦鼓吹李鳳娘「當母儀天下」，因此命當時還是恭王的趙惇將其納為恭王妃，封榮國夫人，進定國夫人。

冊立為太子妃後，李氏容不得太子身邊宮女的增多，一再到高宗與孝宗夫婦面前告狀。孝宗趙昚讓她學點后妃之德，同時警告她：「如果只管與太子爭吵，寧可廢掉你！」

李鳳娘雖長得美豔絕倫，內心卻陰險毒辣、跋扈擅嫉，時常在後宮搬弄是非。趙惇即位後，李氏被冊封為皇后，這使得她更加肆無忌憚、目中無人。有一次，竟然話中有話地譏諷太上皇后謝氏與孝宗不是結髮夫妻，氣得孝宗把老臣史浩召來討論廢黜事。史浩從穩定政局出發認為絕不可行，廢后之事才作罷，但雙方關係卻充滿了火藥味。李氏也由此成了南宋後宮之中專權干政的典型代表。

李皇后是一個典型的悍婦。光宗皇帝性格懦弱、沒有主見，他對李氏既怕又愛，任何事都是李氏說了算。光宗雖然不敢和妻子正面發生衝突，但是他心裡十分清楚，皇后之所以專橫跋扈全在於依靠宦官的勢力。光宗本來是計畫釜底抽薪將這些宦官誅殺，但遲遲沒有下手。然而他的想法卻逐漸被內侍察覺，這下宦官們大為驚恐，整日諛媚李皇后，祈求她設法解救。宦官們不斷地在太上皇與光宗之間搬弄是非以達到離間兩宮的目的，李皇后對宦官勢力更是大加包庇。

李皇后為人忌妒心極強，如果有人稍稍影響到她的地位，她便恨不得處之而後快。趙惇在宮中盥洗時，曾讚美了一個宮女的纖纖玉手，恰巧被李后聽見。次日，李氏便遣內侍送來一個食盒，盒中裝的竟是一雙血肉模糊的玉手，令人慘不忍睹。

李后妒悍成性，尤其對趙惇最為寵愛的黃貴妃更是懷恨在心。紹熙二年十一月，按例皇帝要親祭宗廟，趙惇無法推脫，只好前去祭奠先祖。李后便趁此機會召入黃貴妃，斥責她迷惑光宗罪在不赦，令內侍持以大杖將黃貴妃重笞數百下，黃貴妃就這樣被活活打死。趙惇得知後非常驚駭，但是又找不到任何證據，對李后也不敢加以責問，只能任由李后胡作非為。趙惇受此打擊，整日麻木無狀、思緒混亂，精神從此失常。

直到紹熙三年春天，趙惇才能勉強升殿聽政，但也經常目光呆滯、精神恍惚。他的病情時好時壞，還有點週期性，歲末年初比較穩定，偶爾還去朝見太上皇，從開春到秋末神志就基本不正常。理智清醒時，趙惇還想做個明君，曾為自己能把陳亮由禮部奏名第三擢為第一而喜形於色。但昏政已司空見慣，蜀帥吳挺死了半年，趙惇還固執地以為吳挺活著而不派新帥。紹熙二年歲末以後的兩年半時間裡，南宋王朝就是由這樣一個精神病患者君臨天下的。

太上皇孝宗趙眘聽說兒子趙惇得病，感到十分憂慮，便找來御醫為趙惇開了一副良方，只待趙惇問安時給他試服。但是，這時的趙惇由於李后的不斷挑撥，對孝宗已全無父子情義。又由於宦官們捏造謠言，孝宗要給光宗服藥的消息傳到了李后的耳朵裡，李后更是將此事在趙惇面前大加渲染一番，致使趙惇與孝宗的關係更加緊張。自此以後，趙惇便很少前往孝宗的寢宮拜見了。

李后乘機在光宗染病期間獨攬大權干預政事，這是違反南宋祖制的。太上皇趙眘前去看望趙惇，趙惇見父親到來慌忙起身拜見，趙眘看他骨瘦如柴十分心疼，並好言相慰要他好好養病。此時，左右不見李后，趙眘非常氣憤，待李后前來便質問她為何不在光宗身邊侍奉。李后卻藉口因批閱奏摺故不能侍奉光宗，趙眘聽後更是勃然大怒，嚴厲斥責李后不應該干預政事。李后不敢反駁，但是對趙眘更加嫉恨。

光宗趙惇與孝宗趙眘之間的關係由於李后的挑撥而日益冷淡。趙眘病重，趙惇一臉漠然，也不去問疾，反而天天與李鳳娘遊宴。

紹熙五年六月，孝宗病逝，趙惇竟然拒絕主喪，而由吳太皇太后代為主持。留正、趙汝愚請高宗吳皇后以太皇太后之尊垂簾聽政，吳皇后不願背上女主干政的惡名，只同意代行祭奠禮，並向外宣布「皇帝有疾，可在南內服喪」，以遮掩朝廷體面、平息朝野義憤。

趙惇的不孝之舉，在很大程度上與李后的教唆有關，沒多久趙惇便為此付出了代價，紹熙五年（一一九四年），孝宗皇帝去世後不久，趙惇的兒子嘉王趙擴被群臣擁立登基，趙惇被迫退位。

寧宗受禪後，李后被奉為皇太后，尊號「壽仁」，再也無法興風作浪了。在皇太后的位子上，她沒做什麼出格的事，直到慶元六年得病而死。

03 偏執瘋皇帝，兒奪父位得人心

孝宗好不容易剛剛開創的中興局面，被患有心理和精神疾病的光宗斷送，趙氏家族從此走向了下坡路。一個不能為國為民謀利的君主，注定了被推翻的命運。

光宗朝的政治，以他紹熙二年十一月發病為界，前後分為兩個階段。發病前，光宗在朝政的處理上循規蹈矩，尚不失為一個合格的守成之主，史書稱其「紹熙初政，宜若可取」，評價還是較為公允的。光宗多次減免賦役，在一定程度上減輕了百姓的負擔；他還採取了一些措施整頓吏治，在用人方面也有值得稱道之處。

宗室趙汝愚有一定才能，曾考取進士第一名，光宗無視不得重用宗室的祖制以及台諫大臣的強烈反對，將他擢為知樞密院事。之後，趙汝愚在解決趙宋統治危機時，確實起到了重要作用。永嘉學派的代表人物陳傅良通曉歷代政事制度，主張為學要經世致用，在朝野間享有盛名，光宗任用他為起居舍人兼中書舍人，負責記錄自己的言行，並書讀詔命，六年間一直留他在朝中。

然而隨著病情的加重，光宗已經很難對國事做出理智的處理。紹熙初政時，光宗就逐漸地顯現出性格中固執的一面，偏執讓光宗很難接受不同的意見，處理政事全憑一己所欲，他對於持有異議的朝中大臣，或是對其意見置若罔聞，或是令其外出任職。在過宮風波中，光宗的偏執表現得尤為明顯，但他堅持認為自己沒病，不需要服藥和照料。他甚至不允許醫生接近，曾經在一天之內趕走了數十人，還常對讓他服藥的內侍們大發雷霆，弄得宮掖之內人人自危，宮人們對他也漸生不滿之心。

光宗的精神病近似於妄想症，以前他只對孝宗猜疑，其後逐漸對許多大臣也開始不信任。但是，他對於東宮舊僚倒是十分眷顧。紹熙四年，光宗任命東宮舊僚姜特立為浙東馬步軍副總管，還準備召他入宮。由於東宮舊人曾和皇帝朝夕相處，關係格外親密，往往會憑藉皇帝寵幸危害朝政。為了防止這樣的情況出現，朝臣們紛紛上書請求光宗收回成命，光宗卻不為所動。丞相留正甚至請辭相位，出城待罪，試圖迫使光宗改變主意，但光宗既不許他辭職，又不召他回朝，致使留正離位長達一百四十餘天，此間沒有宰相處理國家的日常事務。最後是因為要向太皇太后上尊號冊寶，須以丞相為禮儀使，光宗才召回留正，不再堅持讓姜特立入朝。

除了東宮舊人，光宗還相信身邊的宦官。紹熙四年，他任命陳源為大內侍省押班，也就是宦官頭領。陳源在孝宗時深得太上皇高宗的歡心，常常窺伺孝宗舉動，孝宗因此很厭惡他，不僅抄了他的家產，還把他貶官郴州。陳源對孝宗自然懷恨在心，如今被召回宮，光宗對孝宗又心存猜忌，陳源便趁機勾結宦官林億年、楊舜卿等人在光宗身邊煽風點火，離間孝宗父子關係。此時的光宗已經喪失了判斷能力，對宦官的讒言深信不疑。

光宗在東宮時，孝宗曾稱讚他「無他嗜好」，而事實上光宗嗜酒成癖。發病以後，光宗時時處於擔憂、猜疑和畏懼之中，更需要用酒來求得精神上的安寧。光宗對優伶之戲也有濃厚的興趣，他無節制地把錢花在聲娛之樂和賞賜俳優上，皇室內庫不夠開銷，就假借各種名義挪用國庫。為滿足光宗的享樂需要，紹熙初政時稍有緩和的百姓負擔再次加重。

紹熙五年七月，孝宗病死，光宗既不主喪，也不成服。大喪無主，不僅使朝廷的體面蕩然無存，而且一時間有關政局不穩的謠言四起，京城內外人心惶惶。大約從六月中旬起，臨安城內很多居民遷徙，富家巨室競相藏匿金銀重寶，物價飛漲，朝中大臣或不辭而別，或遣家眷歸鄉，甚至後宮妃嬪都打點細軟送回娘家，一場社會變亂眼看就要爆發。

為了挽救混亂不堪的政局，宗室趙汝愚、趙彥逾開始秘密策劃，決定拋棄光宗，扶立嘉王趙擴為新君。他們說服殿前都指揮使郭杲取得禁軍的統率權，暫時控制了軍隊；同時又聯絡外戚韓侂胄，讓他爭取太皇太后和皇太后的支持，使「內禪」名正言順。此前，丞相留正曾向光宗建議立嘉王趙擴為儲，光宗當時看了上奏後勃然變色，認為一旦立儲自己的皇位馬上就會被取代，堅決不同意。然而，光宗在幾天以後忽然派人送來一封御札給留正，上寫「歷事歲久，念欲退閒」八字，與此前把持皇位的態度大相逕庭。本來連建儲都不願意，現在居然自動提出「退閒」，其中顯然另有隱情。

內禪的準備工作就緒之後，太皇太后下詔，以光宗「曾有御筆，自欲退閒」，皇子嘉王趙擴可即皇帝位，尊光宗為太上皇，一場披著合法外衣的宮廷政變至此圓滿成功。當光宗得知兒子取代了自己，內心的失落、憤恨等情緒突然迸發，病情進一步惡化了。

在寧宗趙擴即位後的整整五年間，光宗一直不肯原諒兒子，拒絕接受兒子的朝見。雖然當年他也曾迫不及待地期望孝宗退位，但他不能原諒兒子奪了自己的皇位。他固執地繼續居住在皇帝的宮殿中，不肯搬到為他修建的泰安宮去。被迫退位，是光宗精神上遭受的最後一次重大打擊。在退位後的歲月裡，他有時發呆、有時自言自語，有時瘋瘋癲癲地在宮內跑來跑去，有時則失聲痛哭。慶元六年九月，在其妻李皇后死去兩個月後，這位精神不正常的皇帝最終離開了人世，終年五十六歲。

第十一章　傀儡皇帝　寧宗趙擴

趙擴（一一六八——一二二四年），西元一一九四——一二二四年在位，史稱宋寧宗。母為慈懿皇后李氏。

趙擴的父親光宗，在即位的第二年，不幸患上了精神疾病，無法理政，南宋一時間面臨統治危機。統治集團不得不拋棄光宗，另立新君，於是趙擴還沒來得及被立為太子就倉促即位。

寧宗時期，外戚專權十分嚴重，政事全由外戚韓侂胄一人決斷，助長了朝廷的腐敗。後期又有大臣史彌遠又一手遮天，干預朝政，寧宗完全被架空了。特別是兩次北伐，更是把積貧積弱的宋朝搞得一團糟，財政危機日益嚴重，百姓苦不堪言。

01 理政無方，有德無才

德才兼備，方為人中之龍鳳。而趙擴作為趙氏天下的統治者，雖有德卻無能。有德無才的趙擴在位三十年間被權臣和後宮控制，不過是坐在龍椅上的一具傀儡罷了。

乾道四年（一一六八年）十月，趙擴生於恭王邸。淳熙七年（一一八〇年），趙擴開始從師學習。淳熙十二年（一一八五年），趙擴被進封為平陽郡王。同年，趙擴舉行了婚禮，娶夫人韓氏。韓氏是北宋名將韓琦的後人，賢淑通達，很受趙擴鍾愛。十六年三月，光宗繼位後，他又晉爵嘉王。

紹熙元年（一一九〇年），即光宗趙惇即位的第二年，皇后李氏就曾提議要將趙擴立為太子，由於太上皇趙昚還健在，光宗不敢自作主張而沒有同意。同年，宰相留正奏請立嘉王趙擴為太子也被否決。太上皇孝宗認為立儲關係國本，不能倉促行事。意想不到的是，孝宗於紹熙五年（一一九四年）六月突然駕崩，光宗因患有精神疾病，既不主持生父的喪禮，又不上朝處理政事，一時朝廷無主，人心惶惶。於是群臣決定由太皇太后主持，舉行禪位大典，逼迫光宗退位。

丞相趙汝愚，讓知閤門事韓侂胄去打通太皇太后吳氏這一關，因為沒有她的首肯就名不正言不順。韓侂胄是名臣韓琦的曾孫，其母與吳氏是親姊妹，其妻是吳氏的侄女。韓侂胄託人傳話給吳氏，吳氏傳諭趙汝愚「要耐煩」。但局勢不容一拖再拖，趙汝愚讓韓侂胄再去提議內禪，韓侂胄進退無路，只好走了原重華宮領班內侍關禮的路子。關禮聲淚俱下地向吳氏哭訴局勢的嚴重性，吳氏終於傳諭趙汝愚，決策內禪。

次日，是孝宗大喪除服的日子。嘉王趙擴由王府直講彭龜年陪同，在軍隊護衛下來到北內。趙汝愚則先命殿帥郭杲率衛士赴大內請來傳國玉璽，自己與其他執政率群臣也來到北內孝宗靈柩前，向垂簾聽政的太皇太后吳氏建議立儲傳位。

吳氏命趙汝愚宣布皇子嘉王趙擴即皇帝位，尊光宗趙惇為太上皇帝。趙擴聽了，繞著殿柱逃避不止，連說「做不得」，吳氏大聲喝令他站定，親自取過黃袍給他披上。

趙擴在韓侂胄、關禮的挾扶下側坐在御座上，仍自言自語道：「我無罪，恐負不孝之名。」趙汝愚率群臣跪拜了新君，趙擴即位為宋寧宗。次日，吳氏撤簾還政。在她的主持下，南宋王朝度過了一次立儲傳位的危機。一場老皇帝缺席、新皇帝勉強的內禪禮終於收場。

趙擴即位不久，就陷入了大臣之間爭鬥的漩渦。趙擴能夠登基，功勞首推大臣趙汝愚和知閤門事韓侂胄。韓侂胄的母親是太皇太后的妹妹，他又是新任皇后韓氏的叔祖，身兼兩重外戚。韓侂胄本想靠決策之功獲得節度使的頭銜，但掌權的趙汝愚卻開導他說：「我是宗室大臣，你身為外戚，輔佐太子登基正是分內之事，怎能邀功求賞呢？」因此，其他有功的決策人員受賞，但韓侂胄只加遷一級，兼任汝州防禦使，這樣的任命使韓侂胄大為失望。

韓侂胄由此將趙汝愚視為不共戴天的仇敵，開始結交外援對趙汝愚進行排擠。韓侂胄很快地借用寧宗的內批，把自己的黨羽劉德秀、李沐、劉三傑引入台諫霸佔了言路。著名學者朱熹見韓侂胄任用小人，唯恐會危害朝政，常乘入宮應對之機諫阻寧宗趙擴，怎奈趙擴不理。朱熹又勸趙汝愚厚賞韓侂胄，讓他出居外藩，杜絕他干政的門路。然而趙汝愚卻認為韓侂胄只不過是一個小小的閤門知事，容易制馭，不會危害太大，因而把朱熹的建議束之高閣。

大家對趙擴屢用內批除授大臣開始感到不滿。內批即皇帝的手詔，它可以不經三省而直接由宮中發出。使用內批，大臣們無法在決策前發表意見，自然助長皇帝的專斷，造成決策的隨意性。為糾正這種做法，朱熹藉著講經之機對趙擴說：「陛下即位時間尚短，可是進退宰相、改任台諫官員都由陛下獨斷專行，朝內外臣民都認為陛下左右有人竊權，臣子也擔心主威下移，求治反而得亂呢！」趙擴這時倚重韓侂胄，看過朱熹的上書後順手交給了韓侂胄，韓侂胄頓生怒氣。他多次對趙擴說：「朱熹迂闊不能重用。」於是趙擴發出內批，罷免了朱熹侍講的職務。

罷免朱熹，引起許多大臣的反對，但趙擴一意孤行，之後進諫的大臣多被他罷免。趙擴絲毫沒有注意到自從使用內批以來，他和朝廷重臣的接觸越來越少，這些執政大臣們的想法根本無法傳入他耳中。相反地，小小的知閤門事韓侂胄的地位在趙擴心目中愈來愈重要了。紹熙五年（一一九四年）十月，趙擴下詔改明年為慶元元年，接著又任命韓侂胄兼任掌管傳達皇帝詔敕的要職——樞密都承旨。韓侂胄取得了趙擴的絕對信任，自然是更加肆意妄為了。

十一月，趙擴收到何澹的奏書，攻擊趙汝愚援引不法之徒圖謀不軌，說趙汝愚乘龍授鼎、假夢為符，暗與徐誼合謀準備重新擁立太上皇做紹興皇帝。趙擴本來就惱恨趙汝愚以定策元勳自居，現在有人彈劾他，當即便下詔將趙汝愚貶為寧遠節度使副使，放逐永州，徐誼也受此牽連放逐到南安軍。

趙汝愚接到詔書後即刻啟程，行至衡州就病倒了。當地長官錢鍪早就接到韓侂胄的指示對他倍加凌辱，趙汝愚病體怏怏，怎能經得起如此折磨，故很快就暴死衡州。噩耗傳開，朝野內外都認為趙汝愚死得冤枉。趙擴聽了並不悲傷，反而覺得韓侂胄真替他杜絕了奸源。人死灰滅，罪過不咎，為了堵臣民之口，趙擴追認了趙汝愚的原官。

雖然趙擴對政事少有主見，但他對台諫的意見卻十分重視。宋代的台諫官有糾正帝王為政疏失、彈劾百官的權力，他們的議論在一定程度上代表了當時的公眾輿論，歷代宋帝都非常重視台諫奏議。趙擴嚴格遵循祖宗之法，曾對人說：「台諫者，公論自出，心嘗畏之。」殊不知，台諫的公正性是建立在帝王有知人之明的前提之上，只有正直的士大夫入選台諫，才能使台諫發揮正常、良好的作用。趙擴缺乏辨別人才的能力，居心叵測之輩可以大肆引薦黨羽進入台諫，從而控制言路。結果使得原本受到士大夫尊敬和嚮往的台諫職位充斥著敗類，他們打擊異己、討好權臣，是權臣用以控制寧宗趙擴的又一有效工具。

然而，趙擴為人尚不失仁厚，對民間疾苦頗為關心和同情。即位前，他護送高宗靈柩去山陰下葬，路上見到農民在田間艱難稼穡的場景，感慨地對左右說：「平常在深宮之內，怎能知道勞動的艱苦！」即位後，趙擴幾乎每年都頒布蠲免各種賦稅的詔書。在個人日常生活上，趙擴也力行節儉。他平時穿戴樸素，並不過分講究，飲食器皿也不奢華，使用的酒器都是以錫代銀。相比許多貪圖享樂、不顧百姓死活的君主，趙擴的確對得起這一評價。只可惜他有德無才，在位三十年幾乎被權臣和後宮控制，不過是坐在龍椅上的一具傀儡罷了。

02 慶元黨禁下的傀儡皇帝

外戚專權，奸臣當道，有德無才的傀儡皇帝雖有抱負，終究卻一腔熱血灑於東風。慶元黨禁，是各個利益集團鬥爭而產生的結果，統治天下的趙擴卻無力左右這個結果。

慶元元年（一一九五年），趙汝愚客死衡州，朝中再無人能夠與韓侂胄爭雄。為了徹底擺脫趙汝愚的影響，鞏固自己的勢力，達到完全控制朝政的目的，韓侂胄及其黨羽又假借學術之名，對政治上的反對派極盡打擊迫害之能事，主要打擊對象是支持趙汝愚的道家集團。

慶元四年（一一九八年），阻止黨禁的吳太后已死，寧宗趙擴下詔登記偽學名單，上有舊相趙汝愚、留正、名儒朱熹，下有一般士人楊宏中等共五十九人。這五十九人中，任官的即刻罷黜，未任官的不能錄用，和這些人有瓜葛的也不許再任官職，這就是寧宗時期的「慶元黨禁」。

南宋一朝在整個中國古代史中極為特殊，南宋朝建立之初的頭幾位君主，都是由於前代皇帝禪位而承襲大統的。高宗禪位於孝宗，孝宗禪位於光宗。於是，韓侂胄以這些典故為依據通過勸說吳太皇太后，使得吳太皇太后支持嘉王趙擴身披黃袍。在韓侂胄的扶持下，趙擴登上九五之尊，成了南宋第四代皇帝，年號「慶元」。

這場不流血的宮廷政變醞釀了很長時間。參與密謀的大臣不下十餘人，了解內情的人更是遠遠超過此數，部署極不周密，但是政變竟然順利完成，足見當時人心所向。韓侂胄利用時機立下擁戴趙擴成為皇帝的不世之功，由此積累了不小的政治資本，而且他在第二天陪同趙擴拜謁光宗，並設法從光宗手裡取得了傳國玉璽，因此而成了寧宗朝最受寵信的人。但隨之而來的另一場政治風暴也顯現了出來。

皇位更替剛告一段落，統治階級內部便展開了一場爭奪權力的鬥爭，朝中大員間的明爭暗鬥已經硝煙四起。朝中內部爭權鬥爭的誘因，便是擁立趙擴登基各個功臣之間的糾紛。最初，最大的得利者便是趙汝愚以及他手下的道學家集團。趙汝愚在擁立趙擴登基後僅半月就升樞密使，一個月後又升為右丞相。與此同時，左丞相留正被罷免，趙汝愚成為朝中唯一的丞相，可謂權傾朝野。趙汝愚本人是個道學信徒，由於他在朝廷中得勢，許多道學家紛紛被提拔並在朝中身居要職，使得光宗朝一時之間為趙汝愚等人所壟斷，控制了朝廷言路。隨即，趙汝愚更以道學領袖朱熹為趙擴授課，力圖在思想上直接影響這位剛剛上任的君主，使得道學成為治國之本。

就在趙汝愚得勢的同時，同樣在趙擴登基過程中起了重要作用的韓侂胄、趙彥逾，卻未能如願地得到他們所期盼的政治權力。韓侂胄武將出身，在宋代重文輕武風氣的影響下，他在趙擴初登皇位之際並未獲得應有的犒賞是情理中的事，但是他的功勞足以與趙汝愚等人一較高下也並非非分之想。趙彥逾原本已官置工部尚書，但仍希望在仕途上更進一步，並且自詡以他的才能和功勳於國於民都理所當然。趙汝愚卻以他們或為宗室或為外戚為由加以拒絕，不肯滿足韓趙二人對權力的渴望。這就造成了二人的強烈不滿，並準備伺機報復。趙汝愚集團的很多人，如朱熹、徐誼、葉適等都提醒趙汝愚要他滿足趙韓二人的欲望，以防不測。但是趙汝愚並未加以提防，心中仍舊流露出對武將的輕蔑，最終使得他在隨後的政治鬥爭中一敗塗地。

韓侂胄等人迅速做出反應。他充分利用趙擴對自己的信任和自身可以自由出入宮門傳達聖旨的權力，決定給予趙汝愚的道學家集團以打擊。首先，掃除名相留正；然後，他以內批除授謝深甫為御史中丞，即御史台的長官；隨後又掌握監察官吏的大權，這些動作使得他率先佔據了有利的地位。同時，趙汝愚集團的黃度、朱熹等人相繼被罷免。趙汝愚這時候似乎意識到了韓侂胄的反擊，只得做出讓步。但正是這樣一個政治錯誤，讓韓侂胄看到了他的心虛，同時也刺激了韓侂胄爭奪權力的野心。雖然趙汝愚對韓侂胄已有退讓，但是韓侂胄拒絕接受，以示不屑趙汝愚的施捨。很快，在趙擴的旨意下韓侂胄兼任樞密都承旨。樞密都承旨是個重要職位，傳達皇帝命令、管理樞密院內部事務，並監察樞密院中低級官員。韓侂胄直接插手樞密院，無疑是對趙汝愚的示威。距紹熙內禪不過數月，韓趙二人的矛盾已經公開化並愈演愈烈。

慶元黨禁持續了幾年的時間，正直之士多被排擠；韓侂胄乘機將親朋故舊和爪牙拉進了朝廷。沒過多久，政府、樞密、台諫、侍從等重要官員都出自韓侂胄之門，趙擴好似一個傀儡，一切官吏任免唯侂胄之言是聽。韓的親故得勢後，無一不奸、無一不貪。陳自強公開納賂賣官，各地官員寄給他的書信，信封上都必須註明某物若干「並」獻，凡無「並」字的書信連看也不看。蘇師旦掌握武將的任命大權，自三衙以至沿江諸帥均明碼標價，多者至數十萬貫，少者也不下十萬貫。其他擔任宰執、台諫的官員也都齷齪不堪。

政治鬥爭的逐漸深入，使得趙汝愚在朝中已經孤立無援了。韓侂胄加緊打擊趙汝愚，趙汝愚被一貶再貶，出知福州，旋即罷知福州，再貶斥到永州。趙汝愚已經在這場政治鬥爭中徹底失敗了，不久就死在了去永州的路上。在這種情況下，許多士大夫為求自保紛紛拋棄了理學的道德原則，要麼隱匿山林、要麼投靠權臣，一時間是非顛倒，士風大變。

在此過程中，道學集團對韓侂胄的舉措頗有微詞，於是韓侂胄於慶元三年十二月把趙汝愚、朱熹等五十九人打入「偽學逆黨籍」，更在慶元四年五月正式下詔禁「偽學」。嘉泰二年（一二〇二年），韓侂胄覺得理學對自己已經構不成威脅，便奏請寧宗解除了黨禁。

03 嘉定議和：草草收場的開禧北伐

統治階級內部的利益之爭，必然會給百姓帶來傷害，給社會帶來混亂。開禧北伐，就是在這種情況下發生的。韓侂胄為了收攏人心，鞏固自己的地位，利用南宋臣民迫切希望洗雪國恥、恢復故土的心理，奏請北伐。其結果卻是讓趙氏家族又一次接受了屈辱的嘉定和約。

韓侂胄的慶元黨禁，給南宋社會帶來了混亂，民眾怨聲載道。對於黨禁之不得人心，韓侂胄大概也有所覺察。為了重新籠絡士人，鞏固自己的地位，他便利用南宋臣民迫切希望洗雪國恥、恢復故土的心理，奏請北伐。此議一出果然奏效，北伐觸動了敏感的民族情結，頃刻之間便贏得了社會各界的廣泛支持。一些曾經名列慶元黨禁的名士，如葉適等人也被韓侂胄重新起用。一向力主抗金的辛棄疾、陸游也與韓侂胄交遊頗多。朝野上下的抗金熱情迅速被調動起來，南宋軍隊開始在邊界不時地製造摩擦，孝宗「隆興和議」後相對平靜了四十餘年的宋金關係再趨緊張。

開禧二年（一二〇六年），韓侂胄貿然發動了對金朝的戰爭，然而南宋的三路大軍除了猛將畢再遇所率軍隊取得了泗州大捷外，其他人馬紛紛敗北。由於韓侂胄的獨斷專行，軍隊內部矛盾重重，因而韓侂胄東、西兩線出兵收復中原的夢幻很快就破滅了。而此時的金朝內禍頻發，外部又屢遭剛剛興起的蒙古軍的打擊，早已無力再戰，於是雙方再行議和。金國要求南宋殺掉首謀用兵的韓侂胄，並把首級獻給金國，另外還有諸多苛刻條件。議和使臣方信孺不敢直告，在韓侂胄一再追問下，方信孺才說：「金人想得到太師的腦袋。」韓侂胄聽了，惱怒金人抓住自己不放，決心再度整兵出戰。

韓侂胄再次用兵，但前線連連失敗，致使蜀口、江淮一帶的百姓大批死於戰爭。軍費開支巨大，國庫空虛。大將張岩建督府九個月寸功未立，卻耗費錢三百七十萬貫。以前反對開戰的大臣們又活躍起來，厭戰情緒隨著前線的敗績逐步升級。

西元一二〇〇年，韓侂胄的政治靠山韓皇后去世，寧宗皇帝決定立楊氏為皇后，韓侂胄表示不滿，因此楊皇后與韓侂胄之間產生了很深的矛盾，而在政治上楊皇后和其兄弟楊次山都主張妥協、投降。

開禧三年（一二〇七年），禮部侍郎史彌遠率先發難，上書反對韓侂胄繼續用兵，並請求將其斬首。趙擴半信半疑，但楊皇后已密令義兄楊次山與史彌遠等人先斬後奏，指使中軍統制、權管殿前司公事夏震等，突襲上朝途中的韓侂胄，把他截至玉津園夾牆內害死。趙擴本想發作，怎奈內有楊皇后勸說，下有楊次山、史彌遠等人的哀求，外有金軍的強大壓力，因此也只好順水推舟。韓侂胄被暗殺，軍政大權全歸楊皇后、史彌遠所操縱。主戰派遭到清洗，投降派又一次得勢，轟轟烈烈的北伐就這樣草草地收場了。

嘉定元年（一二〇八年）三月，出使金朝的使臣返回國內，帶回了金朝的議和條件。條件之苛刻，連趙擴也感到恥於接受。由於金朝要求南宋用韓侂胄、蘇師旦的首級贖回被金軍佔領的淮南之地，趙擴召集大臣討論。吏部尚書樓鑰說：「和議是國家大事，急需做出結論，已經斃命的奸臣頭顱，還有什麼值得惋惜的呢？」寧宗朝由於投降派的阻撓，不僅北伐失敗，而且又一次接受了屈辱的和約。

南宋朝廷完全答應了金朝的無理要求，宋嘉定元年三月，宋金達成和議，史稱「嘉定和議」。開禧北伐，在準備不足的情況下發動，又在投降派媾和的陰謀下草草結束，南宋軍民恢復舊土的願望再次受到了嚴重打擊。

04 重臣弄權，矯詔立嗣

重臣弄權，每個朝代都不可避免。他們依靠著皇親國戚的支持，為了自己的利益肆無忌憚地為所欲為，甚至就連皇權的繼承他們也想掌控。

關於內政，大臣倪思曾警告寧宗說：「大權剛剛收回，應該切記防微杜漸，一旦出現干預君權的端倪就會重蹈覆轍，希望樞臣遠權，平息外面的議論。」此語中的樞臣指的是史彌遠。史彌遠倒韓有功得到楊皇后的支持，幾個月內連升四級，從刑部侍郎一躍而為右丞兼樞密使。韓侂胄的同黨一再遭到貶斥，代之以史彌遠的爪牙，朝廷大權很快就由史彌遠牢牢地控制了，專權達十七年之久，當時政局的混亂、黑暗絕不亞於韓侂胄時代。

史彌遠之前的秦檜、韓侂胄之所以專擅朝政，與他們能操縱台諫密不可分。史彌遠當然明白這一點，所以他任命那些對自己俯首貼耳之人為台諫官。此外，史彌遠還集政權、軍權於一身，在他獨相期間始終兼任樞密使。此後，宰相兼任樞密使成為定制，直接導致了南宋中後期皇權衰弱和權臣遞相專政的局面。史彌遠還通過控制管理任命權等手段來收買黨徒，造成了朝野只有史丞相，而不知有寧宗的局面。

趙擴沒有主見，在對金朝的和戰問題上表現得搖擺不定，最後只好任由權臣擺布。韓侂胄首倡北伐，起初趙擴並不贊成，之後頭腦一熱便慨然應允；韓侂胄北伐受挫，趙擴也即刻放棄了抗戰的主張。嘉定初年，史彌遠力主和議，趙擴便以非常恥辱的條件與金達成和議。「嘉定和議」後，金朝疲於應付蒙古，宋金也就相安無事，趙擴更無意對金發動戰爭。但金朝統治者一向看不起南宋，他們便想擴充疆土以解決國力不足的困難，出兵進攻南宋。

嘉定七年（一二一四年），金朝在蒙古的步步進逼下已經走投無路，無奈之下只得把都城從中都遷到汴京，版圖只剩了黃河以南的一部分，靠著黃河天險苟延殘喘。就在這種形勢下，金主完顏珣還多次派遣使者來催促南宋交納歲幣，這種態度激怒了南宋臣民。

嘉定十年（一二一七年），金軍分路大舉南侵。這次宋金之間的戰爭延續了六年之久，宋軍始終處於優勢。金朝不得已，於嘉定十七年（一二二四年）派人同南宋通好，明令部下不得進攻南宋，雙方進入休戰狀態。

此時，史彌遠的專權也到了無以復加的地步，他與楊皇后內外勾結控制朝政。在史彌遠登上權力巔峰的過程中，楊皇后所起的作用舉足輕重。如果缺少她的鼎力支持，史彌遠一次次的陰謀活動也不會進行得如此順利。

楊皇后本是太皇太后吳氏的侍女，深得吳氏的歡心，並引起了趙擴的注意，太皇太后就將楊氏賜給了趙擴，楊氏由此得幸。在寧宗韓皇后去世後，楊氏於嘉泰二年（一二〇二年）如願以償地被立為皇后。

在誅殺韓侂胄的政變中，史彌遠是前臺指揮，而楊皇后則是幕後策劃，命禁軍截擊韓侂胄的御筆就出自楊皇后之手。誅韓成功使史彌遠和楊皇后嘗到了互相合作的甜頭，從此兩人來往更加密切，一內一外操縱著趙擴。楊皇后時刻在趙擴身邊，早已摸透了趙擴的脾氣秉性。趙擴自奉節儉，楊皇后也在飲食衣服上盡量樸素。趙擴體弱多病，楊皇后就精心照顧他，甚至連他服什麼藥都能推測得八九不離十。正是因為楊皇后對趙擴的體貼入微，加上她又比趙擴年長六歲，所以趙擴對她不只是愛戀，還有著很深的依賴。

隨著趙擴日漸衰老，楊皇后也不得不為自己將來的地位擔憂。她生過皇子，但都沒有成活。趙擴養育的皇子也於嘉定十三年（一二二〇年）去世，此時後宮妃嬪仍然無人生育，只好另選後嗣。燕王德昭的九世孫名叫貴和，是沂王趙抦的養子，趙擴看中了他就立為皇嗣，賜名趙竑。另外，又命史彌遠選人繼承沂王，於是選中了宗室子弟趙與莒，趙擴賜名貴誠，也養在宮中。

皇子趙竑對楊皇后和史彌遠內外勾結表現出不滿，楊皇后也對這個太子候選人沒有什麼好感。趙竑發誓即位之後一定要剷除楊皇后，史彌遠得知消息後便陰謀廢立。貴誠知書識禮，對史彌遠非常尊敬，每次見了史彌遠一定自稱小侄並向他行禮。史彌遠就挑選了貴誠刻意培養，準備讓他來取代皇子趙竑。史彌遠趁著上朝機會不止一次地向趙擴訴說趙竑之短，稱讚貴誠之長。雖然趙擴也很喜歡貴誠，可是並沒有立他為皇子的打算，事情就這樣拖下來了。

嘉定十七年（一二二四年）八月，寧宗染病臥床，史彌遠便矯詔立貴誠為皇太子，改賜名為趙昀。五天以後，寧宗病逝於福寧殿，終年五十七歲。

九月，趙擴剛一駕崩，史彌遠就發動宮廷政變，準備廢趙竑，立趙貴誠為帝。史彌遠指使楊次山之子楊谷、楊石入宮面見楊皇后，將廢立之事轉告給她。楊皇后剛開始還表示要遵守先皇寧宗的決定，不同意擅行廢立，但楊谷兄弟再三請求，最後跪在她的面前哭訴，道：「內外軍民都已歸心，娘娘如果還不同意必生禍變，那時我楊氏一門恐怕沒人能活命了！」楊皇后顧及自己的權位，最終向史彌遠的廢立陰謀屈服。同意立趙貴誠即趙昀為帝，是為宋理宗。

史彌遠擁立理宗後，楊皇后的地位確實得到了保全。儘管理宗即位時已經二十歲，但史彌遠仍然要楊皇后垂簾聽政。楊皇后此時已徹底了解史彌遠為人的陰狠詭詐，後悔自己養虎遺患，以致釀成今日權臣專政、尾大不掉的局面，她不敢再戀位貪權，垂簾聽政還不到一年便於寶慶元年（一二二五年）四月主動還政給理宗。

第十二章　志大才疏　理宗趙昀

趙昀（一二〇五——一二六四年），西元一二二四——一二六四年在位，史稱宋理宗。趙昀是太祖趙匡胤十世孫，父為山陰尉趙希瓐，母全氏。理宗以一介平民的身分，十八歲被史彌遠帶到京城，不到兩年就登上了帝位，其經歷可謂奇特。

理宗在位四十年，大體可分為三個時期：前十年在史彌遠的控制下無所作為；史彌遠死後，理宗親政，在各方面採取了一系列改革措施，人稱「端平更化」，持續了近二十年時間；最後十餘年，理宗喪失了早年的銳氣，沉迷於享樂，國勢日漸衰微。幸運的是，還有幾位忠臣力保江山，理宗才未落得亡國之君的罵名。

01 廢立陰謀：從平民到皇帝的奇旅

麻雀飛上枝頭，變成了鳳凰，這就是趙昀從平民到皇帝的奇異之旅。統治階級相互鬥爭，使趙昀意外地登上了皇位，然而他在位的前十年處在史彌遠的控制下無所作為。

趙昀是太祖十世孫，與寧宗趙擴同屬太祖後裔，但寧宗屬於秦王德芳一支，理宗則屬於燕王德昭一支。至南宋後期，兩支在血緣關係上已十分疏遠，德昭一支很早就已經沒落，失去王爵。趙昀的曾祖和祖父均無官職，父親趙希瓐也僅僅是一個九品縣尉，因此趙昀雖屬趙宋皇室，但社會地位並不高，與平民沒什麼差別。趙昀原名趙與莒，還有一個弟弟趙與芮，父親在兄弟二人年紀很小的時候就去世了，母親全氏無力撫養孩子，只得回到娘家寄居。趙與莒的舅舅是當地的保長，家境尚好，趙與莒兄弟就在全家長大，直至後來被史彌遠選入宮中，登上帝位。

寧宗先後有八個兒子，但都未等成年就夭折了。嘉定十四年（一二二一年）六月，寧宗把弟弟沂王趙抦的兒子趙貴和立為皇子，改名趙竑。此時史彌遠已當了十餘年宰相，他與楊皇后內外勾結、專權擅政，朝廷內外大臣多由其舉薦，幾乎沒有人敢違背其意願。皇子趙竑對史彌遠的所作所為極為不滿，他曾把史彌遠和楊皇后所做的不法之事記錄下來，說：「史彌遠應該發配八千里。」趙竑還指著地圖上的瓊、崖，說：「我今後做了皇帝，一定要把史彌遠流放到這裡。」甚至私下裡稱史彌遠為「新恩」。

趙竑的言行令史彌遠非常恐懼，此後便處心積慮地想要廢掉趙竑，另立太子。史彌遠委託門客余天錫物色一位賢良的宗室子弟，以便將來替代趙竑。嘉定十五年，史彌遠將趙與莒兄弟接到臨安。他找到當時的名儒鄭清之，私下對鄭清之說：「皇子趙竑不能擔當大任，聽說趙與莒很賢良，你要好好教導他。」趙與莒在史彌遠的推薦下被立為沂王，改名貴誠。

同時，史彌遠絞盡腦汁在寧宗面前揭趙竑的短處，挑撥趙竑與寧宗、楊皇后之間的關係，使得二人都對趙竑頗為不滿。史彌遠進而向寧宗建議立趙貴誠為皇子，寧宗雖對趙竑不滿，但兩個都非親生的「皇子」同時存在，終歸不是件好事，更何況以血緣關係而論，趙竑才是自己的親侄子，因而便沒有同意史彌遠的建議。

嘉定十七年八月，寧宗病重，史彌遠派鄭清之赴沂王府，向趙貴誠表明擁立的意思，但趙貴誠始終一言不發。最後，鄭清之說：「丞相因為我與他交往時間很久了，所以讓我擔任你的心腹。現在你不答一語，我怎麼向丞相覆命？」趙貴誠這才拱手答道：「紹興老母尚在。」這一回答看似答非所問，卻既表明了想做皇帝的意願又不失穩重。鄭清之回報史彌遠後，兩人更加讚歎趙貴誠「不凡」。

明確了趙貴誠的意向，史彌遠開始實施他的廢立陰謀。嘉定十七年閏八月三日，寧宗去世。寧宗彌留之際，史彌遠將兩府大臣和負責起草詔書的翰林學士都攔在宮外，另外召鄭清之和直學院士程珌入宮，假詔命將趙貴誠立為皇子，賜名昀，授武泰軍節度使、成國公，使趙昀與趙竑處在了平等地位，也為趙昀繼承皇位奠定了基礎。

五天以後，史彌遠就說服楊皇后同意了廢趙竑立趙昀之事。看到趙昀即位，趙竑才知道自己已被人出賣，但木已成舟只好接受濟陽郡王的封號。趙昀以一介平民，在三年的時間內登上了皇帝寶座，成為宋朝第十四代皇帝，史稱理宗。

趙昀即位後，史彌遠仍擔任宰相，又獨掌朝政九年，趙昀對史彌遠既感激又害怕。上臺伊始，就拜這位右丞相兼樞密使為太師，並進封為魏國公，感恩戴德之情不言自明。史彌遠考慮到樹大招風，反覆推辭了六次，沒有受命。

此後，史彌遠逼死濟王趙竑，並追奪了他的王爵，降封為縣公。史官魏了翁、真德秀紛紛上書為濟王鳴冤，史彌遠極為惱火，便唆使梁成大、李知孝、莫澤三人彈劾真、魏二人等。三人號稱「三凶」，個個凶狠無比，尤以梁成大為最。他們說真、魏二人與濟王有私，朋比為奸、危害國家。理宗明白此事為史彌遠主使，只好將兩個人罷官。史彌遠任用「三凶」，凡是意見與他相悖的大臣紛紛被攻擊去職，從而牢牢地控制著朝廷大權。

紹定六年（一二三三年）十月，史彌遠病死，宋理宗趙昀才開始親政。對史彌遠不滿的官

02 端平更化：有名無實的中興之夢

趙昀即位後，在朝中毫無根基，沒有任何政治勢力與威望。由於不同勢力之間明爭暗鬥，他不能實現自己的夢想，「端平更化」也就成了理宗有名無實的中興之夢。

趙昀即位後，自然想要有所作為，以顯示自己比趙竑更有能力中興宋室。他勤奮好學寒暑不輟，為政十分勤勉；又招攬人才，整頓吏治，在各方面都提出了一些整頓措施。但面對當時複雜的政治環境，趙昀很快就收起了自己的政治理想，不太情願地充當史彌遠的傀儡。

趙昀即位時，南宋政治舞臺上出現了三足鼎立的局面，即趙昀代表的皇權、楊太后代表的后權和史彌遠代表的相權。楊太后承認了趙昀的繼位，換來趙昀登基後楊太后垂簾聽政的地位。宋代自真宗劉皇后以來雖有垂簾的先例，但多是由於皇帝年幼、不能視事的情況下由太皇太后或皇太后代行天子之職。理宗趙昀即位時已經二十歲，楊太后垂簾顯然違背了「后妃不得干政」的祖宗家法，自然會引起朝野上下的種種議論。另一方面，已經成年且志在中興的趙昀對楊太后的垂簾當然不會沒有意見，一次宴會上發生的事情大體可以反映出雙方在垂簾問題上的心結。

寶慶元年上元節，趙昀設宴恭請楊太后，席間一枚煙花逕直鑽入楊太后椅子底下，楊太后大驚，「意頗疑怒」，然後拂衣而去。趙昀隨即聚集百官謝罪，並要處罰安排宴會的內侍，楊太后笑著說：「難道他專門來驚我？想來也是不小心，赦免了他吧。」於是母子和好「如初」。該事看起來雖小，但楊太后卻把它與自己的垂簾聯繫起來，認為這是趙昀要自己撤簾的警示。聯想趙昀、史彌遠在廢立過程中的毒辣手段，楊氏家族對此不能不做出選擇。很快地，楊石就向楊太后陳說厲害，並勸其撤簾。楊太后聽從建議，於寶慶元年四月七日宣布撤簾，此時距她開始垂簾僅過了七個月。

隨著楊太后的撤簾，理宗朝政治舞臺上的「后權」逐漸消失，其格局演變為君權與相權的對峙。趙昀雖然在太后撤簾的過程中表現出了不錯的政治手腕，但面對老辣的史彌遠，他的算計頂多只是小兒科。

趙昀十八歲才被史彌遠帶到京城，在朝中毫無根基，沒有任何政治勢力與威望，他得以登上帝位全靠史彌遠扶植。趙昀很清楚要想鞏固來得名不正言不順的帝位，少不了史彌遠的支持。皇子趙竑的遭遇，更使趙昀親眼目睹了史彌遠翻雲覆雨的手段。基於這種考慮，趙昀很快就將政事完全交給史彌遠處理，自己則過起了韜光養晦、碌碌無為的日子。從這一點來看，趙昀確實比皇子趙竑要富於心機，也更懂得權力鬥爭中的生存策略。

寶慶、紹定年間，史彌遠把持朝政、獨斷專行，他的黨羽幾乎控制了從中央到地方的重要職位。儘管史彌遠一手遮天，仍然不斷有忠義之士不畏權勢，上書指斥其專權擅政。趙昀意識到自己與史彌遠是拴在一條繩上的兩隻螞蚱，已形成一榮俱榮、一損俱損的關係，否定史彌遠就等於否定自己繼位的合法性，因此一直對史彌遠寬容袒護，褒寵有加。紹定六年（一二三三年）十月，史彌遠病重不治，趙昀封其為衛王，謚忠獻。趙昀公開宣布「姑置衛王事」，即將史彌遠的事情擱置起來，禁止臣僚攻擊史彌遠的過失。在史彌遠的挾持下，趙昀就這樣度過了默默無為的十年。

史彌遠死後，理宗終於得以「赫然獨斷」，一展胸中抱負。紹定六年（一二三三年）十一月，理宗宣布明年改元為端平。從端平元年（一二三四年）到淳祐十二年（一二五二年）的近二十年間，理宗在政治、經濟、軍事、文化等各方面採取了一系列改革措施，史稱「端平更化」。

理宗雖然仍對史彌遠曲加維護，但卻毫不留情地剪除其黨羽。史彌遠的得力助手「三凶」首先被貶斥出朝，其他親信黨羽也紛紛被貶。

罷斥史黨的同時，理宗趙昀任用了一批賢良之士，深孚眾望的真德秀、魏了翁被請回朝廷任職。理宗吸取史彌遠專權的教訓，在選擇宰相時非常謹慎，他在更化期間任用過三十七名宰執，大多都是一時之選，使得該時期的朝政也較為穩定。台諫官本是朝廷耳目，史彌遠專權期間卻淪為他攻擊政敵的工具，因此理宗重新將選拔台諫官的權力收歸皇帝。這一時期由理宗任用的台諫官大多立論忠直，頗能勝任其職。

03 端平入洛：收復故都夢想的破滅

金朝與蒙古之戰敗局已定，為了成為宋室的「中興之主」，趙昀忘記了力量的對比和時局的形勢，一意孤行地答應了聯合蒙古滅金，以雪靖康之恥。「端平入洛」不但沒有成功，還促使蒙古找到了進攻南宋的藉口，使延續四十年之久的蒙宋戰爭揭開了序幕。

趙昀在對內進行「更化」的同時，對外政策也發生了諸多變化。南宋中後期，蒙古在北方地區迅速崛起，成為繼遼、西夏、金之後又一對宋朝構成巨大威脅的少數民族政權。急劇變化的局勢，使宋朝內部對對外政策產生了爭議。一些人出於仇視金朝的情緒，主張聯蒙滅金，恢復中原；另一部分人則援引當年聯金滅遼的教訓，強調唇亡齒寒的道理，希望以金為藩屏，不能重蹈覆轍。無休止的爭論使得趙昀在這兩種意見之間搖擺不定，既不聯金抗蒙，也未聯蒙滅金。然而隨著蒙古與金朝之間戰事的推進，在金朝敗局已定的情況下，趙昀最終還是做出了決策。

紹定五年（一二三二年）十二月，蒙古遣王戢來到京湖商議宋蒙合作以夾擊金朝。京湖制置使史嵩之上報中央，當朝大臣大多表示贊同，認為此舉可以報靖康之仇，唯獨趙范不同意，主張應借鑒徽宗海上之盟的教訓。一直胸懷中興大志的理宗把這看作是建立不朽功業的天賜良機，讓史嵩之遣使答應了蒙古的要求。蒙古回應滅金以後會將河南歸還給宋朝，但雙方只是口頭約定，並沒有就河南的歸屬達成書面協定，這為以後留下了巨大的後患。

金哀宗得知宋蒙達成了聯合協議，也派使者前來爭取南宋的支持，竭力陳述唇齒相依的道理，說：「大元滅國四十，以及西夏，夏亡及於我，我亡必及於宋。唇亡齒寒，自然之理。若與我連和，所以為我者，亦為彼也。」意思是支援金朝，實際上也是幫助宋朝自己保家衛國，但趙昀拒絕了金哀宗的請求。

趙昀任命史嵩之為京湖制置使兼知襄陽府，主持滅金事宜。紹定六年，宋軍出兵攻佔鄧州等地，於馬蹬山大破金軍武仙所部，又攻克唐州，切斷了金哀宗逃跑的退路。十月，史嵩之命京湖兵馬鈐轄孟珙統兵二萬，與蒙軍聯合圍攻蔡州。端平元年（一二三四年）正月，蔡州城被攻破，金哀宗自縊而死，金國滅亡。

同年四月，孟珙在廢墟中找到金哀宗遺骨，並帶回臨安，趙昀將金哀宗的遺骨奉於太廟，告慰徽、欽二帝在天之靈。自北宋被金朝滅亡一個世紀以來，回到故都汴京就成為了南宋臣民夢寐以求的理想，宗澤、岳飛的抗金活動和開禧北伐等都是對這種理想的實踐。但面對強大的金朝，回到故都看起來是一個遙不可及的目標，而金朝的滅亡，使理宗君臣似乎看到了把理想變為現實的絕好機會。

宋蒙聯手滅金時，並未就滅金後河南的歸屬做出明確規定。金亡以後，蒙軍北撤，河南空虛。以趙范、趙葵兄弟為代表的一些人欲藉機撫定中原，提出據關（潼關）守河（黃河）、收復三京（西京洛陽、東京開封、南京歸德）的建議。而絕大部分朝臣對此都持反對態度，認為此時並非出兵的時機，南宋目前的力量，還不足以與蒙古為敵。

趙昀此時剛剛親政，好不容易擺脫史彌遠控制而得以「赫然獨斷」，面對此「大好時機」很想有一番作為，屢屢發出「中原好機會」的感歎。收復故土、建立蓋世功業的念頭，最終促使他做出了出兵中原的決定。恢復「三京」的美好前景吸引著趙昀，一旦成功了就會成為宋室的「中興之主」。這個利令智昏的皇帝根本就忘記了力量的對比和時局的形勢，對臣下們的忠告都聽不進去，認為是書生口舌之辯，他一意要收復「三京」以建立不世功勳。

趙昀罷免了反對出師的吳淵、吳潛和京湖制置使史嵩之。端平元年五月，趙昀任命趙葵為主帥，全子才為先鋒，趙范節制江淮軍馬以為策應，正式下詔出兵河南。

六月十二日，宋軍進軍河南，全子才收復南京歸德府。隨後，宋軍向開封進發，開封蒙軍都尉李伯淵、李琦、李賤奴長期遭受主將崔立的侮辱，三人遂殺掉崔立獻城投降。七月五日，宋軍進駐洛陽。經歷了戰火的洛陽這時已是一片廢墟，宋軍收復的只是一座空城，但畢竟他們還是實現了夢寐以求的理想，圓了「靖康之難」以來無數志士仁人的夢。這就是歷史上的「端平入洛」。

蒙古得悉南宋開戰，立即出兵南下。「端平入洛」本來就是理宗君臣的軍事投機，事先並無認真準備。全子才佔領開封後，後方沒有及時運來糧草，以致全子才所部無法繼續進軍而貽誤了戰機。半個月後，趙葵又兵分兩路，在糧餉短缺的情況下繼續向洛陽進軍。宋軍到達洛陽後遭到蒙軍伏擊，損失慘重，狼狽撤回。

八月，蒙古軍進駐洛陽城下，留守東京的趙葵、全子才看到戰機已失，加上糧餉遲遲不到位，只好率軍南歸，其他地區的宋軍也全線敗退。如此一來，理宗君臣恢復故土的希望又一次落空了，「端平入洛」以宋軍的潰敗而告終。

「端平入洛」的失敗，使得南宋數萬精兵死於戰火，投入的大量物資付諸流水，國力受到嚴重的削弱，趙昀收復三京的幻想成了泡影。更嚴重的是，「端平入洛」使蒙古找到了進攻南宋的藉口。

十二月，蒙古大汗窩闊台怒氣沖沖地派來使者指責趙昀不守信義率先敗盟，趙昀非常狼狽地派出大臣鄒伸之前往道歉。為了表示誠意，他還下詔罷免了趙葵、全子才。端平二年（一二三五年）六月，蒙古大汗窩闊台分道進兵，大舉侵宋，延續四十年之久的蒙宋戰爭就此揭開了序幕。

窩闊台發動的大規模攻勢主要還是以擄掠財富為目標，並沒有消滅南宋的計畫。趙昀也想以對金議和的辦法對蒙求和，遂派出「蒙古通好使」去蒙軍談判。淳祐元年（一二四一年），窩闊台病死，蒙宋雙方議和停戰，戰爭也隨之暫時告一段落。

04 蒙軍南進，宋朝岌岌可危

趙昀的不作為，使趙氏家族的統治到了岌岌可危的地步。他寵任的外戚賈似道當權為禍更烈，趙氏家族的統治越發腐朽不堪。

淳祐十一年（一二五一年），蒙哥繼承大蒙古國汗位，境內大治。蒙哥之弟忽必烈早就奉命在金蓮川開建府署，統一經略大漠以南地區。忽必烈招賢納士，積極實行滅亡南宋的戰略。忽必烈先派遣手下將領察罕等人屯兵襄、鄧一帶及蜀口地區，窺伺淮、蜀，一面又在汴京分兵屯田，伺機南下。寶祐元年（一二五三年），忽必烈又派兀良哈台率軍遠征雲南，對南宋實施側翼包圍。

蒙軍虎視眈眈，趙昀卻陷入了醉生夢死之中。趙昀即位已近三十年已年將花甲，朝臣大都不稱他的心意，身邊缺乏棟樑之才，無人替他分憂代勞，一些察言觀色、投其所好的奸佞小人開始竊據政權。

此時，閻貴妃受到寵幸。淳祐九年（一二四九年）九月，趙昀封閻氏為貴妃。趙昀對閻妃賞賜無度，動用國庫為她修建功德寺，比自家祖宗的功德寺還要富麗堂皇，時人稱之為「賽靈隱寺」。閻妃在趙昀的寵愛下驕橫專恣、干政亂權。

鑒於唐代嚴重的宦禍，宋代對此防範很嚴，「宦官不得干政」已成為宋代的一項祖宗家法。但理宗後期追求享樂、昏庸嗜欲，宦官弄權也隨之而起。

內侍董宋臣因引見閻貴妃有功，被閻貴妃推薦給趙昀。寶祐三年（一二五五年），趙昀任命他督建佑聖觀，董宋臣乘機大力逢迎趙昀，修建了梅堂、芙蓉閣、香蘭亭，他招權納賄、假公濟私、無惡不作，還將一班藝人領進宮中，弄得趙昀只知玩樂。起居郎牟子才上書勸誡趙昀：「此舉壞了陛下三十年自修之操！」趙昀卻讓人轉告牟子才不得告知他人，以免有損皇帝的形象。姚勉以唐玄宗、楊貴妃、高力士為例勸誡趙昀，不料趙昀竟然恬不知恥地回答：「朕雖不德，未如明皇之甚也。」

董宋臣、盧允升在閻貴妃的支持下，他們內外勾結、權勢日盛。外朝的小人只要逢迎巴結他們就受到重用，丁大全就因勾結董、盧二人、賄賂閻貴妃，逐漸成為理宗眼中的紅人。丁大全是鎮江人，為人猥瑣不堪，善於鑽營取巧，由於得到趙昀的喜歡，從蕭山縣尉一躍成為台諫要員右司諫。趙昀寵信奸臣，一時朝政大亂。

寶祐六年（一二五八年）二月，蒙哥派王子阿里不哥留守和林，自己親率大軍攻蜀，派皇弟忽必烈進攻鄂州。

開慶元年（一二五九年）二月，蒙古軍隊抵達合州，合州的守將王堅原是余玠的部屬，蒙哥派遣降人晉國寶到釣魚城勸降，王堅把晉國寶押到練兵場斬首示眾。勸降不成，蒙哥親自率領大軍進攻釣魚城，兩軍展開大戰。

二、三月間，蒙軍連續進攻釣魚城周圍的城堡都被宋軍擊退。四月，蒙軍曾一度攻至外城，但王堅率軍死守，又派兵出擊蒙軍營寨，再次粉碎了蒙軍的進攻。蒙軍在七月向釣魚城發動猛攻，但釣魚城依舊巋然不動，蒙哥汗反而被炮石擊中，回營後死在軍中。蒙軍喪失了主帥無法再戰，軍中諸王大臣用毛驢馱著蒙哥的屍體離開了四川。歷時半年的合州保衛戰取得了大捷。蒙哥汗死後，蒙古內部忙於爭奪汗位，對宋戰爭無法再打下去了。

進攻鄂州的忽必烈軍本來負有直趨杭州的使命，蒙哥大汗的死訊傳來時，忽必烈還沒有攻下鄂州，部下勸他早日北歸，他說：「我奉命南來，怎能無功而返！」下令繼續進軍。開慶元年九月，他渡過長江，包圍了鄂州。當時臨安人人皆知蒙軍逼近，趙昀卻被蒙在鼓中。丁大全意識到無法遮掩，只得向趙昀申明軍情，並請求退休。言官們相繼上書彈劾丁大全堵塞言路、迫害人才、窮竭民力、貽誤邊防四條罪狀，趙昀只好將他罷官，並流放到新州。押送途中，當權的大奸臣賈似道為了籠絡人心，派人把丁大全殺死。

景定元年（一二六〇年），趙昀迫於朝野輿論又將董宋臣遷出宮中。此時，閻貴妃已經去世，宦官無人撐腰，群小干政的局面結束了，但是趙昀並沒有覺醒。景定年間，他寵任的賈似道當權為禍更為凶猛，朝政越發腐朽不堪。

05 荒貽晚年，委政佞臣

在趙昀統治前期，因其出身宗室遠族造成了史彌遠專政；親政以後，雖欲更化而成效不大；其後因嗜欲既多而荒怠政事，相繼出現了丁大全、董宋臣的亂政與賈似道的擅權。

理宗趙昀繼位以後，先朝宰相謝深甫的孫女與賈涉的女兒都入選後宮。謝氏端重有福而容貌平常，賈氏則姿色殊絕。趙昀有意立賈氏為皇后，但寧宗楊皇后卻主張立謝氏，趙昀只好遵命，委屈賈氏做了貴妃，但對她專寵有加。賈貴妃的異母弟賈似道也因裙帶關係而一路青雲，在淳祐七年（一二四七年）賈貴妃去世時，任京湖制置使兼知江陵府，二十幾歲就成了統帥。

賈貴妃去世後，理宗不可一日無美色，閻貴妃又以姿色得寵。此時的趙昀已步入晚年，更化的力度從端平遞減到淳祐已成強弩之末，而嗜欲好色的勁頭卻明顯見漲。理宗後期，厭倦朝政、追逐聲色，先是聽任丁大全與董宋臣亂政，隨後又把朝政交給賈似道。他完全沒有了端平更化時那種勵精圖治的精神，每日沉湎在詩酒之中，同時又開始追求奢侈豪華，在臨安大興土木，造佛寺道觀祈祝長壽，建樓榭亭閣專供遊幸。

開慶元年（一二五九年），趙昀將丁大全罷相，分別拜吳潛與賈似道為左、右相兼樞密使。吳潛已是第二次任相，他坐鎮中央協調各路軍隊抗蒙，經常因軍情緊急先行決斷後再奏明趙昀。他還力主清除丁大全餘黨，由此招來了忌恨。

趙昀沒有後代，打算立弟弟趙與芮之子忠王趙禥為太子，吳潛忠諫說：「臣無彌遠之才，忠王無陛下之福。」這刺痛了趙昀的癩疤。時值鄂州之役，忽必烈揚言要直下臨安。趙昀問計，吳潛建議遷都，趙昀問他怎麼辦，他答死守於此，趙昀當即搶白：「你想做張邦昌嗎？」

賈似道一方面上書請立忠王為太子，以討好趙昀，一方面指使侍御史沈炎彈劾吳潛在立儲問題上「奸謀叵測」。景定元年（一二六〇年）四月，吳潛罷相，賈似道應召從鄂州前線以再造宋室的功臣入朝。

賈似道歷任沿江、京湖、兩淮制帥，賈貴妃的裙帶關係雖起作用，但他畢竟在這些軍政長官任上為抗蒙做出過一些成績。即使在鄂州之役中，除了私下求和誠為失策，而他有效阻止蒙古軍的進攻也不可謂無功，連忽必烈也讚賞道：「我怎麼才能有似道這樣的人驅遣呢？」問題是，他過分誇大了這份戰績，以此作為專斷朝政的政治資本。

入主朝政以後，賈似道首先毫不手軟地打擊丁大全與吳潛的黨羽，一些小人趁機對異己亂扣「黨人」的帽子。賈似道抓住吳潛建議遷都避亂的建議，將其一貶再貶，流放到循州（今廣東龍川西），以防止他東山再起威脅自己的權位。賈似道還把仍在趙昀庇護下擾亂朝政的董宋臣與盧允生調為外任，並抓住他們也是主張「遷避」的把柄，使其餘黨不敢妄為。

謝皇后娘家外戚謝堂驕橫不馴，外戚子弟都出任監司、郡守。賈似道先與謝堂套交情，然後猝不及防地將其罷任宮觀，再讓理宗下詔「外戚不得任監司郡守」，解決了長期以來外戚干政的問題。賈似道通過利祿引誘與政治高壓相結合的手法，派遣密探監視太學生們的言行，把反對丁大全的「寶祐六君子」收買到自己門下，瓦解了太學生中的反對派勢力。

賈似道還取得趙昀同意，在武將中實行打算法。所謂打算，就是核實軍費開銷，整飭不馴武將。當時，武將邊帥虛報開支、大吃空額已是公開的秘密，這也造成軍費支出不斷地增加。此舉對厘清財費、整頓軍政固然有積極作用，但在其背後賈似道還夾雜有立威諸將、排斥異己的用意，因而打算者與被打算者之間執行起來就明顯夾雜著個人恩怨。

賈似道妒賢嫉能，他把自己所不滿的武將，例如趙葵、高達、李曾伯、杜庶、向士璧、曹世雄、史岩之等都被指為有貪污的嫌疑，列為打算的對象。趙葵、高達因為趙昀保駕才免予追究，李曾伯、杜庶、向士璧、曹世雄、史岩之都遭到拘禁，向、曹二人最後被迫害致死。這樣一來，不僅打算法變了味，還產生了將士離心的負面作用。

賈似道利用趙昀對他的信任，採取整頓政治、經濟和軍事的一系列措施，打擊宦官、抑制外戚、控制台諫、籠絡太學生，攫取權力與財富，排斥一切異己力量，完全把持了輿論與朝政。

趙昀撒手朝政，大奸臣賈似道卻在一步步把國家推向滅亡。對蒙戰爭，使得趙昀的日子越來越不好過了。景定四年（一二六三年）二月，臨安知府劉良貴、浙西轉運使吳勢卿趁機獻媚，勸賈似道實行買公田之法。

「公田法」已使官民百姓困擾不堪。景定五年（一二六四年）九月，賈似道奏請實行「經界推排法」，以此大力斂財。趙昀早已成為「諾諾皇上」，賈似道所請無不允准。各地重新清丈土地，結果江南地區尺寸土地都有稅，民力更加衰竭。理宗君臣埋頭丈量江山的時候，蒙古新汗忽必烈已經平定內亂，他把都城遷到燕京（今北京）準備挺進江南，宋朝的滅亡已經指日可待了。

景定五年（一二六四年）十月，理宗趙昀病死，終年六十歲，葬於永穆陵。總體來說，趙昀的政績失大於得，他留下的是一副難以收拾的爛攤子。

第十三章　無能喪國　度宗趙禥

趙禥（一二四〇——一二七四年），西元一二六四——一二七四年在位，史稱宋度宗。趙禥為太祖十一世孫，理宗侄兒；榮王趙與芮之子，母親是隆國夫人黃定喜。

無論是作為一個平常人，還是作為一個皇帝，度宗趙禥都是幸運和不幸的複合體。作為有著先天缺陷的人，這是他的不幸；而這樣一個有著先天缺陷的人，卻僅憑著與理宗的血緣關係登上了無數人夢寐以求的皇帝寶座，這是他的幸運。作為一個皇帝，他卻始終受制於權臣賈似道，被賈似道玩弄於股掌之間，這不能不說是他的悲哀。

01 十年天子：先天不足的皇帝

封建家族的繼承制，是以血緣關係的親近來選拔的。趙禥雖然先天不足，但其父趙與芮是理宗血緣關係最近的弟弟，立他為皇子也在情理之中。但他既沒有高智商，也不具有突出的能力，他的主政，無異於加速了南宋的衰亡。

理宗趙昀有過兩個兒子，即永王趙緝和昭王趙繹，但很早都夭折了。吏部侍郎兼給事中洪咨夔曾建議理宗選宗室子弟養育宮中，擇其優者為皇子，但理宗當時剛過中年，仍然希望後宮能產下一子，所以沒有採納。淳祐六年（一二四六年），理宗已經年過四十歲，膝下依然無子，而立儲之事已經不能再無限期拖延下去，遂開始物色皇子人選。從感情和血緣關係來講，理宗理所當然地傾向於親弟弟趙與芮的兒子，即後來成為皇帝的度宗趙禥。

度宗於嘉熙四年（一二四〇年）四月九日出生，小名德孫，母黃氏。黃氏名叫定喜，是趙與芮夫人李氏陪嫁過來的侍女，地位十分低下，後被趙與芮看中。黃氏懷孕的時候，由於擔心自己的地位影響孩子的未來，曾服藥物墮胎，但沒有成功。趙禥生下來以後，大腦發育遲緩，手足無力、身體虛弱，七歲才會說話，智力也低於正常孩子。由於趙禥的父親趙與芮是理宗血緣關係最近的弟弟，立他為皇子也就是情理之中的事了。

理宗既然有了立德孫為皇子的想法，便於淳祐六年十月將他接入宮內，賜名孟啟。寶祐元年（一二五三年）正月，又立他為皇子，賜名禥，封永嘉郡王，正式確立皇儲身分。同年十月，進封趙禥為忠王。由於趙禥的先天缺陷，大臣多反對立他為皇儲，理宗為了說服大臣，就說曾夢到神人相告「此（指度宗）十年太平天子也」。理宗此舉表明立儲之事遇到了很大的阻力，只好採取這種無奈而帶有欺騙性的手段。理宗萬萬沒有想到的是，自己說出的話竟然在若干年後成為現實，趙禥果然做了十年天子，只是天下並不太平。

景定元年（一二六〇年）六月，理宗下詔立忠王，即趙禥為太子。

理宗對趙禥的教育非常嚴格。趙禥七歲入宮內小學讀書，立為皇子後，又為他專門建造「資善堂」作為學習的場所，並親自為他作了一篇《資善堂記》。理宗還遍選名家做趙禥的老師，如湯漢、楊棟、葉夢鼎等人，都是名聞一時的大儒。理宗對趙禥每天的日程做了嚴格的規定，雞初鳴入宮向理宗問安，再鳴回宮，三鳴就要到會議所參加處理政事，以鍛鍊其理政能力。但由於趙禥先天存在缺陷，學業並沒有太大長進，經常惹得理宗大怒。然而趙禥畢竟是與理宗血緣關係最近的侄子，即便不成器也只能盡力而為。

理宗知道趙禥資質太差，很難有所作為，就為他娶了一位聰明機智、頗識大體的妻子。趙禥的妻子名叫全玖，出身名門世家，是理宗母親全太后的侄孫女，與趙禥是表兄妹關係。全玖言語伶俐、眉目清秀、儀態端莊，父親是一位地方官，全玖自幼隨父親遊歷各地，因此見多識廣，對時局有較為清醒的認識。理宗感於全玖才智出眾，景定二年十二月，將她冊封為皇太子妃，讓她輔助趙禥倒也不失為一種補救措施。

景定五年（一二六四年）十月二十六日，理宗去世，趙禥即位，時為度宗，尊理宗皇后謝氏為太后。群臣對趙禥的能力心中有數，此時趙禥雖已二十四歲，但仍有人上表請求謝太后垂簾聽政，最終因不合祖宗法度而作罷。

趙禥即位之初出臺了一些措施，以示將力求有所作為。他任命馬廷鸞、留夢炎為侍讀，李伯玉、陳宗禮、范東叟兼侍講，何基、徐幾兼崇政殿說書，力求能隨時聽這些大臣講求治國之道；又下詔要求各級臣僚直言奏事，特別要求先朝舊臣趙葵、謝方叔、程元鳳、馬光祖、李曾伯等指出朝政中的弊端，以便加以改進。趙禥這些舉措無非是裝模作樣罷了，他很快地他就沉迷於聲色犬馬之中，很少有時間和精力打理朝政。

理宗在世時，就以崇尚理學著稱，他為趙禥選的老師也多是一些理學名家。趙禥受此影響對理學也十分偏愛。早在做太子時，他就曾前往太學拜謁孔子，提出增加張栻、呂祖謙為從祀而深得理宗讚賞。即位以後，他提拔了一些理學之名士，如江萬里、何基等人，錄用前代理學大家張九成、朱熹、陸九淵等人的後代為官，理學門徒也佔據了從中央到地方的很多職位。可令人費解的是，雖然度宗推崇理學，但理學家提出的「存天理，滅人欲」的信條卻幾乎對他完全不起作用，他仍然每日醉生夢死沉迷於美色之中。

02 蟋蟀宰相：欺君誤國的權臣

貴族階級是由於利益結合在一起的。外戚專權，是出於對自己家族的利益考慮，既然統治者沒有治理天下的能力，就只能任由其他勢力分享利益。獨攬朝政的賈似道成了欺君誤國的權臣，造成了趙氏家族不可挽救的局面。

趙禥本來就資質愚鈍又生性懶惰，他對治理國家既沒有才能也不感興趣。

趙禥即位時已經二十四歲。在他即位之初，賈似道主動要求擔任理宗陵寢的總護山陵使。宋朝有個不成文的規定：先皇任命的宰相擔任先皇的總護山陵使後，就此致仕以示對先皇的忠心。賈似道此舉意在試探度宗對他的態度，趙禥開始拒絕了賈似道擔任山陵使的要求，意思是要他繼續留任，但很快又下詔同意他擔任山陵使，暗示希望賈似道退休。一些在朝老臣，如留夢炎、朱貔孫等，馬上提出趙禥此舉處理失當，要求趙禥另派總護山陵使，但趙禥希望藉機擺脫賈似道的控制，因此沒有同意。

理宗下葬後，賈似道立即上表辭職，並且直接回到台州老家。同時，他暗中指使親信呂文德謊報軍情，說蒙古軍隊大舉圍攻邊境要塞下沱。消息傳到京城，滿朝文武大為驚駭，趙禥和謝太后急忙召賈似道回京，拜他為太師，讓他主持大局。賈似道回到了京城，「下沱之圍」自然也就解了。賈似道通過這種手段奪回了相位，並且將度宗牢牢地控制在自己的手中。

此後，賈似道又多次採用以退為進、欲擒故縱的手段要脅趙禥，以求得更大的權力。咸淳二年（一二六六年），賈似道再次上表要求辭職，趙禥百般挽留均無濟於事，情急之下竟然不顧君臣之禮哭著給賈似道下拜，懇請他留下主政。參知政事江萬里急忙扶起趙禥，說：「自古沒有這樣的君臣之禮，皇帝不可拜，似道不可再言去。」趙禥的舉動也出乎賈似道的意料，賈似道一時不知如何是好便答應留下。退朝後，賈似道舉笏向江萬里致謝：「今天要不是有你在，我就成了千古罪人。」在這番道貌岸然的言辭背後，卻是玩弄皇帝於股掌之間的得意。

作為一國之君的趙禥懦弱無能，根本不是陰險奸詐的賈似道的對手，更談不上有能力控制他。此後，賈似道行事更加肆無忌憚，甚至連趙禥的一舉一動都要受他操縱。

咸淳八年（一二七二年），趙禥舉行明堂大禮，賈似道為大禮使。典禮結束後，趙禥到景靈宮祭奠，恰好天降大雨，賈似道讓趙禥等雨停後乘輅（大車）回宮。度宗胡貴妃的父親胡顯祖以為道路泥濘車輅難行，故請趙禥效仿寧宗開禧年間的故事乘逍遙輦（小車）回宮。趙禥說乘輅回宮是賈似道的意見，胡顯祖謊稱已經得到賈似道的批准，趙禥遂答應乘逍遙輦回宮。不一會兒雨過天晴了，而趙禥已經回到宮中。賈似道知道後大怒，「臣為大禮使，陛下的舉動事先卻不知道，乞罷政」，當天就出嘉會門以示去意已決。接著，又上書胡攪蠻纏，說嘉定年間寧宗舉行明堂大禮時趕上三日大雨仍然乘輅回宮，開禧中則乘輦回宮，如今不用嘉定例而用開禧例，是把他同開禧年間的權臣韓侂胄相提並論。他連上七書堅決求去，並回到西湖邊的宅第居住。

趙禥無奈，只得將胡顯祖免職，並發配到饒州，還將貴妃胡氏送到妙淨寺削髮為尼。其他相關人等也都受到嚴厲處罰：閤門吏曹垓被處以黥斷大刑，其子大中也在閤門任職，被降謫至江陰；禮部侍郎陳伯大、張志立停職待罪。賈似道這才回到朝廷任職。

賈似道大權在握，遂開始結黨營私、排斥異己。凡是與他意見不合之人，輕則受到斥責，重則遭到摒棄，終生不用。執政江萬里、台諫陳文龍等都因為忤逆賈似道而遭到貶斥，狀元出身的文天祥則在三十七歲的時候就被迫辭職回家閒居。賈似道曾召集百官議事，席間厲聲說：「各位如果不是由我拔擢，怎麼能達此地位！」百官默然，只有權禮部侍郎、兼同修國史、實錄院同修撰李伯玉抗聲道：「伯玉殿試第二名，你不拔擢，伯玉也可以至此。」賈似道沒有想到居然有人敢挑戰他的權威，其內心的憤怒可想而知。不久，李伯玉就出知隆興府，他只因為說了一句實話而得罪了賈似道，就此斷送了本來前景光明的仕途。一些無恥之人則靠逢迎賈似道得到升官的機會，趙潛等人競相向賈似道貢獻珠寶，而陳奕竟然以兄禮對待賈似道的玉工陳振民，以力求遷官。

賈似道雖然深居簡出，很少在政事堂辦公，但朝廷的大事小事都必須報知，沒有他的批准則不敢施行。文吏每日抱著文書至賈府等待賈似道裁處，其他宰執沒有任何權力，只是充數簽名而已。賈似道將這類事統統交給門客廖瑩中、堂吏翁應龍辦理，自己則每日於葛嶺私第遊樂。賈似道原本就是一個浪蕩公子，當政以後更是變本加厲。度宗趙禥允許他十日一朝，而賈似道有時甚至累月不朝，卻五日一入西湖宴遊，時人戲稱「朝中無宰相，湖上有平章」。賈似道酷愛鬥蟋蟀，經常與妻妾們趴在地上鬥蟋蟀。一次，一位平日玩伴恰好趕來，開玩笑說：「這就是軍國重事嗎？」賈似道也因此得了個「蟋蟀宰相」的罵名。他在葛嶺私第蓋起樓閣亭榭，把不少有美色的宮女、娼妓、尼姑聚集到這裡日夜淫樂。

賈似道可謂是「不學有術」，沒有讀過什麼書，平日侍講的時候，趙禥問他一些經史中的疑問之處都回答不出來，幸虧江萬里在旁為其解圍，連資質駑鈍的趙禥都向后妃們嘲笑賈似道是草包。但在玩弄權術、排斥異己方面，賈似道卻是無師自通。他為政三朝，其專擅程度遠遠超過秦檜、韓侂胄、史彌遠等人，帶來的危害也遠遠超過三人。他在國家危急時刻仍縱情聲色置國家命運於不顧，直接導致了南宋王朝的土崩瓦解。

賈似道大權獨攬，對趙禥則專事欺瞞，他禁止任何人在趙禥面前提及邊事，否則輒加罷斥。襄陽、樊城被圍困三年後，度宗才從一個宮女那裡得到消息，他憂愁地對賈似道說：「襄樊已經被圍三年了，怎麼辦呢？」賈似道哄騙趙禥，說：「襄樊之圍早就解了，陛下從何得知？」趙禥回答是聽一位宮女說的。賈似道查到這名宮女，便找個藉口將她處死了，此後沒有人敢再向趙禥提及邊事。

趙禥對賈似道的專權也並非沒有意見。即位之初，他就任命賈似道為理宗陵寢總護山陵使，暗示賈似道致仕。他曾對李伯玉感歎賈似道專橫跋扈，君臣相對大哭。趙禥想提拔李伯玉為執政，但李伯玉不久就去世了。荊湖地區一直為賈似道的親信呂氏集團控制，京湖制置使呂文德死後，朝廷並未從這一集團內部選擇繼任者，卻派與呂氏集團毫無關係、對賈似道也並不依附的李庭芝接替呂文德管理這一地區，頗有削弱賈似道勢力的考慮。但李庭芝到任後，很快就被呂氏集團架空了。此時的賈似道羽翼已豐，懦弱無能的趙禥又怎麼是他的對手？無奈之下，只好每日沉溺於酒色之中了。

自趙禥登基以來，蒙古兵的進攻日甚一日。咸淳九年（一二七三年），蒙古攻打襄陽日緊，長期被圍困的襄陽已岌岌可危，同時有窺視下游的動向，南宋已處於存亡關頭。賈似道為平民憤，故作姿態地要求上前線指揮救襄陽，暗地裡卻指使人上書讓趙禥留住他以保衛京城。趙禥怕賈似道走了，自己會失去主心骨，便下詔留他，另派高達前去。賈似道素來嫉妒高達，怕他功高而危及自己的地位，便千方百計阻止派高達上前線。為此，賈似道的走狗呂文煥三天兩頭向臨安報捷。就在度宗以為天下太平時，呂文煥卻將襄陽拱手授敵，蒙古兵勢如破竹，順江而下。此時，南宋已不可挽救了。

咸淳十年（一二七四年）七月，度宗逝世，終年三十五歲，第二年正月，安葬於紹興府會稽縣永紹陵，他是南宋最後一個有葬身之地的皇帝。西元一二七六年，即在趙禥死後兩年，宋廷便投降了元朝。

第十四章 破國亡家　恭帝趙㬎、端宗趙昰、末帝趙昺

趙㬎（一二七一——一三二三年），西元一二七四——一二七六年在位，史稱宋恭帝。趙昰（一二六九——一二七八年），西元一二七六——一二七八年在位，史稱宋端宗。趙昺（一二七二——一二七九年），西元一二七八——一二七九年在位，史稱宋末帝。

經過理宗、度宗兩朝的腐敗統治，南宋已經日落西山、氣息奄奄。西元一二七四年，宋恭帝登基的時候，元軍已經攻克襄樊，一路勢如破竹，沿長江而下。此時南宋的軍國大權依然掌握在賈似道之手，魯港之戰，宋軍大敗。不久，臨安被圍，恭帝降。張世傑和陸秀夫等人輔佐端宗和末帝在東南沿海一帶展開的鬥爭只是苟延殘喘。一二七九年崖門海戰，宋軍全軍覆沒，陸秀夫懷抱末帝趙昺從容投海，南宋亡。南宋末代三帝均年幼即位，加在一起的在位時間也只有五年，這一時期的南宋已是名存實亡了。

01 孤兒寡母：趙氏王朝的窮途末路

統治者的腐敗無能，使趙氏家族走上了窮途末路。趙氏江山本是趙匡胤從後周孤兒寡母手中奪得，最終又失於孤兒寡母之手，這似乎是歷史對趙氏家族不作為的懲罰。

在理宗和度宗統治時期，宋朝滅亡的局面已經不可逆轉。恭帝即位不滿兩年，宋廷就投降了元朝。宋室江山是太祖趙匡胤從後周孤兒寡母手中奪得的，最終又失於孤兒寡母之手。

咸淳十年（一二七四年）七月，宋度宗趙禥去世。他對後事沒有安排，只留下三個未成年的兒子：楊淑妃所生的趙昰六歲、全皇后所生的趙㬎四歲、俞修容所生的趙昺三歲。謝太后召集群臣商議立帝，眾人以為楊淑妃所生趙昰年長當立，但賈似道和謝太后都主張立嫡子，於是趙㬎被立為帝，是為恭帝。恭帝年紀尚幼，因此由太皇太后謝氏垂簾聽政，但朝廷實權實際上仍掌握在宰相賈似道手中。

趙㬎即位時僅四歲，宋室江山處於風雨飄搖之中。元軍攻下襄樊後，又沿長江東下，攻佔杭州。大宋局勢失去控制，宋王朝的統治已基本上陷入了癱瘓狀態。

咸淳十年（一二七四年）九月，元軍向南宋發起了總攻。十二月，伯顏率兵進逼鄂州，在青山磯擊敗宋將夏貴率領的鄂、漢守軍，漢陽、鄂州相繼陷落。伯顏留下部分士兵守衛鄂州，自己則率領主力部隊，以宋朝降將呂文煥為前部繼續東下。沿江城池的守將多是呂氏舊部，元軍所到之處這些人紛紛歸降，元軍得以順利地突破長江線，於德佑元年（一二七五年）春攻克軍事重鎮安慶和池州，兵臨建康城下。

鄂州陷落後，長江防線洞開，南宋朝野內外大驚。京師各界都把希望寄託於賈似道身上，呼籲「師臣」親征，指望他能像理宗朝那樣取得「再造」之功。賈似道無奈，只好在臨安設都督府，準備出征。蒙軍的一路統帥劉整原係宋朝驍將，賈似道在理宗末年於武將中推行「打算法」來排斥異己，劉整被上司利用「打算法」迫害而歸降蒙古。賈似道對劉整的能力知道得一清二楚，因此他遲遲不敢出兵，直到德佑元年正月聽說劉整死後，他高興地說：「吾得天助也。」這才上表恭帝請求出征。

賈似道抽調各路精兵十餘萬，裝載著無數金帛、器甲和給養，甚至帶著妻妾離開京城，陣勢綿延百餘里。二月，行至蕪湖與夏貴會合。夏貴一見賈似道，立刻從袖中抽出一張字條，上寫「宋歷三百二十年」。言下之意，宋朝歷時已近三百二十年國勢已盡，不要為它丟了性命。賈似道心照不宣地點頭默許。

賈似道到達前線之後，率後軍駐紮於魯港，命大將孫虎臣統領前軍屯駐在池州下游的丁家洲，夏貴率戰艦三千五百艘橫列江上。賈似道深知蒙古軍隊的勇猛，不敢與之正面交戰，仍然幻想走開慶元年（一二五九年）和忽必烈講和的老路，因此下令釋放元朝俘虜，還送荔枝、黃柑等物給伯顏，希望通過稱臣納幣求得和平。但此時元軍的目標在於滅亡南宋，稱臣納幣已不能滿足元人的貪欲，求和的請求被斷然拒絕。兩軍交戰，伯顏連續突破孫虎臣、夏貴兩道防線，直抵魯港，宋軍大敗，賈似道倉惶逃到揚州。賈似道位居平章軍國重事、都督諸路軍馬，度宗尊之為「師臣」，眾臣視之為「周公」，卻如此不堪一擊。

賈似道戰敗後，朝野上下出現處死賈似道的強烈呼聲。謝太后卻認為賈似道勤勞三朝，不能因為一朝之罪而失了對待大臣的禮數，僅將賈似道貶為高州團練使，循州安置，並抄沒其家產。行至漳州，賈似道於木棉庵為監押官鄭虎臣所殺，結束了其擅權誤國的一生。

經過魯港之役，南宋部隊損失慘重，士氣嚴重受挫。伯顏繼續沿江東下，德佑元年十月，元軍自建康分三路向臨安挺進。伯顏親率中軍進攻常州。常州地處交通要道，扼守臨安門戶，戰略地位十分重要。伯顏在此投入了二十萬軍隊，常州知州姚訔、通判陳炤等奮勇抵抗。伯顏驅使城外居民運土填充護城河，甚至將運土百姓也用作堆砌材料，最終築成環城堤防。

十一月十八日，元軍發起總攻，兩天後常州城被攻破，元軍進行了野蠻的大屠殺，上萬人被害，只有極少數人倖免於難。常州大屠殺產生了蒙古入侵者所希望的震懾作用，隨後元軍逼近平江，平江守將未經交戰便獻城投降。

隨著蒙古鐵騎的逼近，臨安府內人心惶惶，絕大多數人試圖逃離都城，尤其是朝廷大小官員，為保身家性命帶頭逃跑。同知樞密院事曾淵子等幾十名大臣趁夜逃走。簽書樞密院事文及翁和同簽書樞密院事倪普等人，竟暗中指使御史台和諫院彈劾自己以便卸任逃走，御史章還未上，二人已先逃跑。謝太后嚴厲譴責了這些不忠之臣，下詔說：「我大宋朝建國三百餘年來，對士大夫一向以禮相待。現在我與繼位的新君遭蒙多難，你們這些大小臣子不見有一人一語號召救國。內有官僚叛離，外有郡守、縣令棄印丟城，耳目之司不能為我糾擊，二三執政又不能倡率群工，竟然內外合謀，接踵宵遁。平日讀聖賢書，所許謂何！卻於此時做此舉措，生何面目對人，死何以見先帝！」然而謝太后的譴責，在蒙古鐵騎的威脅之下顯得蒼白無力，根本不能激發起內外官員為宋室而戰的信心。

德佑二年（一二七六年）正月，短暫的休戰後，僅有少數官員出現在朝堂上。官員的逃跑瓦解了軍心、民心，使宋王朝根本無法組織有效的抵抗，趙氏皇室自此陷入了孤立無援的境地。

擅權誤國的賈似道已被罷免，南宋朝廷如果能夠任用賢臣，局勢或許還可以扭轉，但此時又犯下另一個嚴重的錯誤，即任命陳宜中為相。在陳宜中的主持下，宋朝最終陷入了萬劫不復的深淵。陳宜中是一個狂妄自大、欺世盜名的兩面派，慣於提出冠冕堂皇的高調言辭，譴責任何妥協退讓的主張和行為。陳宜中本為賈似道所援引，賈似道兵敗以後，他卻率先提出處死賈似道以提高自己的聲望，還把提出遷都建議的禁軍統帥殿前指揮使韓震騙到自己家中並將其殺害。

陳宜中長期通過譁眾取寵的表演和豪言壯語來獲得權勢，但實際上他卻是一個優柔寡斷、外強中乾的膽小鬼。德佑元年春夏之交，戰事最為激烈的時候，朝野內外紛紛要求他親往前線督戰，但他卻猶豫畏縮不肯出城。顯而易見，陳宜中不可能為宋朝去冒生命危險。

德佑元年年底，在陳宜中主持之下，局勢朝著越來越不利於宋朝的方向發展，除了徹底投降已沒有任何迴旋餘地。文天祥、張世傑提出遷都到東南部地區以圖背水一戰，一意求和的陳宜中否決了這項提議。

德佑二年正月十八日，謝太后派大臣楊應奎向元軍獻上降表和傳國玉璽，哀乞伯顏念上天好生之德，對宋朝皇室從寬處理。元朝要求與宰相面對面會談，陳宜中被這一要求嚇破了膽，便拋棄了太后和年幼的皇帝於當天夜裡逃離了臨安。

陳宜中逃走後，蒙古鐵騎兵臨城下，局面已無可挽回。謝太后任命文天祥為右丞相兼樞密使，出使蒙古軍營談判。正氣凜然的文天祥被伯顏扣留，謝太后又派賈餘慶出使。

二月初五，臨安皇城裡舉行了受降儀式，趙㬎宣布正式退位。三月二日，伯顏以勝利者的姿態進入臨安。元世祖下達詔書要伯顏送宋朝君臣速往大都朝見，趙㬎同母親全氏和少數侍從離開臨安，踏上前往大都的路程。謝太后因有病在身並未同行，但不久也在元軍的逼迫下啟程北上。

自宋高宗泥馬渡江到宋恭帝投降元朝，存在了一百五十多年的南宋就此滅亡了。

02 吐蕃高僧：恭帝的最後歲月

從天真孩童到一國之君，又從一國之君淪為階下囚，再從階下囚到西藏高僧，最後仍被以「莫須有」的罪名處死。趙㬎的經歷，在中國歷代帝王中是絕無僅有的。

德佑二年（一二七六年）春，趙㬎一行被擄北上。閏三月二十四日，趙㬎抵達大都（北京）。此時，由於忽必烈在上都，趙㬎一行隨後又啟程前往上都，於四月底抵達。五月二日，忽必烈接見了趙㬎等人，趙㬎被降封為開府儀同三司、檢校司徒、瀛國公。元朝統治者此舉具有強烈的政治意味，表面上優禮有加，事實上全太后母子只能在高牆深院中度過時日，無法自由行動。隨後，趙㬎等人又被遷回大都。

忽必烈清楚地知道，趙㬎雖已退位，但仍然具有潛在的號召力，只有對他妥善地安置才能招徠那些尚未歸順的南宋遺民。因此忽必烈對趙㬎十分優待，給予了優厚的物質條件。雖然這些宋室成員生活條件優越，但畢竟身負亡國之恨，精神上受到的折磨是難以用語言加以描述的。謝太后內心極度痛苦，與人「冷眼交流」，在度過七年不自由的時光後，於七十四歲時病逝。全皇后則帶著年幼的趙㬎出家為尼，之後死於正智寺。與以謝太后為首的皇室高級成員相比，一些低級的妃子由於地位低下，得不到元朝的優待，境遇十分淒慘，有些人無奈之下只得以死抗爭。趙㬎等人抵達上都不久，陳氏、朱氏兩名妃子和兩名宮女就上吊自殺了，朱氏在衣服中留下了一首詩：「既不辱國，倖免辱身。世食宋祿，羞為北臣。妾輩之死，守於一貞。忠臣孝子，期以自新。」既表達了誓死不辱的意願，也希望以自己的死來喚起宋室「忠臣孝子」圖強自新的鬥志。忽必烈得知後大怒，將四人頭顱割下並懸掛在全皇后寓所以示警告。

趙㬎畢竟是宋朝遺民心目中「正統」的代表，對那些宋室「忠臣孝子」仍然具有感召力，這是忽必烈的心頭大患。至元十九年（一二八二年），福建有位僧人告訴忽必烈，他夜觀星象，土星侵犯帝座，必將有人危害皇帝，應該加以提防。接著，中山有人自稱「宋主」聚眾千餘，聲稱要進大都劫取文天祥。京城裡也有人上匿名信說，有人要為「文丞相」起兵。事後查明以上諸說純係謠傳，但忽必烈已然感到此時剛滿十二歲的趙㬎和囹圄之中的文天祥依然是對元朝統治的威脅，因此下詔以趙㬎不宜居大都為名，將他遷往遠離內地的上都。

之後，南方的抗元運動仍然此起彼伏。有地方官上奏說：「江南歸附十年，盜賊迄今未靖者，宜降旨立限招捕。」雖然南宋滅亡已十二年之久，元朝在中原的統治也大體穩定，但趙㬎的存在仍使忽必烈感到擔憂。終於在至元二十五年（一二八八年）冬天，忽必烈頒布詔令，將趙㬎遷往更加荒遠的吐蕃去學習佛法，即日啟程。這時，趙㬎僅十九歲。

趙㬎到達吐蕃後，居住在薩迦寺，被尊為「合尊」法師，意思是「天神家族的出家人」，這是對王室子弟出家僧人的尊稱。為了忘掉以往的傷心事，趙㬎終日以青燈黃卷為伴，研究佛法、學習藏文，過著孤寂清苦的僧侶生活。多年的苦讀使他精通佛學，成為了一代高僧，還一度擔任過薩迦寺的總住持。趙㬎從事佛經翻譯工作，一些比較深奧的佛學專著都出自他的手筆，如《因明入正理論》《百法明門論》等等。由於在佛學上取得的突出成就，為漢藏文化交流做出了積極的貢獻，趙㬎被藏史學家列入翻譯大師之列。

至治三年（一三二三年），趙㬎已經是五十三歲的老人了，假如不出意外將會在異鄉安享晚年。但他在雲遊之際興之所至，作了一首小詩：「寄語林和靖，梅花幾度開。黃金臺下客，應是不歸來。」此詩表露了他懷念故國而又無法歸去的悲苦思緒。元英宗聽說以後認為趙㬎是在「諷動江南人心」，便將他賜死於河西，寄人籬下數十載的宋恭帝趙㬎，最終撒手西去。

03 抗元英雄：永照汗青的文天祥

「人生自古誰無死，留取丹心照汗青。」抗元英雄文天祥令昏庸無能的趙氏家族無地自容。

趙㬎雖然死得淒慘，終不免被淹沒在歷史長河之中，至多只能換來後世的一聲歎息罷了。與他委曲求生而不得善終的經歷相比，宋末忠臣文天祥卻是另外一種結局。同樣成為階下之囚，文天祥大義凜然、引頸就刑，其高風亮節令人景仰。

文天祥，吉州廬陵人，原名雲孫，字天祥。中舉之後，以天祥為名，改字履善。寶祐四年（一二五六年）中狀元後，又改字宋瑞，後號文山。文天祥少年得志，二十歲狀元及第，一舉成名。然而他生逢末世，朝政黑暗，被權臣賈似道排擠，三十七歲便被迫還鄉閒居。

咸淳十年（一二七四年）十二月，蒙古大軍攻佔鄂州，舉朝震驚。當時皇帝年幼，主持朝政的謝太皇太后發布《哀痛詔》，號召各地發義兵勤王，時任贛州知州的文天祥慨然奉詔，隨即徵募義兵萬餘人，並籌集大量糧餉，準備入京勤王。

此時，和戰不定的陳宜中把持著朝政大權，文天祥空有一腔報國之志和滿腹才華卻無用武之地。直到元軍兵臨城下，文武官員都紛紛出逃，謝太后才任命文天祥為右丞相兼樞密使，而文天祥這時的使命卻是充使乞降。文天祥到了元軍大營，並沒有按謝太后的意思無條件投降，反而要求元軍先從京城後撤三百里再進行和談，同時也對元軍的貪婪和殘暴進行聲討。伯顏為文天祥的氣勢所逼，只得遣回其他使臣，卻把文天祥扣留起來。

元軍佔領臨安以後，兩淮、江南、閩廣等地尚未被元軍完全控制，伯顏企圖誘降文天祥，以利用他的聲望來招降這些地區。文天祥寧死不屈，伯顏只好將他押解到北方，行至鎮江，文天祥冒險出逃。

景炎元年（一二七六年）五月二十六日，文天祥輾轉到達福州，被端宗趙昰任命為右丞相。但小朝廷立足未穩，一些大臣已忙於爭權奪利，文天祥很快被排擠出朝廷，北上招兵抗敵。文天祥回到江西之後，各地豪傑和潰兵紛紛前來投靠，先後從元軍手中奪回了許多城池。但由於孤軍作戰，遂接連為元軍所敗，文天祥的妻妾和孩子被元軍俘虜，老母親和大兒子也在隨軍轉戰中去世，最後文天祥遭到元軍突然襲擊再次被俘。

文天祥試圖服毒自殺，但未能成功。張弘範將他押往崖山，讓他寫信招降張世傑。文天祥斷然拒絕：「我不能保護父母，難道還能教別人背叛父母嗎？」張弘範一再強迫文天祥寫信，於是，文天祥將自己前些日子所寫的《過零丁洋》一詩抄錄給張弘範。張弘範讀到「人生自古誰無死，留取丹心照汗青」兩句時，情不自禁地讚道「好人好詩」，此後不再強逼文天祥。

崖山之戰後，張弘範向元世祖請示處理文天祥之事，元世祖說：「誰家無忠臣？」命令張弘範對文天祥以禮相待，並將他送到大都試圖加以勸降。

文天祥到達大都後，拒絕元朝的利誘而被關進大牢。元世祖派投降元朝的南宋丞相留夢炎等人和恭帝趙㬎出面勸降都被他一一回絕，元朝平章事阿合馬和丞相孛羅也碰壁而歸。孛羅想要殺掉文天祥，但是元世祖始終沒有同意，一來抱著愛才之心，二來又恐殺了文天祥民心不服，因此文天祥在監獄中度過了三年。

元世祖要以儒家思想治國，問議事大臣：「南方、北方宰相，誰是賢能？」群臣回答：「北人無如耶律楚材，南人無如文天祥。」此時京城出現了匿名招貼，外地起兵反元，有人聲稱要來救「文丞相」。元世祖決定做最後的努力，親自勸降文天祥。文天祥見了元世祖，不肯下跪只作了個揖。元世祖問他還有什麼話說，文天祥回答忠臣不事二主，願求一死。元世祖知道勸降已沒有希望，便下令處死文天祥。

次日，文天祥被押解到菜市口刑場引頸就刑，時年僅四十七歲。數日後，其妻歐陽氏收其屍，在他的衣帶裡發現了一段贊文：「孔曰成仁，孟曰取義。惟其義盡，所以仁至。讀聖賢書，所學何事？而今而後，庶幾無愧！」元世祖聞之亦感歎不已：「好男子，不為吾用，殺之誠可惜也。」

04 亡命天涯的宋端宗趙昰

群龍不能無首，趙㬎死後，眼看趙氏家族就要分崩離析，眾臣便又擁立年方七歲的趙昺為帝，由楊太后垂簾聽政，改元祥興，延續奄奄一息的趙氏家族政權。

德佑二年（一二七六年）正月，蒙古大軍逼近臨安，在文天祥等人的強烈要求下，趙昰被封為益王，趙昺被封為廣王，朝廷命他二人前往福州、泉州經略閩粵，徐圖恢復。當時，趙昰八歲，趙昺五歲，還是不懂事的孩子，根本不能處理政事，跟隨他們一同起行的是駙馬都尉楊鎮、益王母親楊淑妃的弟弟楊亮節、廣王母親的弟弟俞如矽等人。這三人被任命為提舉二王府事，代替二王處理閩粵之事。

德佑二年正月，宋朝敗亡已定。在元軍進入臨安以前，謝太后封趙昰為益王、判福州、福建安撫大使，趙昺為廣王、判泉州兼判南外宗正，命人保護二王逃出了臨安。二月初五，謝太后率領宋恭帝趙㬎和百官於臨安降元，宋恭帝被元朝押送到北京。趙昰一行則躲過元軍的層層圍堵到達溫州。

南宋名臣陸秀夫派人招來了躲藏於此的陳宜中，張世傑也率兵從定海前來會合。溫州有座江心寺，南宋初年高宗南逃的時候曾到過這裡，其御座此時還保存完好，眾人於座下大哭，擁戴益王趙昰為天下兵馬都元帥，廣王趙昺為副元帥，此後二王就成為了宋室遺民心目中僅存的希望。

五月，二王抵達福州，陳宜中、張世傑、陸秀夫等人擁立趙昰為帝，時為端宗，改元「景炎」，封楊淑妃為太妃，廣王趙昺為衛王，陳宜中為左丞相兼樞密使，都督諸路軍馬，張世傑為簽書樞密院事，陸秀夫為端明殿學士。不久，文天祥被詔至福州，任右丞相兼樞密院事，後又命為同都督，命他前往江西召集義士恢復失地。南宋流亡小朝廷在福州建立起來，且頗具規模。

流亡政權剛建立，內部就開始爭權奪利，官員之間相互傾軋，分化了本已孱弱的力量。當時，楊淑妃的弟弟楊亮節居中掌權，嗣秀王趙與檡以趙氏宗親的身分對楊亮節的所作所為多有諫止，遭到楊亮節的忌恨。楊亮節便把趙與檡派往浙東。朝臣有人言嗣秀王忠孝兩全，應該留下來輔佐朝廷，楊亮節聽後擔心自己地位難保，驅逐趙與檡的心意更加堅決。趙與檡後來在處州與元軍交戰，被俘不屈而死。宰相陳宜中此時也使出自己擅長的黨同伐異手段排斥異己，指使言官將陸秀夫彈劾出朝廷。在小朝廷立足未穩的時刻，陳宜中的行為引起眾人的普遍不滿，陳宜中無奈只好將陸秀夫召回。

趙昰即位以後，朝廷初步草創又有了抗元的大旗，人們重又歸心宋室。廣東經略使徐直諒本來已經投降元朝，現在又重新表示歸附端宗；廣西守將基本上仍舊忠於宋室，他們派使者向宋端宗表示服從；文天祥率軍進攻江西後，各地義軍紛起響應，收復除贛州之外所轄九縣，吉州八縣復其半。但是在元軍的猛烈進攻下，江西、廣東很快地相繼失守，文天祥被俘、徐直諒被殺，廣西各地不久之後也被元軍攻破。

九月，蒙古大軍殺向福州，試圖一舉蕩平南宋的殘餘勢力。他們派出騎兵和水兵由江西和浙江明州出發，進攻閩粵。不久，浙江全境為元軍佔領，元軍繼續南下，連破建寧、邵武、南劍三城，兵鋒已經達到福州前沿。由於小朝廷在福建剛剛立足四個月，陳宜中、張世傑、陸秀夫等不敢和元軍展開決戰，慌忙護送端宗等人登舟入海。

十一月十五日，陳宜中、張世傑護送著端宗趙昰、衛王趙昺及楊太妃乘一艘海船逃跑，剛一入海就與元朝水軍相遇，幸而大霧瀰漫才得以脫身。離開福州之後，小朝廷失去了最後一個根據地，此後只能建立海上行朝，四處流亡。

趙昰一行輾轉泉州、潮州、惠州等地。景炎二年（一二七七年）春，來到雷州附近的硐州。逃亡途中，宰相陳宜中藉口聯絡占城一去不返，又一次充當了可恥的逃兵。

蒙古將劉深攻打淺灣，張世傑與之大戰，兵敗，護衛趙昰逃亡秀山。不久，秀山失守，又逃亡井澳（**珠江口外**）。劉深追兵趕到井澳，宋元兩軍在海上大戰，趙昰因為在逃亡途中受到颶風驚嚇而驚恐成疾。

十二月，趙昰只能帶病出海。宋軍和元軍在七里洋又發生一場惡戰，宋軍一路敗退又長期在海上流亡，食物嚴重缺乏，故而戰鬥力大減，最終被元軍擊敗，廣王趙昺母親的弟弟俞如矽被元軍俘虜。此時的南宋小朝廷已經被追到窮途末路，很多人都灰心喪氣了。張世傑、陸秀夫等少數幾個人仍然懷抱著堅強的復國信念，他們鼓舞下屬、激勵士氣，又護衛著病體沉重的宋端宗轉移到硇州島。

景炎三年四月，趙昰在硇州島病逝，年僅十歲，由於軍情緊急就地草草埋葬。趙昰自即位就一直在亡命的旅途之中，實際上沒有享受過一天的榮華富貴。他死了之後，當地的百姓還是非常懷念他，經常到他的墓地上祭掃。

趙昰死後群龍無首，眼看小朝廷就要分崩離析，陸秀夫慷慨激昂地說：「諸君為何散去？度宗一子還在，他怎麼辦呢？古人有靠一城一旅復興的，何況如今還有上萬將士，只要老天不絕趙氏，難道不能靠此再造一個國家麼？」眾臣便又擁立年方六歲的趙昺為帝，由楊太后垂簾聽政，改元祥興。

05 崖海大戰：趙氏家族的悲壯末路

崖海之戰，標誌著趙氏家族的滅亡。趙氏家族的祖宗法度束縛了許多想有所作為的領導者，「守內虛外」的統治策略終結了家族的統治。

元軍下定決心斬草除根，對南宋小朝廷緊追不捨，宋軍已陷入三面包圍之中。硐州地處雷州半島，而雷州具有重要的戰略地位，對戰局的發展有著至關重要的作用。在元軍的猛攻之下雷州失守，小朝廷形勢非常危急。張世傑數次派軍想奪回雷州，但都未能成功，於是將流亡政權遷至崖山。

小朝廷到達崖山時，尚有正規軍和民兵二十萬人，而進攻的元軍只有數萬。僅就兵力而言，雙方相差懸殊，且元軍不善水戰，宋軍無疑在這方面佔有優勢。但張世傑已經對前途不抱希望，放棄了對崖門入海口的控制，把千餘艘戰船背山面海用大繩索連接，四面圍起樓柵結成水寨方陣，把木製戰船兩側用襯墊覆蓋以防禦元軍的火箭和炮弩，趙昺的御船居於方陣之中，打算在此死守。張世傑此舉有兩大失誤，一是放棄了對入海口的控制權，也就等於把戰爭的主動權拱手交給了對方；二是把千餘戰船貫以大索結成水寨，雖然集中了力量，但卻喪失了機動性，相當於把宋軍主力暴露在敵人面前而任人攻打。

祥興二年（一二七九年）正月，元軍都元帥張弘範從廣東由海路到達崖山，包圍了張世傑的部隊。宋軍陷入孤立無援的境地，將士們在十多天的防禦戰中只能以乾糧充饑、飲海水解渴，飲過海水的士兵嘔吐不止，戰鬥力嚴重削弱。

同年六月二日，元軍向崖山發起總攻。元將李恆指揮水軍利用早晨退潮、海水南流的時機，渡過平時戰艦難以渡過的淺水，從北面對宋軍發動了一場突襲。到中午，北面的宋軍已被元軍擊潰。在張弘範的指揮下，南面的元軍利用中午漲潮、海水北流的時機，向宋軍發動了另一次進攻。宋軍南北受敵，士兵又身心疲憊無力戰鬥，全線潰敗。戰鬥從黎明進行到黃昏，宋軍多艘戰艦被毀。張世傑見水師陣腳大亂，戰船為大繩索連貫進退不得，這才下令砍斷繩索，率十餘戰艦護衛楊太后突圍。

張世傑率船殺到周邊，見趙昺的御船過於龐大，四周被船隻阻隔無法突圍，便派小舟前去接應。當時天色已晚，海面上風雨大作，對面不辨人影，陸秀夫唯恐小船為元軍假冒，斷然拒絕來人將趙昺接走。張世傑無奈只得率戰艦護衛著楊太后殺出崖門。宋軍敗局已定，陸秀夫知道已沒有逃脫的可能，便把自己的妻兒趕下大海，接著對趙昺說：「事已至此，陛下當為國捐軀。德佑皇帝受辱已甚，陛下不可再辱！」趙昺身穿龍袍、胸掛玉璽，隨陸秀夫跳海自盡。至此，延續了近三百二十年的趙宋王朝正式結束。

這是一場少見的殘酷戰役，戰鬥結束後海面上到處漂浮著屍體。文天祥此時正在崖山元營目睹了這一慘狀，他在詩中寫道：「羯來南海上，人死亂如麻。腥浪拍心碎，飆風吹鬢華。」數天之後，陸秀夫屍體浮出海面被鄉人收葬。元軍在清理戰場的時候，發現一具身穿黃衣的幼童屍體，身上帶有玉璽，上書「詔書之寶」四字，送交張弘範，經確認是趙昺所帶玉璽，等張弘範再派人尋找趙昺屍體時已下落不明。

張世傑帶著楊太后衝出重圍。楊太后聽到趙昺的死訊失聲痛哭，後投水自盡。張世傑收拾殘部逃亡海上，突遭暴風雨，張世傑仰天大呼：「我為趙氏已經盡心盡力了，一君亡，又立一君，如今又已亡矣。如今遭逢大風，不知天意如何？若老天不要我存復趙氏，就讓大風吹翻我的船吧！」話語剛落便狂風大作，船隨即沉於海中。

崖山之戰，是元軍消滅南宋最後一戰，流亡近三年的南宋小朝廷滅亡。張世傑、陸秀夫等人的部署失誤，是崖山之戰失敗的重要原因，但他們所表現出來的民族氣節仍不能不讓人嘆服。

06 宋陵大浩劫

趙氏家族的懦弱無能最終自毀長城，就連身後也沒能逃脫厄運。一場宋陵大浩劫，引起了宋朝遺民的極端仇恨，懦弱的趙氏家族留給了歷史太多的反思。

宋朝皇帝陵墓本在河南奉先（今河南鞏義市），北宋九帝除徽、欽二帝被金人擄走，客死異鄉外，其餘七帝均葬於此。北宋滅亡以後，河南地區為金朝控制，宋帝當然不能繼續葬在奉先。紹興元年（一一三一年），哲宗皇后孟氏去世，遺命先擇地「攢殯」，待恢復中原再歸葬河南，之後葬於紹興府會稽縣寶山泰寧寺，後來此地就成為南宋的皇家陵園，高宗、孝宗、光宗、寧宗、理宗、度宗及徽宗梓宮均葬在此。

宋朝滅亡不久，在元朝政府的默許之下，發生了一場歷史上空前規模的盜墓行動。這次盜墓的首要人物是西藏僧人楊璉真珈。楊璉真珈是吐蕃高僧八思巴的弟子。元世祖忽必烈崇尚佛教，尊八思巴為帝師，楊璉真珈遂憑藉老師的關係被任命為江南諸路釋教總攝，總管江南地區佛教事務。

最先被盜的宋陵是魏王趙愷的墳墓，趙愷是孝宗的次子，葬在會稽縣山陰法華山天長寺。至元二十二年（一二八五年），會稽縣泰寧寺僧人宗允、宗愷為討好楊璉真珈，勾結天長寺僧人福聞發掘了魏王趙愷的陵墓獲得不少珠寶，獻給了楊璉真珈。魏王陵的發掘極大地刺激了楊璉真珈等人的貪欲，他們招來河西僧人及其凶黨，開始大規模地挖掘宋陵。寧宗及皇后楊氏、理宗、度宗的陵寢成為首批被盜的宋帝陵。宋陵護陵使羅銑拼死保護，遭到痛打並被人用刀架著趕出了陵園，羅銑趴在地上號啕大哭。

四陵之中，理宗陵寢所藏寶物尤多。理宗的屍體仍完好如生，有人說這是因為理宗口中含了夜明珠，這夥盜賊於是將理宗的屍體搬出墓穴，倒懸在樹上，並用腳猛踢理宗的頭顱，防腐的水銀慢慢地從理宗口中滴了三天三夜。當時西藏僧人之間有個習俗，即得到帝王的髑髏可以厭勝、致巨富，因此楊璉真珈指揮手下將理宗的頭顱割了下來據為己有，後來理宗的頭顱一直在西藏僧人手中流傳。明朝立國以後，太祖朱元璋得知此事「歎息良久」，最終派人找到了理宗的頭顱，於洪武二年（一三六九年）以帝王禮葬於應天府（江蘇南京），第二年，又命人將理宗的頭骨歸葬到紹興永穆陵舊址。

楊璉真珈一夥走後，羅銑買棺置衣將諸帝骸骨重新收斂，他悲痛欲絕，附近鄉里百姓皆為之感泣。到了夜晚，聽到四面山中皆傳來哭聲，旬日不絕。

不久，楊璉真珈一夥又對宋陵進行了第二次盜掘，徽宗、欽宗、高宗、孝宗、光宗五帝及孟氏、韋氏、吳氏、謝氏四位皇后的陵寢無一倖免。徽、欽二帝皆死於金朝，金朝雖曾歸還遺骨，但高宗並未開棺檢驗。楊璉真珈等人打開徽、欽二帝的陵墓卻一無所獲，徽宗棺中只有朽木一段，欽宗棺中只有木燈檠一枚。高宗、孝宗二帝的遺骨，由於年歲已久已經「骨髮盡化，略無寸骸」。高宗墓內只有錫器數件、端硯一隻；孝宗陵只有玉瓶爐一幅、古銅鬲一隻。光宗吳后、寧宗楊后的屍體尚「儼然如生」，之後羅銑把二后的屍體重新裝進棺材，然後火化了。陵墓內有數以萬計的金錢為屍氣所蝕如銅錢一般，諸僧棄而不取，多為附近村民拾得。

中國古代改朝換代之際，多對前代帝王陵寢採取保護政策。雖然中國歷史上帝王陵寢被盜的記錄史不絕書，但多屬個人所為，宋陵被盜則與此性質截然不同。楊璉真珈等人的盜墓行動，得到了元朝政府的鼎力支持，曾有元朝官員和趙宋宗室請求元世祖保護宋陵，但忽必烈均置之不理。很多盜墓所得的寶物都獻給了元政府，忽必烈曾用這些寶物裝修天衣寺。

元世祖對盜墓的支持態度與當時的政治鬥爭有關。宋朝雖亡，但仍不斷有人打著復興宋室的旗號起義反元，楊璉真珈藉機上「厭勝」之說，提出建造佛塔、佛寺，將宋帝遺骸置於其下以壓服宋人。這種說法正好迎合了忽必烈穩定統治的想法，而忽必烈也想藉挖掘宋陵的機會，斷絕百姓對趙宋的留戀與懷念，因此對楊璉真珈的盜墓舉動採取了支持態度。

楊璉真珈的盜墓行動，以及元朝政府的支持，帶來了極壞的影響。史稱，自此之後，「江南掘墳大起，天下無不發之墓矣」，此前遺留下來的墳墓普遍被盜，這種行為對中國古代文物的破壞性影響不言而喻。忽必烈本想通過楊璉真珈等人的行動來壓服百姓、穩定統治，沒想到卻適得其反，這種掘人陵墓的行為引起了宋朝遺民的極大仇恨，百姓反抗情緒愈加高漲。直到元朝末年，朱元璋起事的時候還在借「宋陵事件」鼓動百姓反元，這是當初蒙古統治者萬萬沒有料想到的。

正說大宋十八帝 / 劉雅琳著. -- 一版.-- 臺北市：
大地出版社有限公司, 2022.05
面：　公分. --（History：116）

ISBN 978-986-402-360-8（平裝）

1.CST: 帝王 2.CST: 傳記 3.CST: 宋代

782.275　　111005665

正說大宋十八帝

History 116

作　　者：劉雅琳
發 行 人：吳錫清
主　　編：陳玟玟
出 版 者：大地出版社
社　　址：114台北市內湖區瑞光路358巷38弄36號4樓之2
劃撥帳號：50031946（戶名：大地出版社有限公司）
電　　話：02-26277749
傳　　真：02-26270895
E-mail：support@vastplain.com.tw
網　　址：www.vastplain.com.tw
美術設計：成樺廣告印刷有限公司
印 刷 者：博客斯彩藝有限公司
一版一刷：2022年05月

大地

定　　價：300元